南懷瑾研究

南公懷師百年誕辰紀念

鄭先倫

勞政武著

蘭臺出版社

▲ 南先生與鍾馗圖合照

鍾馗是道教傳奇神祇，稱為「驅魔帝君」，專司驅除一切妖魔鬼怪。南先生無論在香港寓所或太湖大學堂，都高挂此圖在客廳正牆上。如此重視此圖，正是代表了他的宗教正信精神。

ICI 國際文教基金會
INTERNATIONAL CULTURAL INSTITUTE LTD.
901 Diamond Exchange Building, 8-10 Duddell Street,
Central, Hong Kong. Tel: 845 5555 Fax: (852) 525 1201
香港中環都爹利街8號鑽石會大廈901室

敬啟者：

近來傳聞，有人在北京以及大陸各地，自稱是我門生第子，宣揚禪宗，傳授禪學，而且還背上我本人照片，自稱是代師傳道，顯係從事學術詐騙及毀謗名譽行為。

本人一生，除在各大學學府正式授課以外，從來不以師道自居，私自收授門徒，傳授禪學及道法，如有此舉，等於以此招搖揑怪，矇騙世俗，誣蔑先聖先賢正法眼藏。

如有少數不良份子，以耳食唾餘，旁聽戲論，藉此而謀衣食生活，誠為可恥可鄙。

自古以來正統禪宗之徒，皆以「言語道斷，心行處滅」為指歸，從來皆超然物外，逃名遯世猶恐不及，何至自我宣傳而欺世盜名為事。

特此馳函先行聲明。

敬請

鑒察

南懷瑾 啓

一九九四．十二．二

▲ 由此公開信的內容，充分證明了南先生的禪門正信精神。

（文參第五章「卓見慧解」節第三項）

惊悉怀瑾先生仙逝，深表哀悼。先生一生為弘揚中華文化不遺余力，令人景仰，切盼先生学術事業在中華大地繼續傳承。謹向先生親屬表示慰問。

溫家寶

二〇一二年九月廿九日

榮寶齋

▲ 時任北京國務院總理的溫家寶先生親筆弔唁函

▲（前排右起）陳鴻遠律師、南老師、趙海英教授、勞政武
（文參第一章「一切從頭做起」節）

▲ 香港晚餐情形

▲ 晚餐後上課情形

▲（右起）北大教授湯一介、南老師、張尚德、勞政武

▲ 一九九四年四月二日金溫鐵路改組簽約完成合照。（右起）陳定國、勞政武、南老師，浙江常務副省長柴松岳、副省長張啓楣

◀ 簽約後，南老師輕鬆地帶領工作人員到香港公園漫步、喝咖啡。（右起）王偉國、南老師、勞政武。

▲ 一九九四年春，作者到北京，許鳴真先生（右）盛情招待。（文參第四章「兩岸密談經過」節）

▲ 熊向暉先生伉儷在家中接待蘇政武合照（文參第四章「九二共識的關鍵點」節）

▲ 南老師三子南一鵬（左）與勞政武同老師合照（一九九四．十．廿六）

▲ 一九九四年四月勞政武（立者）陪母親（右坐者）拜會南老師
（左坐者為劉雨虹）

▲（左）勞夫人（梁小麗）同老師合照於太湖畔淨名蘭若
（二〇〇四年中秋）

◀ 南老師幼子南國熙伉儷在香港香格里拉飯店同勞政武之子勞有功（後立者）合照（二〇一七年八月十三日）

文正武弟台左右：二月廿三日手書及前函均收到，實因事務過繁，積壓案牘。前言你去大陸鐵路公司等處，先觀察再言行止，至今不忘。惟請事尚未就緒，居然非赤色民城之業，故擬稍緩再行通知。報刊所載，確有其事，但似為影射之談，未明究竟。況以台灣稱謂，近似有意挑撥兩岸間作用，但一笑置之而已。在我固無所謂也。匆此 祝

時祺

南懷瑾

1993.3.4下午

聯盈興業有限公司

▲ 南老師給作者的親筆信

前言

——本書要旨、方法與緣起

我忝列南懷瑾老師的門牆卅多年，受他全面性教導與關懷，真是師恩浩蕩！茲值他百年誕辰，乃費了整整一年的工夫撰成此書，望有以回報於萬一。

更重要者，南先生於二〇一二年九月廿九日逝世時，國務院總理溫家寶先生，立即致函表示深切的哀悼並慰問家屬。函中有云：

先生一生為弘揚中華文化不遺餘力，令人景仰。

切盼先生學術事業在中華大地繼續傳承。

此言代表了北京中央政府對南先生畢生功德成就的肯定與褒揚，也表示了傳承南先生學術事業的期望。誠如古人說：「檢士行，扶世道」、「故公賞，則賞一人而千萬人勸！」溫總理此言實質類似古代的諡了（詳見第五章附載《論諡》），其涵意何等深遠！但如何傳承？思及「繼志述事」本是門生的本份，我於是下定決心，排開一切俗務，專心致志，撰成本書。

概括本書的內容，旨在探明三個大問題：

南懷瑾到底是一位什麼性質的老師？

他連小學文憑都沒有，為何有這般的大成就？

他留給社會的主要貢獻是什麼？

本書都十九萬言，分為八章，就是要闡明這三大問題。至於研究方法，主要根據是南先生全部著述、我卅多年親炙老師的實際經驗，以及他的家屬及其他門人的相關著作。此外有必要時，再加上我研究相關文化問題之心得以作補充，如此當有助於讀者作深一層的理解。

各章的內容大要是：

第一章，是說明筆者有幸認識南懷瑾老師的因緣，並概略交代了我受教卅多年的過程。最後，強調對我人生最關鍵的二項影響。

第二章，是立於我的觀點來描述老師的品格特色。雖然我是學生身分，但自信此描述有高度的客觀性；因為，我不是用些美麗詞藻來作抽象性的頌揚，而是依據有關的事實而證得的結論：他真是一位高明博大的接引菩薩。海內外無數的「凡人」，因他的接引而進入了儒家、道家、佛家之門，總之是使很多人重新認識了中華文化。這種功德顯然是不世出的，當代沒有其他那一位著名的學者或大師能有同等的貢獻了。

第三章，旨在究明南老師之所以「高明博大」的原因。我也是舉出多件實事，來證明這位老師是何等的好學、超乎常人的不斷求進步。正如孔子所說的「十室之邑，必有忠信如丘焉，不如丘之好學也。」（論語・公冶長），南老師是孔門真正的信徒，是當世我見過最好學、最能「與時俱進」的人，這是我民族後起之秀應效法的典範。

第四章，旨在闡明南先生對政治的態度，乃至愛民族愛國家的各種實際作為。一個人在政治上對國家有所貢獻並不希奇，難得的是有很多大貢獻而毫不居功，反而與權力中心刻意保持距離，堅守一個「方外人」的分寸。這是古代高士的風格！他正是「今之古人」，在當世恐怕難以找到第二位了。

第五章，旨在闡明南先生的儒家思想與行宜。南先生雖然兼通釋、道，乃至諸子百家，但他最重視的仍然是儒家，這從他最重要的代表性作品《論語別裁》就可以看出來了。本章也是以此書為綱，旁及有關問題，來闡明他的思想與實際做法。

第六章，旨在闡明南先生的佛家思想與行證。他是一位虔誠的佛門子弟，但佛門有很多宗派，本章就是要明白地分辨出他走的是「禪宗淨名路綫」。因為佛教典籍浩如烟海，佛門義理深奧而難以通曉，故不揣淺陋，本章盡我所知，以「維摩經探微」、「禪宗大意」二節作較詳細的開展性說明，望有助非佛門讀者易於理解南先生的有關思想。

第七章，旨在闡明南先生的道家思想與行持。按南先生在一九四二年正式拜禪宗大師袁煥仙先生為師之前，他的道家根柢已極深厚，即使到了臺灣之後，仍未忘情於道教術數的求知。是以本章主要內容，就是以南先生的訪道求仙過程為經，以他對道家的觀點及修持為緯。惟道家包羅萬象，尤其道教的典籍龐雜，一般人實難通曉，故依我近年研究所得，歸為本章的「道家幾個重點問題」及「道教經典問題」二節的內容，此等內容是南先生有關著作中少見涉及的，如此或有助大眾對道教之正確理解。

第八章，其性質雖屬全書的結論，但內容多是前七章的延伸。即闡明復興中華文化必須吸收世界各國文化的精華才能自我壯大；再進而闡明，中國不應只求壯大自己為已足，還要致力於世界大同的終極建構，這才是「中國夢」的圓滿實現。

其次應說明者，本書既以「研究」為名，故採較為謹嚴的學術撰編形式。即「章」以下分「節」；章有名號，節則不表數列。節以下有「項」，項亦標明數列。如內容較多的項，可分為「目」，目則以阿拉伯數字表示之。又每章之後，必有「附註」。按附註的作用有二：一為出處註，即載明所用資料的來源；這是有關學術忠誠問題，也為了方便讀者作進一步的研究。二為解釋註，有些問題應加說明又不便在正文夾雜者，則放在註中。又每章之後多有「附載」，都是重要且同正文關係密切的文章；既不便夾在正文，故以附載方式，以供讀者作完整的瞭解。

再其次，有三個名詞（行宜、行證、行持）應在此解釋一下。按中國人所謂「學問」，自古以來就不像西方一樣指的只是見聞性知識的追求，而是包涵實踐的「知行合一」。所以，中國的儒、釋、道三家，同樣是重「行」的，但說法却有些不同；此見第五章主旨是儒家，稱為「行宜」；第六章主旨是佛家，稱為「行證」；第七章主旨是道家，稱為「行持」；據何云然？韓愈有道：「行而宜之之謂義」，儒家講究禮義，符合禮義的實踐才合「宜」。佛家則講究行「證」，八十卷《華嚴經》目錄就是以「信、解、行、證」四大綱目為分類的。道家追求「長生久視」，無論修煉何種工夫，必須持久有恒才可能成功，故講究「行持」。要而言之，儒、釋、道三家均重視實踐行動，却有不同的微旨，故五、六、七章名分列以行宜、行證、行持顯彰之。

最後，還應交代產生此書的緣由。二〇一二年九月廿九日南老師逝世後，我心裏一直惦念著應好好地寫一本書紀念他，以盡一個受益卅多年的門生之本份。但寫一本書談何容易？當時我忙於各種事務難以靜心，所以只好把有紀念價值的拙著《古今法律談》細加修正，並加上必要的說明，於二〇一三年七月出版了。因為南老師當年就是看到這本書，才叫學生找我去見面的，所以有紀念價值。

去年九月間，我同仍住太湖畔南師故居的釋宏忍法師通電話，她率先提起二〇一八年三月十八日是南老師的百年誕辰，建議我寫有學術性的文章來紀念。我想，這是我應做、想做而未做的事。隨後，她又寄了一些參考書來。併此致謝。

此書自去年中秋開始構思，今年春節動筆，努力了大半年才完成初稿。其間多賴內人梁小麗（攸慧）女士內外奔勞為助，家中小孩多由她照顧，廣東開平農場有事也由她前往處理，「淨名文化中心」事務又由她料理，而本書每章成稿就由她打字。所謂「賢內助」，她當之無愧。

本書成稿後，多蒙許惠玲女士費心校正。三年前拙著《從抗日到反獨——滕傑口述歷史》也是賴她校正的。她是文學碩士，水準甚高，惠我書良多！特致謝忱。

書名蒙好友郭先倫（湛然）先生品題。他是臺灣一德書會會長，其書畫作品為海內外美術館所收藏，是聞名中外的書法家。其法書為本書增光，特此致謝。

最後，應向南國熙賢弟致謝；本書在大陸出版，是賴他促成的。他是南老師的最幼哲嗣，美國西點軍校畢業，為人忠誠幹練；今在香港主持一個「南懷瑾文化基金會」，繼承父親志業，成績斐然，可謂大孝矣！。

勞政武 謹識　　　西元二〇一七年十月吉日

目錄

第六章　淨名路線——南先生的佛家思想與行證

第八章　面向世界　以建大同

第一章　忝列門牆經緯

我動筆寫這本書時，已經七十三歲，超過孔子的壽期了；年逾古稀還能寫這樣的長篇作品，不管寫得好不好，此事本身就值得自感安慰。我常自省，如果說我這一生還算沒有白活的話，應該歸功於三大因素：第一是父母的生養。尤其我自幼對世界懷有強烈的好奇心，正是一生求知的原動力，完全來自父母的遺傳。第二是我有奇異的遭遇。我的少年時期歷盡坎坷顛沛的環境，青壯以後卻有安寧的求學機會；用佛家語言來形容，可算「依報殊勝」了。第三是我幸得多位優秀老師的垂教，才能陶鑄成現在的我。細數自小學到博士班教過我的恩師，影響最深遠的就是南公懷瑾老師了。

上述第一、二個因素，既與本書主題無關，留待將來有機會撰自傳時再詳言吧。現在只說第三個因素中的南老師。

奇特的見面因緣

大約在一九七七年中，那時我在臺北市議會法制室當公務員；公餘之暇，並在臺北《民族晚報》寫「古今法律談」專欄，每週發表二篇，不得不常參考各種典籍。有一天在議會圖書館忽然看到一本《論語別裁》，直覺其內容應是解釋孔子思想的，我信手拿來翻翻；居然引證許多佛家、道教、歷史故事，乃至詩詞雜說，其風格真是太突出了，與同類著作大不相同，十分吸引人的；我便借回家一口氣看完了。從此，「南懷瑾」的大名深深印入我腦中，我覺得此人必有不凡的特點。

記得有一次在葉潛昭律師事務所同工讀生勞嘉建①聊天，他當時在中國文化大學就讀哲學；我問他知不知道南懷瑾這個人，他答道：「聽老師說，南懷瑾是搞神秘學的」！我大概有天生好奇的個性，經他這麼一說，對這個人就更想弄清楚了。但這想法只是一種「懸念」而已，當時我忙於各種俗務，並未能主動去追尋答案。直到兩年以後，一段奇特的因緣到來，方促成我見到這位心儀已久的奇人。

先是，民國六十七（一九七八）年十二月五日發生了震動社會的「中山堂事件」，我頓時成了新聞人物。這事件似乎產生了「蝴蝶效應」，又好比抛出一塊瓦片到湖中，水面立即劃出一波波的漣漪；此事件影響了相當多的人之想法和做法②。當時有幾位在臺北市中山北路一家私人公司上班的年輕人，他們看到報紙登的這事件的消息，感到義憤填膺，於是以戴家文女士為首組織了一個「愛國同心會」團體③，專門在下班或假日到街頭去散發傳單、貼標語，表達民間的反「台獨」心聲。這種舉動，是老蔣先生遷台以來從未發生過的，故可說是臺灣內部的第一個這樣性質的組織，很快便吸引了更多的年輕人加入，成為基層反「台獨」的主力。

這團體成員中，有位熱血青年曹礪鐵，當時在臺北市一所中學任教；他主動找到臺北市議會來，邀我去參加這個團體幾次的聚會。不久，他便說自己常到一位南懷瑾先生那裏聽課，受益很大，並建議我不妨也去看看。我一聽「南懷瑾」這名字，不是我心儀很久的人嗎？於是很快透過他見到了南老師，這是一九七九年初的事。我後來才曉得，南老師先在報紙上看了「古今法律談」專欄，隨後又看到我鬧出「中山堂事件」，才要曹礪鐵找我去見他的④。

雖說我天生好奇，但對人的觀察力很弱；每次初見一個人都不會留下什麼印象，要交往多次才會記得；可是初見這位南先生，立即印象深刻。當時他已年逾六十，但雙目黑白分明，彷彿十多歲的青少年，炯炯生光；他相貌清奇，閃耀著一種高雅的鵝黃色，讓人看到覺得很舒服。他身裁算是矮小的；我只有一六四公分高，他卻比我還矮一點，但他的動靜卻洋溢著一種威嚴。他詢問我一些出身、年紀等事，語氣十分親切。總之，這位老師給我第一印象便是使我聯想起《論語》的一句話：「望之儼然，即之也溫」，這大概就是書上常說的「不凡氣質」了吧。

受益良多

此後兩年間，我絕大部份的時間都花在政治文章的寫作上，因為當時參與了《疾風》雜誌，我身兼總編及主筆，後來又自辦《龍旗》月刊，每天都為寫稿、拉稿或開會的事忙得不可開交。但不管怎樣忙，遇到有重要之事，多是拜謁南師向他請教，令我受益良多。以下幾件事是記在我日記上的真人實事：

一、研究戒律

初見南師，他就稱讚我的《古今法律談》寫得很好，有價值。還說：「我以為你是一位中年學者，想不到你還這麼年輕！你今後如果去研究佛教的戒律，一定有成就。」那時，我根本不知佛教戒律是什麼，他順手就在一張便條紙上寫下了「四分律、五分律、十誦律」等字，說這些都是戒律的名稱，要我多研究。這些名詞我從來未見過，心裏十分好奇，從此就對戒律的事注意起來了，終於在二十年後才寫成了《佛教戒律學》（戒律學原理）這篇四十五萬字的博士論文，而南老師手寫那張便條我一直保存到現在。這篇論文隨即在北京及臺灣出版，迅速成為佛門常見的書籍。如果不是南老師的引導，我根本不可能有此念頭，更不用說寫出此書了。

二、刻意栽培

南老師見了我之後，便對我作刻意的栽培。只是當時我才三十多歲，又出身貧寒，對人情世故並未有深刻的瞭解，日後想起幾件事，才領悟了出來。

第一件事是送書給我。初見老師不久，他便命大兒子南一鵬同得力門徒古國治二人搬了一套《正統謀略學》到我家來。這套書共三十巨冊，是南老師親自選輯的中國重要典籍奇書，包括《黃石公素書》、《太公陰符經》、《范子計然》、《郁離子》、《太白陰經》、《長短經》、《黃書》、《權書》、《鶡冠子》、《鬼谷子》、《魏武兵法》、《曾胡兵法》等，是一般人極少讀的。我雖自小愛看書，但從未看過這些書，多數連書名都未見過。他主動搬來我家，當然就是希望擴大我的知識領域。至於每次見他，常送我一些他的著作，或送一些老古出版社出版而坊間罕見的著作，如《諧鐸》、《二十五史彈詞》、《初譚集》、《曾文正公日記》、《增廣智囊補》等等，就更不用說了。那時我的專業是法律，尤其《中國法制史》是我碩士論文題材，知識領域其實很狹窄，對南師指引的典籍未能完全看得懂；但自此擴展了自己的眼界視野，便覺得法律這個專業實在沒什麼意思了，很快便辭掉臺北市議會的法制編審職務，轉行去辦《龍旗》政論雜誌。

第二件事是指定研究範域。南老師認為，研究佛教戒律學固然重要，但不能「就戒言戒」，孤立在這個範疇去研究是不能有什麼成就的，所以他要我多注意《禮記》中的「訪記」、「學記」、「儒行」及「禮運」等篇的精神，乃至西洋的「倫理學」、「道德哲學」等，才可望有較大成就。《禮記》雖是儒家經典，但臺灣的一般大學畢業生熟習儒家的《四書》（論語、孟子、大學、中庸）就不錯了，極少人有機會去看《禮記》的，老師如此引導，著實令我受益不淺。

第三件事是刻意安排我接觸一些高層人士。一九八〇年底，南師在新搬進的臺北市信義路二段復青大廈開了一門很特殊的課，就是每逢週四晚七時半到九時半講《春秋左傳》。所謂「特殊」，倒不是課程的內容，而是前來聽課的人，竟然包括了黨、政、軍、財經、學術、大眾傳播各界的高層著名人士，如國防部總政戰部主任王昇上將、總統府秘書長馬紀壯、海軍上將崔之道、總政戰部副主任蕭政之中將、司法部調查局阮成章局長、中央大學校長余傳韜（余家菊之子、陳誠女婿）、大財主蔡辰洲、蔡辰男等⑤。

南老師特別叮嚀我到這個班聽課，名義是做記錄。根據我的日記，我首次參加的日期是一九八〇年十一月廿七日。老師這種安排，用心就是讓我有機會接觸上流社會人士，一來開拓眼界，二來說不定助我更上一層樓。但我當時並不識抬舉，每天忙於籌辦《龍旗》⑥，根本沒什麼心思攀附那班權貴，大概參加了不到十次，就不再去了，老師必感失望。此事多年後想來，自覺慚惶不已，實有負他的苦心。

三、嚴肅訶責

南師一向視學生為朋友，一概以和藹客氣相待。但若學生的言行有任何的錯誤，必加導正；如有原則性的大錯，則毫不客氣地予以嚴肅的訶責，這時才顯出他作為一位老師的威嚴來了。有些學生受不了老師的嚴責，便從此離開南門了；還有極少數的人心生怨憤，甚至在外發表忤逆師門的言論。我在南門久了才瞭解到，老師對某人訶責，其實是愛護他，認為「孺子可教也」才會如此，若果他認為此子根本不可教，就連理也不再理他了。其實，他的訶責正是禪宗傳統考驗方式，它是針對你的起心動念的錯誤來個「當頭棒喝」，如果你通過了，就會悟到高一層的境界；反之，你如果受不了，就是通不過這種考驗。我親身經歷過三次這樣的訶責，深感受益不淺。

第一次是為求書法家寫字的事。一九八〇年冬，我決定創辦《龍旗》月刊，想請一位書法家寫這個月刊名。為此事特去請教南老師，他立即爽快答：「可以，請王鳳嶠書寫。」我也知道王先生的書法好，但覺得用他的隸體做刊名不夠活潑，所以提出若請李超哉先生寫又如何？老師說：「那也可以」。李先生是有名的書法家，任中國書法協會會長，很多地方都可以看到他的行書，活潑氣勢一流的；當時總政戰部執行官廖祖述中將也曾對我誇讚他。於是我對老師說：「不如分別請王、李二位各寫一幅，比較一下那個適合，再決定作刊名如何？」老師一聽此言，登時睜圓雙睛大喝一聲：「你是在胡鬧！竟可以這樣對待文化人？你以為自己比他們二人高明嗎？」他的態度令我大吃一驚！我確未意識到自己這種想法完全錯誤，請大師級的人先拿出作品來讓自己比較一番，再決定取捨；如此當然是對書法大師的大大不敬了。其實社會上犯這種錯而不自知的人多得很，我全靠老師這一棒喝從此才不敢再犯。

第二次是我心懷善意地帶一位會寫文章的女子去見老師，結果又被嚴詞訶責。當時我常與傳媒界人士來往，認識一位頗有才華的黃姓小姐，但她的文章流露對社會現實很不滿，可算「思想偏激」之流，故很被情治單位注意。那時臺灣還在戒嚴時期，這樣是有危險的，所以我想幫她忙，希望見了南老師會有所什麼幫助。老師見了她，只對她說些應酬話，談不了多久我們只好告辭了。隔天我再去看老師，問他對此女子的印像如何，想不到他嚴肅地訶責：「你不要自以為是觀世音菩薩！這種人不是你能改變的。」老師此言令我不明所以，我從未被人如此責備過，一片好心有何不對？老師並不針對我的疑惑而解說，卻旁敲側擊地說出一件事來：「前幾天一位周同學帶了一名叫呂秀蓮的女子來我這裏，她侃侃而談，說了一大堆『女性主義』的話，還送我一本說女性主義的書。你知道我怎樣回應她嗎？我說：你的主張我連雙腳都舉起來贊成！她走後我對周同學說了，這種女子必然照她自己的個性去做的，你休想改變她分毫！」⑦老師這次的教訓，對我一生影響很大，自此領悟到：即便是好事，若超過自己能力的也不可去做，所謂「白費心之事不可為」是也。後來我學佛教深入了，更進一步瞭解到過份好管閑事也是一種自傲，是「我慢」的一種形態，在佛教唯識論列為六種根本煩惱（貪、嗔、痴、慢、疑、惡見）之一，很多聰明能幹的人往往犯此毛病而不自知，老師真是一言驚醒了夢中人！

第三次是對我不知健身的訶責。此事是遲至一九九四年我常在老師香港寓所出入才領教的，結果得益甚大。原來，我自幼就從未有人指點過怎樣去鍛練身體，以致小病不斷；幸而沒什麼大病，這可能是天生體質還不算差之故。一九九三年到了香港之後，常常感冒，又患有多年的痛風病，雙膝常常突然紅腫得不能走路，十分痛苦。老師每次見我，常常說：「你受風寒了」就開些中藥給我服用。始初他說這話我並不太相信，我明明很好，那有什麼「風寒」？但不過三天我便真感冒起來了，幾次經驗才令我瞭解到：這位老師真有高明的醫術。有一次見他，他竟嚴肅訶責我：「你這個人怎麼搞的？年紀輕輕的就弄得常常生病。你要知道：自己的身體是可以鍛練好的嘛。我自小體弱多病，一生就靠吃藥和鍛練才到今天的！」身體可以鍛練好的？這種觀念我從未有過；我一直誤會古人說「生死有命」的話，人對自己的身體的好壞是無能為力的，所以就放逸下去了。老師此言好比醍醐灌頂，從此我就留心去想法弄好身體。自一九九六年夏天開始，我每天睡前吃一顆西柚（臺灣稱為葡萄柚），每天早上去九龍葵涌山上練一套「九如操」，更堅決戒了抽香烟的老習慣，有機會並多打坐。這樣不斷地鍛練了幾年，體質漸漸改變了，到今天廿年來什麼病都沒有了，每天自感精神很好，所以七十多歲還能寫作。近年細看了許多道教的典籍，如早期的《太平經》、《周易參同契》等，南北朝至隋唐間的《抱朴子內篇》、《黃庭經》、《養性延命錄》等，宋元明以後的《性命圭旨》、《樂育堂語錄》等等，這些道教重要典籍都有個共同點，就是主張「我命由我，不由天」，這裏所說的「命」，不是指天命或宿命之「命」，而是指身體生命，即是肉體機能。道教向來重視「修命」與佛家重在「修性」有所不同。我這才領悟到，老師是真正通透了佛家和道家的修持原理與方法的。我幸有這位老師的指點，否則不會有今天了。

物壯則老

如前所述，我是在一九七九年初因一段奇緣，才見到老師的。自此以後，雖然常去請益，他也對我愛護有加，使我擴大了各層面的視野、檢點了一些不良習氣，總之是提升了人生境界，這對一個卅多歲的人來說是極為重要的。可是直到一九八五年他離開臺灣遠去美國為止，我始終未能成為常侍老師的入室弟子；他因而多次公開半開玩笑地責怪我：「這個勞政武呵，他來這裏是觀光的！」

多年以後，我回想這幾年所發生的一切，無論對蔣氏政權，對南師在臺灣的弘教事業，或對我個人的境遇來說，都應驗了老師常引用的那句《老子》之言：「物壯則老」（卅章）。

先就臺灣的政治大局來說。一九四九年老蔣先生率領百餘萬黨政軍民撤到臺灣以後，開始是處在危急存亡之秋。苦撐數年，靠美國援助而得轉危為安，但依然處在窮愁困厄之中。直到一九七〇年代小蔣先生執政，推行「十大建設」等重大改革政策，臺灣經濟逐漸起飛。到了八十年代中期竟躋身于亞洲四小龍（臺灣、新加坡、香港、南韓）之首，其經濟成就為世所欽遲，甚至成為鄧小平先生改革開放的動機根源或參數。就在這高峰期，臺灣的政治大局由盛極而趨向衰落了；之所以如此，固然可以說有多種因素，但最主要的是蔣經國的身體日益衰弱，終於一九八八年元月十三日逝世了，臺灣自此失去了一位有器識有能力的領導人。更嚴重的是，他原本要培養孫運璿接班，結果孫突然在蔣逝世的前三年中風了，恰好造就了李登輝當權的機會。李登輝主政臺灣長達十二年，一味弱化國民黨而刻意培養「台獨」勢力，對大陸則以「戒急用忍」政策來盡力阻止兩岸交流，結果造成臺灣很多強項產業失去在大陸發展的機會，以致使臺灣經濟逐漸走入窮巷而不能自拔。

再就南老師的弘教事業來說。如前所述，自一九八〇年底他設了一個「特別班」，參加的學員幾乎囊括了當時最有權勢的一群人物，其中最受注目的人就是王昇。這標誌了南門的弘教活動走上了高峰期。這個極盛期大約延續了三年，一些不利的流言就出來了，主要是說南懷瑾在建立一個「新政學系」。這種流言甚至傳到我耳朵來了，有位在國民黨文工會服務的胡姓朋友有次打電話來問我：「聽說你常到南懷瑾那裏聽課，你看他是不是在建立一個新政學系呀？」他的話令我大一吃驚，這是對南老師的最大侮辱！南師教人的正是要從名利場中超脫出來，所謂「敝屣功名，糞土富貴」，即把世俗的功名利祿看作一雙破鞋，丟掉不足惜；把世俗的榮華富貴看作糞土般一文不值，他怎麼會搞什麼「新政學系」？我本來對「政學系」並無所知，恰在此段期間每週三次到滕傑先生寓所聽他講自「九一八事變」以來的歷史，才知「政學系」是一個專門研究如何做官的派系，這是國民黨在大陸時代的一個黨內大派系，與之明爭暗鬥的就是滕傑領導的「復興社」派系及陳立夫領導的「C.C派」。國民黨遷台時，政學系分子多數投靠中共去了，來台的只有張群為首的少數幾個人，所以勢力並不大。如今居然有流言指這個禪宗大師為「政學系」，未免太可笑了。可是政治上的流言不是空穴來風，不久王昇便被蔣經國解職，貶到南美洲去當大使；而專門對付中共的「劉少康辦公室」也解散了。南師深知在臺灣已不可能有什麼作為，終於一九八五年七月四日移居美國。

至於我個人的事業，也是在這幾年間起了大變化。如前所述，自一九七八年底我鬧出個「中山堂事件」成為一個新聞人物以後，接著又主導《疾風》雜誌，在一九八八年九月八日再鬧出一個「中泰賓館事件」，帶領學生群眾包圍《美麗島》雜誌創刊酒會的會場，轟動一時。次年，獨資創辦《龍旗》月刊，在滕傑先生的指導下，很快成為許多黨政軍幹部愛讀的刊物。我這個「事業高峰」期大約只持續了五年，在別人眼中也許風光得很，其實我每天忙得不可開交，而且心中日增徬徨；我有種不祥的預感，這種日子不會久了。

先是，大約早在一九八二年，有次南老師就對我說過：在天下大運上，過去三十年是旺在東方，故我們在臺灣能過著這段安定的日子，但未來卻轉運到西方了，你有機會應向西方走才有發展，云云。他所說的「西方」就是大陸，當時的臺灣正處在強烈「反統戰」的政治氛圍，何能去大陸呢？老師此言令我好生納悶，又不好進一步請問。這時期臺灣內部的政治現實上，更令人擔憂了。我主編的《疾風》及《龍旗》都是針對「台獨」的，那時的「台獨」分子尚未創立「民進黨」，而自稱為「黨外人士」；他們積極做二件事：一是辦各種雜誌，全力攻擊蔣經國個人及其領導的政府。警備總部越查禁就越暢銷，如果查禁過甚美國人就會出來干涉，指政府「妨害民主自由」，所以這種「黨外雜誌」所登的攻擊政府言論泛濫得日益嚴重。二是積極參與所有的選舉。他們的激情煽動性競選演講往往造成萬人空巷，結果常能高票當選。面對這種社會情勢，我內心深深感到未來實在不可測了！一個人內心有所恚礙，自然行拂亂其所為，由是招來惡果。我這時正急著如何把《龍旗》撐持下去，於是想快一點成立一個基金會，以作長久維持下去的基礎。就是在這種「心有恚礙」下，接受了一個香港曹姓女子的十四萬美金捐款⑧之後，一時而未來得及辦有關手續，結果被幾名宵小奸人所誣，自一九八七年七月起打了三年官司。最後雖得清白，但元氣大傷，又值李登輝上臺，雜誌當然很難辦下去了。

一九八八年元月十三日蔣經國逝世後，臺灣政局進入激烈的動盪期。有先見之明的南老師，早在三年前遷去美國華盛頓，又三年再轉回香港。而我則苦撐《龍旗》，雖把信義路四段的社址賣了七百萬元，還了印刷費等債務，所淨也維持不了多久；因為每月開支都要近三十萬元以上。終於撐持到一九九三年春，我到香港接受南師的訓示，才算下定決心擺脫了這個刊物的纏縛。

那是我首次到香港堅尼地道三十六B四樓，見到了八年未見的南老師。他劈頭便問我現在臺灣幹什麼，我告訴他仍辦雜誌。他說：「辦本雜誌專罵李登輝，不是浪費時間嗎？你如果有本事在大陸辦雜誌罵毛澤東，他會殺了你，殺不成你便成了英雄。如果你辦雜誌罵蔣介石，他會給你一大筆錢，收買你不要再罵。你罵李登輝有什麼用？他的臉皮很厚呵！他根本不在乎人罵，你不是浪費時間嗎？」此言使我茅塞頓開，立即回應：「老師，你說不該繼續辦雜誌，我就不辦吧！」就這樣，我一回到臺灣，立即決定停刊。這本月刊一共出了一百四十六期，即是十二年又二個月從未間斷地出版，只聽了老師一句話就結束了。這是一九九三年五月間的事。

一切從頭做起

停辦《龍旗》後三個月，我在家鄉廣東開平意外簽成了大片山林地，創辦了「鳳儀觀光實驗農場」。南老師對此事十分鼓勵，不但應允擔任農場的名譽董事長，還費功夫親筆撰寫了一幅對聯：「振興農業造福家邦一切從頭做起。宏揚文教報效中華自此立定腳根」，成了農場的精神指標。而「鳳儀」之名，是取自《尚書‧皐陶謨》之語，經老師在香港寓所晚餐聚會時慎重審定的。年底我正式到農場展開工作，老師硬塞了一疊美鈔給我；我不敢接受，他提高聲調訶責：「你拿去買些農場用品，再遲我就沒有這些錢了。」這一萬美金在當時不算小數目，拿到開平買齊農場需用的電器設備了。後來我才知道，老師其實沒有固定的存錢，只是左手來右手出，看誰需要就布施出去了，以致自己常常鬧窮的。

老師為什麼如此鼓勵我辦農場？應是出自他的神通睿智。在那段期間，他多次對我強調：去大陸投資農業或教育最重要，因為這兩個項目是大陸社會未來最需要的。那時到大陸投資的人，無論是台商、港商、海外華僑，甚至是外國人，投資的項目不是商業便是「開廠」（工業），沒有投資農業的，教育更不必說了。經過十多年的演變，後來才證明老師的眼光實在太銳利了，他真有見人所不見的智慧，這就是古書上常說的「見機知微」的洞察力吧，也就是佛經上所說的「神通」吧。儒家經典《易經》說的「知幾者，其神乎！」（繫辭下）也是此理。在現象未顯露時，便能察覺已有微小的轉機，不是一般人能做到的。

南老師的睿智不僅在抽象的知見而已，更重要的是能起而行。早在三年前，他剛從美國遷來香港不久，家鄉溫州的領導來探望老師，老師便詳詢他們有關家鄉農業的事，從而得知落後情況。老師隨即找臺灣的學生湊了五十萬英磅匯給家鄉，要那些農業幹部組織一個單位，用這筆錢作經費，專門研究農業，想法培出新品種，然後向農村推廣。老師大笑著對我說：「你猜他們怎麼做呢？他們真的組了一個研究單位，然後把這筆錢存在銀行裏，滿一年了就做出一筆詳詳細細的帳，寫明本金有多少，所得利息又多少，然後每個工作人員支用津貼車馬費多少，辦公費用又多少，總計還淨多少，等等。這叫做研究推廣農業嗎？這是官樣文章，太可笑了！如果他們能把這筆錢花光才算本事，他們只存著這筆錢分利息，然後老實地向我報帳！真是標準的『等因奉此』作風，這樣怎能跟上時代需要呵！」他把這件事當笑話來講，其實是很失望的。把這件事說給我聽，當然就是告誡我辦農場不可墨守成規的意思。

其次談到教育問題。南老師早在一九九四年便要學生同臺灣的王財貴博士聯繫，一九九七年還請他到香港舉行公開演講，讓南門各地學生能觀摩。因為王博士在臺灣已推行兒童讀經課程有一段時間，成績斐然，老師十分贊成他的做法。接著，老師便命他的學生分別在臺灣、香港及大陸推行這種針對兒童的教育課程。在臺灣老古公司出版此類經典教材，由臺北市北投區的「私立薇閣中小學」大力推廣。在香港⑨，最先是由陳鴻遠律師主持「平等兒童基礎教育中心」開辦了第一個「經典文字誦讀樂園」的課程。在大陸，由「國際文教基金會」在各省發起「兒童中國文化經典導讀」，另由「中國青少年發展基金會」發動各地的「中華古詩文經典通讀工程」。這樣推廣了幾年之後，成效大著；傳統文化教育在全中國遍地開花了。在香港時，老師也曾鄭重吩咐過我，要我辦農場不要忘了教育下一代；就是只有一個學生也要做。他說：「廿年後你就知道功效有多大了！」現在回首前塵，恰已超過了二十年，宏揚中華文化的事不但成了神州大陸的普遍共識，而且在全球也漸成風氣。南老師的見地，令人不得不讚嘆！

神州老古公司

南老師到香港之後，最想做的就是如何在大陸帶動起「宏揚中華文化」，用他自己的話說就是：「為中國人修一條大路，這條路就是文化大路」。具體的做法怎樣落實呢？最初的計畫是在大陸成立一個「神州老古文化公司」，如此便可同臺北的「老古文化事業有限公司」聯手經營，專門出版老師的著述及有關宏揚中華文化的著作。一九九三年他要我到香港，長住在堅尼地道三十六Ｂ四樓南寓接待所處理有關事務，就是要實現這個設想。

我到香港之前，南老師已經同北京許克有簽了一個「中外合營——神州老古文化事業有限公司合同書」，許克有是許鳴真的兒子，代表甲方（中方）一家公司，出資五十萬美元，占股六分之一。乙方即由南老師代表臺灣老古公司，出資二百五十萬美元，占股六分之五。最具特色的是此合同除了訂明廣泛的「經營範圍」外，並在第六條明定了「經營宗旨」，這是一般商業公司沒有的：

1、有系統的宏揚中華民族的歷史文化，以加強民族自信心與自強心，進而提高國民的愛國主義精神和道德素養。

2、融通東西文化的精華，提高國民的知識水平，以促進中華文化的宏揚發展，使文化與經濟建設齊頭並進，相得益彰，使我國更加繁榮富強。

3、配合國家改革開放政策，結合海峽兩岸人力、資金與管理經驗，以發展中國的文化出版等事業，並促進海峽兩岸文化交流，為實現祖國的和平統一大業作貢獻。

細察這三項「宗旨」的涵義，第一項是屬於「精神層面」的事，第二項是屬於「國力層面」的事，第三項是屬於「統一層面」的事，綜合起來所表達的高度、廣泛與深度，恐怕不是任何公司機構所能望其項背，即使其他組織團體也少有可相頡頏的了。

一九九四年元月五日下午，南老師在香港中環辦公室吩咐我：按公司的宗旨，撰一篇宣言式的文章，以作老古公司的長久宣傳文件。翌日我回臺灣後花了幾天，靜心寫成了一篇《融通東西文化精華，重振民族精神文明——神州老古公司創立旨趣》的文章（全文見本章附載），是月底到香港打好字呈給老師，他細看過後說很好，可以用了。

現在回想起來，老古公司所揭示的宗旨與經營方針，顯然是超越時代的，當時許多人皆不可能接受。因此，自一九九四年初，公司所有的合同書、計畫書、資金報表等文件都託有力人士送到北京有關審批單位去了，幾個月都沒有下文。這些有力人士包括許鳴真、鄧力群等，南老師原先認為辦個「老古公司」是沒問題的，結果卻是如此。推動文化出版的事，只好另想辦法，後來許多老師的著述，如《論語別裁》、《靜坐修道與長生不老》、《歷史的經驗》等等，均分別由上海復旦大學等文化單位出版了。

自一九九四年初開始，大概有三個月的期間，我在香港的工作就是依北京有關文化部門的規定，撰寫各種計畫書、報表文件。老師還說，將來這個文化公司成立了，由我擔任主編，因為我既有長久的文化工作經驗，對大陸情況又較熟悉。公司的設立既然等不到北京的批准，老師便命我修輯《大學》、《中庸》及《禪門內外》等著述的原稿工作。

同年三月間，老師又命我到北京、上海及杭州聯繫有關「金溫鐵路」的事。原來金溫鐵路的工程那時正全面開展，而原定在美國的一家銀行貸款，結果花了許多工夫都不成功，這樣籌措資金的事便落到老師頭上。老師那時不時為資金而頭痛，他甚至有幾次當著我而喃喃自語：「佛法為何沒有教人賺錢？」他派我去接洽的，就是有關改變股份減輕出資的事；結果於一九九四年四月一日浙江省常務副省長柴松岳等人到了香港南師寓所，談定金溫鐵路股份改組，翌日改訂了原合同，減少老師的持股，由中央鐵道部直接撥款因應需要⑩。

記得那天下午，股份改組的事完成了，客人也告辭了，老師全身輕鬆模樣，說要帶我等工作人員去香港公園喝咖啡。我、王偉國等果然高高興興隨老師漫步去喝了回來，途中還照了相。這是僅有的一次如此的活動，意義不尋常。

事業不成再讀書

一九九五年中以後，我看老師那裏沒有什麼事要我效勞了，於是決心進入「能仁學院」研究所博士班就讀，從此就忙於功課，我也搬到學校附近的租房去住，有佛學的問題才去請教老師了。

一九九八年底，我的博士論文《佛教戒律學》完成了，鄭重寫了一封信附在論文之上呈給老師看。老師看後大為高興，立即當著蕭政之先生的面，送一件義大利製的名貴皮大衣給我，又親自寫了一篇七千字的長文作為我出版這篇論文的序言。據他身邊的李淑君說，老師在深夜費了好多個凌晨的大工夫，才寫成這篇文字的。我曾請問老師何必如此辛苦，命我先起草由老師改改就行了。他卻說：「本想是要這樣做，但後來一想不妥當，因為你的文風與我不同，由你先起草，我怎麼改還是你的文風，高明的讀者一看就看出來，對你不好，這本書會傳到久遠將來的，所以我決定親自撰稿了。」這番話，令我感激不已。

這裏還要補充說說我入「能仁學院」讀博士的事，因這所學校同南老師也有密切關係的。座落在香港九龍深水埗荔枝角道的「能仁書院」是香港著名的大和尚釋洗塵法師創辦的一所佛教學院。一九七二年間我在臺北南老師的辦公室見過他幾次，後來才知道他來臺北是要求南先生幫忙，使此學院取得臺北教育部的承認。當時此事很難辦到，只有央南先生出面才能辦得成。於是南先生出面做了「香港能仁學院」（臺灣必須用學院之名）第一任院長，教育部很快就批准了。自此之後，很多臺灣學生都來香港「能仁學院」就讀，這所學校在洗塵法師的經營下，校務蒸蒸日上。約十年後，洗塵不幸逝世了，學院由他的門徒執掌。我就讀時所獲哲學博士學位，還是由臺北教育部長簽發的。

我之所以能入「能仁學院」，也有段奇怪的因緣。那時有位「中華航空」香港分公司經理陳勛偉也常常來聽南老師的課，原來他在臺北工作時也看我辦的刊物，由是一見如故了。大約在一九九五年四月間，我有一次到香港機場的華航辦公室看他，他就說我是個讀書人，應該去「能仁」讀博士班，於是就約了一個時間由他陪我去看看。不久我們真的到了「能仁」，見了葉龍院長，帶我參觀了學校環境。當時我已年過半百，什麼學位對我實無多大意義了；令我下定決心入學的，就是它有個相當多藏書的圖書館，光是佛教大藏經就有《大正藏》、《續藏》、《南傳大藏》等，儒家的經典也十分齊全。如前文所說的，十多年前經南老師指引研究佛教戒律，此事雖一直放在心上，卻無機會；所謂「機會」，包括自己有暇研究及有足夠的參考資料。現在我正是不知何去何從之時，而這裏有如此完備的參考書，不是最好的機會到了嗎！就這樣，我在是年秋天正式入學就讀了。在香港就學需有較長期的居留權，又是靠老師幫忙，才取得香港的臨時身份證，七年之後使我有了香港永久居民身份。

我年逾五十一歲才讀博士班，三年後才寫成這部《佛教戒律學》論文。為何必須寫這部書？一方面是回報南老師當年找我去見面的期望，另一方面是鑒於佛教戒律學自南宋時代元照法師以後即衰微了，希望以此拙著能勵來茲。我常想人生一世，佛說「人身難得」，有機會總要做點可留身後之事，否則白活一場太不值得了；因此甘作忘年之奮鬥。

《法輪功破析》的來源

完成博士學位之後，能仁學院聘我為兼任副教授，在大學部及研究所教「佛學概論」、「西洋哲學概論」等課程，每到星期假日回廣東開平去照顧「鳳儀農場」，遇有較長的假期則回臺灣照顧家庭；由是三頭忙，難得一個月中幾晚到南老師寓所請益。不過有件重要的事，應在此說明。

一九九九年初，我除了三頭忙外，還忙於博士論文在臺灣及北京出版的事。四月底，有一晚我到南寓，卻又牽出另一件事來了。原來這個月的廿五日，有一萬名法輪功學員包圍北京中南海和平示威了一整天。中南海是中共中央所在地，這是中共建政五十年來從未有過的事，以江澤民為首的中共高層大為震驚。此事後來稱為「四二五事件」。

事件之後，海外報紙、電視連日大幅報道，中外為之轟動。當時，有幾天晚間我都在南寓用餐及聽老師講課，大家對「法輪功」的事都議論紛紛。過了幾天，一位同學告訴我，日前「法輪功」的領導者李洪志曾透過關係想見南老師，卻被老師拒絕了。我覺得很好奇，就直接請問老師有無此事。不料老師滿臉不高興地答：「這個人自說比釋迦牟尼還高明。我是佛門弟子，怎敢見他！」聽了此言，我不禁大吃一驚。

因為我當時正在「能仁學院」教「西洋哲學概論」這門課，乃深知佛陀釋迦牟尼在世界文化史上是何等崇高的地位。德國哲學家雅斯培（Karl Jaspers，1883—1969）在上世紀五十年代把西方的蘇格拉底、耶穌及東方的孔子、釋迦牟尼列為人類基本文化的開創性人物，稱為「軸心聖哲」（Paradigmatic individuals of The Great tranformation）；換言之，今天全世界如此燦爛多彩的文化思想，歸根究柢，絕大部分都是這四位聖哲所開創出來的。他這種觀點，世界上迄今未有任何人否認過；也可以說「四大聖哲」是世界公認的。

李洪志是什麼神聖？居然敢自稱比佛陀還高明，必是一個妄人，方敢如此。但這個人居然又能發動萬人包圍中南海，這就令我十分好奇了。

「四二五事件」後，北京當局對「法輪功」展開全面的取締。不久之後，李洪志在六月二日的香港《明報》登出大幅廣告，題為「我的一點感想」進行反擊，七月廿二日又登出「我的一點聲明」。我細看了這兩篇文字，內文有幾句話這樣說：「有消息說有很多人去了中南海……其實去的人一點也不多。大家想想，有一億多人的法輪功只去了一萬人，怎麼是多哪！」這是奸巧恫嚇性語言，不是一個傳教人所應說的。職是之故，我才下決心要研究清楚這是怎麼一回事。

那年的暑假，我回到臺北，首先就是把「法輪功」有關的書籍、音片全部搜購回來，徹底從資料層面研究清楚。那年寒假又回去臺北，親自參加了他們的「九天班」及「煉功點」，徹底從實作層面體驗分明。這樣我才領悟到：必須把「功」和「法」分開來理解「法輪功」，「功」就是李洪志教他的門徒天天練的五套動作，「法」就是李洪志所講的「大法」理論。問題不在「功」，而在「法」；功就像其他如太極拳、八段錦等健身功法一樣，一個人如果天天有恒去練，對健身必有好處。而李洪志所講的理論（法），幾乎是全錯的；例如他自稱比佛陀高明太多了，因為佛陀看一個小宇宙還看不到邊，李某卻能看到整個大宇宙的邊。諸如此類，簡直是狂妄的胡說！但它的玄機就在這裏：因為人很難有久練不懈的恒心，一面練功一面聽「法」，練了一陣子「功」以後身體果然有好的反應，於是就相信了李洪志所講的「法」是真理了。李洪志一旦將他們引到搞政治的路上去，大家也會執迷不悟地跟著走了。我想自己這個經驗與心得很重要，世上恐怕極少人能瞭解到這地步的了，所以第二年春天回到香港，在課餘之暇寫成了《法輪功破析》這本書的初稿。結果此稿沒有出版社肯出版，只好束諸高閣，一放就過了八年。到了二〇一一年靠香港的朋友林中堅（展略）幫忙，才成功出版。接著又相繼出版了英文本、日文本及 DVD 影片版（在 You Tube 播放）⑪。

總而言之，《法輪功破析》一書的根源，都是因南老師的一句話「我是佛門弟子，怎敢見他！」而起的，特為此記。

當頭棒喝的功效

二〇〇四年，南老師遷往上海長住，以便就近興建「太湖大學堂」。此時我的處境也起了大變化，自此就無緣再向老師當面討教了，其間只有透過電話及書信問候了數次。

現在，我忝為南師門生的經過，該作一總結了。

到南老師去世（二〇一二年九月廿九日）為止，長達卅三年之久，我除了寫成《佛教戒律學》一書，算是未負他找我見面的厚望之外，其他著實沒有對老師絲毫的貢獻。回首前塵，慚愧不已。反之，這位老師對我的影響太深遠了，概括起來二大饒益：一是擴大了我的知見境界，二是改變而且貞定了我的人生目標。

就第一點來說。我出生於廣東開平農村，自小受盡困苦，這種「依報」環境，當然不可能培養出一個人有什麼高境界。幸賴皇天保佑，青年時到了臺灣有努力讀書的機會，一直讀到國立政治大學法律系及研究所碩士班畢業，進入了臺北市議會法制室從事法律性的幕僚工作。從事這個工作幾年後，我才漸漸體悟到，這個專業其實是無趣的，是否值得以一輩子的光陰去耽在其間，實堪懷疑。誠然，法律對任何國家或社會都是重要的，可是正如《唐律疏義》說的：「前哲比之以隄防，往賢譬之以銜勒。輕重失序，則繫之以存亡；寬猛乖方，則階之以得喪」，法律對社會國家，好比管馬的繮繩銜勒，又好比堵塞水災的堤防，當然是不可或缺之具。但最重要的不是這種防衛性機制，而是需要這些機制的實質；換言之，法律只是「工具」而已，國家社會本身的內涵才是最重要的「目的」。如果把自己的一生浪擲在這種工具性的工作上，我實在不甘願。但不甘願又將如何？自己既已從事了這個行業，欲掙脫它的束縛真是談何容易！我最終能做到這點，自己擺脫了羈絆在法律觀念中的心靈，完全有賴於南老師的苦心指引與適時開示。

就第二點來說。「人貴立志」，這是中華傳統文化所強調的。但一個人能不能真的有志氣，似乎是多屬天生的，非後天所盡能教得來。記得當代大哲唐君毅先生曾在一篇文章指出，所謂「立志」，開始只能立一個模糊的大方向，如要貞定一個具體的人生目標，則需要經過長期的學習、歷練、摸索，才能達到的。很多本來有志氣的人，最後不能貞定他的目標，就在「有志難伸」的感嘆中殞落了。我幸而未至陷入這種悲劇，實在是得自南老師二次適時的開示。

首次是如前所述，一九九三年春我到香港，蒙他嚴肅責備而解脫了《龍旗》月刊的羈絆，立即到老師的身邊從而擴大了自己的視野。

第二次是老師阻止我嚮往大眾傳媒的努力。大約一九九四年底開始，我在香港《星島日報》撰政治性的專欄，由於以往有十多年的在大眾傳媒工作的積習，我一下子便沉心在這個專欄中去了。有一次奉他的命撰寫了二篇有關一九九二年兩岸高層人員來老師寓所密談的事，因報紙趕著要發稿，而我又在農場，實在難以先送稿回香港給老師過目。此稿見報之後，老師竟然當晚親自從香港來電訓斥了一頓，跟著還寫了一封信斥責我是「圖自己之任性」云云。我覺得很詫異，明明是老師主動叫我寫此稿的；而且我怕違背他的意思，當場還留錄音為寫作的根據，實際寫的內容又沒有違背所指示的範圍，老師何以如此？心中一直納悶不可解。但今後如何面對老師？剎時閃過美國故總統甘乃迪的名言：「不問國家為我做什麼，只問我為國家做什麼」，於是決定「不管老師對我怎麼樣，只管我應該怎麼樣對老師」就是了！這樣一下決心，納悶也沒有了。

過了不久，老師有一次當面提起我在報紙寫文章的事，問我最終想達到一個什麼目標，我說希望能成為一個張季鸞。按張季鸞是《大公報》的真正開創者，早在一九二六年，他以主筆身分，提出不黨、不私、不賣、不盲的「四不社訓」，這是「報紙為天下的公器」的宗旨，不久此報紙成了全國最重要的大報，迄今仍在香港發行。近幾十年來，張季鸞也成了一個大眾傳播界的典範，受傳媒界人士崇敬。不料老師聽了我的話，竟說：「就算你當成張季鸞又怎麼樣？」此言令我大為震撼，原來張季鸞在老師心目中也不過爾爾！我一直認為張季鸞是值得自己效法的目標，卻從未想過這個目標是不是對我適合的。經他這麼當頭棒喝，我才深入地反省檢討了自己的一切，包括自己的身體狀況、過去的失誤等等，終於貞定了今後應該追求的目標。這個人生具體方向確定了之後，才不懼已逾半百之齡去重新學習——進入能仁博士班，決心從戒律學這樣「一門深入」，再旁及佛教的全部大義、儒家及道家的精深義理，乃至西洋各派哲學的要旨。老師這次棒喝，也使我領悟到他寫信來訶責我「心態有問題」所指的是什麼了。

第一章附注

①葉潛昭是曾任情報局長葉翔之的長子，當時任臺北市議員，兼當律師。勞嘉建算是我的族弟，父親是勞建白，黃埔軍校六期畢業，當到少將，為戴笠親信；到臺灣後皈依基督教，為中華婦女祈禱會（蔣夫人宋美齡女士創的教會）系統的牧師，八十年代全家遷美國。我在臺北板橋讀高中時，常到勞牧師家，青年時代多蒙他家人照顧。

②「中山堂事件」，即是「改國歌事件」。當時鬧得很大，詳見《疾風》雜誌創刊號，一九七九年八月。

③「愛國同心會」原是戴家文等一群女青年人在一九七八年創辦的，但一直未依法登記。多年後以周慶峻為首的一群反台獨人士登記了一個同名的團體，到目前仍活躍於臺灣。

④此事的始末，南老師親撰的「戒律學原理摭言」（拙著佛教戒律學序）裏也有提及，這篇文字亦登在《中國文化泛言》增訂本一二四頁，北京東方出版社二〇一六年一刷。

⑤關於這個特殊班，南一鵬著《父親南懷瑾》下冊三七一—三七二頁有較詳細的介紹。只是有關搬進復青大廈的時間有誤，應為一九八〇年才對。浙江人民出版社二〇一五年一版一刷。

⑥《龍旗》自一九八〇年底籌辦，至翌年三月出版創刊號，為配合國民黨十二全會而創刊，一直出版了十三年，到一九九三年五月才應南老師之命而停刊。

⑦呂秀蓮當時才從美國留學回台不久，在行政院任職，後來當了陳水扁的副總統。據説她曾同那位周同學談戀愛，但未能成配偶，呂氏至今仍未婚。約在二〇〇八年間，我同她見面談到當年見南老師的事，她説記不得了。

⑧此案我留有詳細資料，將來有機會再公布。

⑨有關兒童教育的詳情，可參注⑤書五六四頁以下。

⑩ 金温鐵路的事，詳見注⑤一書四六〇頁以下。

⑪ 中文本《法輪功破析》，有香港及臺灣版，均於二〇一一年由臺灣桃園楊梅淨名文化中心出版。英文版 The Refutation and Analysis of Falun Gong 及日文版《法輪功批判》（野川博之譯）均由美國iUniverse.ine.Bloomington 公司分別於二〇一二年二〇一四年出版。

附　載

融通東西文化精華、重振民族精神文明

——神州老古公司創立旨趣

《神州老古文化事業有限公司》創立於茲！

此乃中國大陸境內第一個中外合資，以出版圖書為主的綜合性事業機構。對於審批本公司創立的諸位領導人，我們應表示由衷的感佩。

斯時斯地，本公司之所以得創立，代表了政府重振中華民族精神文明的決心，也代表了諸位領導人對本公司同仁的期許。我們能不自懍責任重大？爰以誠惶誠恐之心，扼要闡明本公司的旨趣，以敬告社會大衆，以策勵公司同仁。

「透過圖書出版等相關事業，融通東西文化的精華，重振中華民族的精神文明」就是本

公司創立的旨趣。這個旨趣包涵了終極目標（重振中華民族精神文明），遂行目標的內容（融通東西文化精華），及實現目標的具體方法（透過圖書出版等相關事業）。其中終極目標及具體方法兩者均可望文知義，無待贅述者。唯「融通東西文化精華」事，則牽涉廣泛，允宜有所闡發焉。

自清季以還，中華民族歷盡迍邅。歸根結柢，這是文化問題，是中國傳統文化受到西方文化衝激如何調適問題。如今問題已經很清楚，一百五十年來無數的仁人志士，無論其主張如何、信仰如何，為中華民族求生存求發展的目標總是一致的。我們這一代人幾十年歷經諸般變遷，也受過各種政治主義、包括共產主義與三民主義的洗禮，感受尤其深刻：只有發揚中華傳統優良文化，並汲取西方文化的精華，兩者融會於一爐，才是民族求生存發展、國家求長治久安的不二法門。

中華文化原有冠絕世界的優良特質，這也是我民族之所以能博大悠久的根本。如果拋棄自己的根本，那就不再有中華民族。所以發揚中華文化是我們的要務，也是我民族每一分子責無旁貸的責任。今日言發揚中華文化，絕不是抱殘守缺、固步自封。蓋中華文化本有兼容並蓄的本質，此從孔子被讚為「聖之時者」可概見其一斑。何況，傳統中華文化，固以儒家學說為主流，但非僅以儒家為具足，凡釋、道乃至諸子百家思想匯為一體才是中華文化的整體。是故，面對今日世界各民族激烈競爭時代，必須汲取西方文化之所長，方足以提振我中華文化到一個新的境界。換言之，我們面對東西文化相頡頏的今天及可預見的未來，必須持以「自尊而不自盲，自知而不自卑」的中道，善於取捨，融攝東西，才是允當的態度。本公司以之為達成終極目標的內涵，意亦在乎此。

抑有進者。目前海內外中國人無不認同一句口號：「廿一世紀是中國人的世紀」，因為這句話代表了全民族的希望，更代表了全民族對大陸改革開放十多年來經濟建設突飛猛進的信心。然而，有識之士無不深知，經濟建設使物質文明提升，如無精神文明的配套或主宰，其結果不會是好。所謂「中國人的世紀」是不可實現的。因之，距廿一世紀只有數年的今天，處于中國大陸經濟建設不斷提升而逐漸產生新問題的環境中，立即著手這種「重振精神文明」工程，已是朝野一致的共識，也是適應未來的客觀需要。本公司的創立，期以出版古今中外有價值的圖書為主，並將力求擴及其他相關的文化事業的發展，正是這客觀需要的實踐。

語云：「因人成事」，人是決定一切的因素。因此，本公司設立後，能否達成目標宗旨，端賴乎人才的結合。具體說來，只要是認同本公司目標宗旨而有所長的人士，不分地域、不分黨派、不分長幼、不分男女，均在歡迎參與之列；只要是有益於提振我民族精神文明而夠水準的作品，不拘古今、不拘中外、不拘觀點、不拘派系，均在考慮出版之列。這也就是本公司的用人原則與出版路綫。

重振精神文明的工作，亦即宋儒張橫渠所說的「為天地立心，為生民立命，為往聖繼絕學，為萬世開太平」的事功。其艱鉅自不待言，誠非本公司既有的資源所能擔負。本公司只望能盡一個「敢闖」的先鋒責任，仍有賴當局各級領導多加鞭策，有賴海內外民族菁英多加參與，才可望闖出一點成果來！這也就是本公司對當局及海外有識之士的懇求。

勞政武　撰稿

公元一九九四年元月吉日

第二章　南先生的人格特質

在上章一開始就說過，四十年前我首次看了《論語別裁》，便感到此書的作者有一種不凡的特質。於是，有機緣接觸到南先生本尊之後，總是懷著好奇心，有意無意地探究他的特質是什麼。

有好多次拜謁南懷瑾老師，他都當眾這樣介紹我：「這個勞政武是來這裏觀光的！」起初我莫明其所以，時間久了才慢慢領會到，這位老師的眼光實在犀利！我觀察到拜見南老師的各色人等，多為虔誠信佛而來求開悟的，也有遭遇困難而來求解決的，也有來這裏想搭上好關係的，甚至還有純粹覺得這裏很好玩而來的；而像我這樣本着好奇心來探究的，縱非絕無僅有，恐怕亦屬極少數了。老師說得一點也沒錯，我確實是來觀光的。

觀什麼光呢？就是想弄清楚南先生的人格特質。

我讀政大法律系時，有門課叫做「犯罪心理學」，專門研究犯罪者的「人格特質」的。由此我反過來推想，無論古今中外，能稱得上「聖賢」的，必有其人格特質。但所謂「特質」只是聖賢內涵的本質，未必能被人所窺知，更不能引起大量人的仰慕與崇敬；必也使特質變成外部可見的特色，方克臻此。所謂「特色」就是表露在外的形相，人們通過某位聖賢外表的「動、默、云、為」的形相，反溯而推知了他的內在的人格特質，從而公認了他真是一位聖賢。這種道理，也可進一步用中國佛教天臺宗的深義作說明：聖賢之內在特質是「本」，聖賢之外在特色是「跡」；跡由本生，推跡可返本。本與跡相須而不可分，若無「跡」則無法證其「本」了。

就以四「軸心聖哲」①為例，來說明這個深邃的問題。西方的蘇格拉底（Socrates,469－399 B.C.）、耶穌（Jesus Christ 1－33 A.D.）及東方的孔子（557－479 B.C.）、釋迦牟尼佛（463－383 B.C.）四位聖哲都有個共同點，就是他們本人都沒有什麼著作留下來②，後世無法直接從他們的作品中瞭解他們的思想特質，只有從別人的記述中看出他們對人類文化的偉大貢獻。南老師比他們幸運，他有大量著述留下來，人們可以從這些著述中瞭解到他的思想的特質。但專心閱讀他的所有著作的人到底是極少數，大多的人都是從他的動默云為「特色」中產生敬仰的。

從南先生的著述直接去瞭解他的思想特質，正是本書第三章以下的主要內容；而本章則是從他的外在實際表現中去瞭解南老師這個人。這也就是說，整全地瞭解一個人的思想與行為，才是真正的「人格特質」。依這樣的分疏理解，我認為在整全人格特質上，南懷瑾先生無疑是一位「通家大師」級的人物。他之所以能達到這種境界且桃李滿天下，經我長久觀察與親身體驗，與他的「四攝」有密切的關係。

南門四攝

創立中華佛教天臺宗的智顗（智者大師），在《法界次第初門》（卷下之下）中指出，菩薩以「布施、愛語、利行、同事」四種方法，來接引眾生，其性質是「先以欲鈎牽，後令入佛道」。這四種方法又稱為「四攝」③，是菩薩接引信眾的四種利器。南老師也有四種攝眾的利器，那就是：醫藥廣施、詩詞感人、眼光銳利、品格高尚。這四項排列不是隨意的，而是依接引由淺入深的一般次序。依我長久的親身體驗，這「南門四攝」比智者大師所說的「菩薩四攝」更深刻、更有效。以下分述之：

一、醫藥廣施

無論在臺北辦公室或香港會客所，南老師的座位後方都有一個大壁櫃，好像中藥鋪的「百子櫃」，分成好多小格子，每格擺著不同的中藥瓶子。每有學生或客人來謁見，老師一看他氣色不對，問他身體那裏不舒服之後，就回身打開大櫃子，拿出一些丸散中藥來教他怎樣服用。南老師一輩就是這樣廣施醫藥，而且往往有奇效，從來也不收錢，這就使得許多人感激不已。事實上，老師的醫術很高明，很多好友或學生的重病都被他醫好了，其中包括著名的立法委員楊管北及學生王啟宗④。如上章第一節所說的，我也深受其益，如不是老師在保養身體方面的指導，現在年逾七十的人不可能寫出這本拙作了。

南老師何以有如此高明的醫術？當然與他幼年時曾受過一位林姓名醫的悉心教導有關，但更根本的應是，他終生學道又學佛，而道、佛二教都是最重視醫藥的。就道教來說，其主要根源便是中國古代的養生思想與技術，甚至中醫也是這種思想所發展出來的。南老師學佛之前拜過許多道家名師，更窮研這方面的著作，當然從中學了不少的醫術知識。至於佛教，有關醫學技能更是其主調了。佛陀鑒於人人不免「生、老、病、死」，故出家求解脫。所謂「解脫」，無非是脫出身體與心靈的苦痛。由此主調，佛教不是有部著名的《藥師經》嗎？甚至如來佛陀本身也被尊為「醫王」！老師終生信仰佛陀，當然會對醫藥極度留意，對布施醫藥以解除大眾的苦痛更是必為之義了。職此之故，廣施醫藥成了老師渡人的「利器」，並非老師刻意為此，而是他精通了佛道的自然結果。

二、詩詞感人

南老師擅於中國傳統詩詞，有《金粟軒紀年詩初集》、《金粟軒詩詞楹聯詩話合編》等書行世，是以近年有報章稱他為「詩人」者。我認為這個名銜並不適當，對南老師其實是貶義，因為歷來所稱「詩人」者，多為落拓腐酸之輩，而老師絕非如此。古人說：「詩者，志之所之也，情動於中而形於言也。」⑤南老師只是藉詩來表達其志、發抒其情，絕非落拓而呻吟其自身。

尤有進者。因為佛教最高境界是「言語道斷，心行處滅」，也就是實相的境界是不可以理性言語來說出的，但全然不說又何能闡明此境界？最妙的方法莫過於以詩來表達了。所以老師講佛法時，講到最玄妙處常吟出一首詩來表達，聽眾到此往往為之神往而體會了不可思議的境界；由此產生對老師崇敬之情，更不在話下了。在講課中，他隨時會吟出一首格調極高的或很有趣的詩，有些是他自己作的，更多是古人作的；在老師的著述裏，大家都可見到他隨文引出的詩。為別人所不及的一大特點正是在此！在當代可稱為「大哲」的人中，據我所知，只有方東美也是常以詩來表達玄思的，他且有《堅白精舍詩集》傳世，但不如南先生的有趣，境界更差得遠了。

原來南老師自小就深受傳統書院式的教育，最重視的就是詩詞。所以自古以來中國文人都擅長此道，從孔子的話可以證明這一點：

子曰：小子何莫學夫詩！詩可以興，可以觀，可以羣，可以怨。邇之事父，遠之事君，多識於鳥獸草木之名。（論語・陽貨）。

南老師自幼背誦了許多詩詞，他又有過人的記憶力，所以每次講到某種高深義理時都能信口引出一些詩詞來佐證。這種講課方式真是有極大的吸引力。

南老師對詩詞還有種獨特的看法，他認為冥想詩詞是最有益的腦筋鍛鍊，而吟哦詩詞是最佳的休息。因此，他在臺灣講課時就常常鼓勵學生多致力於詩詞。也曾多次鼓勵我多下這方面的功夫，並說我的文字根柢很好，只要努力必能作成好詩詞。但我自忖從小沒有機會背誦詩詞，即是缺乏詩詞的深厚基楚，何能有好的作品？況且我的專業原是法律，撰文慣於邏輯理性的思考，對於詩詞的感性思索實在不耐煩，所以始終沒有從這方面著力，實有愧老師的垂教。

雖然如此，我卻有點欣賞詩詞的能力。聽老師的課或看他的書，每逢他引出詩詞就有所感動，且儘量抄下來，很多一直保存至今。以下且引證五首有趣的詩，是老師講課時吟出來，在他的著述皆未見載的。

老師在臺灣改自《三國演義》開卷詞（臨江仙）以諷世：

滾滾長江東逝水，浪花淘盡人渣！

是非成敗轉頭差；江山依舊破，幾度夕陽斜。
白髮紅顏留不住，管它秋月春花？
漫言世事亂如麻；古今多少事，都是爛冬瓜！

引出的達賴六世情詩：

最恐多情損梵行，入山又怕負傾城。
世間那得雙全法？不負如來不負卿！

引出清朝人作的美人詩：

芙蓉花發滿江紅，人道芙蓉勝妾容。
昨日妾從堤上過，為何人不看芙蓉？

引出古人作的不知足詩：

按有位秀才人品很好，卻不幸早逝。到了陰間，閻羅王一查生死簿就說：「你這個人積陰德不少，命未該絕。放你還陽投胎好做人，你想有怎樣的來生？」秀才作出一首詩來回稟：

千畝良田湫湫水，十房妻妾個個美；
父為宰相子封侯，我在堂前蹺蹺腿！

閻王一聽呵呵大笑，續了二句：

世間若有這等事，你做閻王我做你！

老師在臺灣戲作宴客詩：

按老師一生愛宴客（詳下文），乃戲作此詩，與賓客共樂：

華堂今日景筵開，不料諸公個個來。
端菜碗從頭上過，提壺酒向耳邊篩。
可憐矮子無長箸，最恨肥人佔半枱！
門外又聽車馬響，主人讓位一旁倍。

我從小學到博士班，受教過的老師很多，也聽過不少名家的演講，從未有一人像南老師這樣，能以詩詞來宣揚深邃之義理的。我年近七十才窮研道教典籍，發現許多歷史高道都是擅於以美妙詩詞來演繹玄虛深義的，例如著名的《悟真篇》⑥，講的內容主要是道術，全書竟然是由近百首詩構成的。其他唐宋之間的道教著名人物，如鍾離權、呂洞賓（純陽真人）、陳搏（希夷真人）等，都有此類以詩詞來弘揚道法的精彩作品。至唐朝以後，佛教禪宗很多僧俗也長於以詩詞來弘揚佛法，就更不用說了。南老師正是精研道術及佛法的人，他以詩詞來弘揚佛道義理，恰是繼承和發揚了這種傳統。現代恐怕沒有這種深厚根柢的人了，南懷瑾先生是絕無僅有的一位。

三、眼光銳利

無論觀人、觀事、觀世間，南先生都有超越常人的敏銳眼光，這是接觸過他的人所公認的。也正是這緣故，很多人接觸了南老師之後，會拜服得五體投地；換言之，這也是他攝眾的利器。領教過這「利器」的人很多，讀者可在有關紀念老師的文章中看到很多這類紀述。

至於我個人，也曾親身領教過多次，深感老師的眼光實在銳利、觀察人或事十分準確；令我印象最深刻的有三次：首次是我初謁南老師不久，他只憑雜誌上的一張照片，就斷定那個人是「酒色財氣之輩」，事後證實他此言果然不虛。此事始末詳見本章後文。第二次是上章第二節曾提到的，早在三十年前，即在鄧小平改革開放才幾年的時候，他就鄭重地對我說過「中國的大運已從東方移轉回到西方」的預言，今天已完全證實，在中國東方的臺灣已日漸衰落，而在臺灣的西方之大陸已崛起為世界強權了。第三次是前面提及的貞定了我的人生方向。原來在我未拜見南老師時，他已在臺北《民族晚報》上看過我的「古今法律談」專欄及單行本，後來接見了我，就認定我應向研究及寫作方面發展，所以他說：「你原是個青年人，有見識，有文才，如果沉潛學問，前途成就不可限量」⑦。我只當老師的指點是客套話未認真聽從，於是在一些不相干的事務上浪費了十多年的青春歲月。直到一九九三年到香港，才聽從他的警告，停辦了雜誌，潛心於哲學、佛教戒律學中，才算貞定了我後半生的人生大方向。而今我年紀愈大愈感老師的眼光實在太銳利了，三十多年前就一眼判定我該走的人生方向；如果早聽他的話，今天的我應不至如此辛苦了。

南老師銳利眼光的具體事例，我所見所聞的就不計其數。大約在一九九五年我在香港時，有一次大膽請問他：「為什麼老師你觀人察事這麼準確？」老師只是一笑說：「這問題牽涉可多了！」這等於不答覆，我也就不好再問下去了。不過，這個話頭從此放在我心裏「參」著，參久了似乎也悟出一點道理來了。早在臺灣期間，南老師就常要我們多看三國時代的劉劭大作《人物誌》，又要我們多看曾國藩著的《冰鑑》等有關相人術的典籍。而他自己呢，不但熟讀這些正規的典籍，連那些民俗作品如《痲衣相法》、《燒餅歌》之類，都是一覽無餘的。南老師是一位天賦極高的人，再加上終生用功，博覽群書，由是使他具備了「五眼神通」⑧是自然的。

四、品格高尚

人的品格決定人的價值。我們說「這個人很高尚」或說「這個人很偉大」，所謂「高尚」或「偉大」就是以他的品格為標準而判斷出來的；絕不是以他的官位有多高、也不是以他的財富有多少、更不是以他的容貌有多漂亮，為標準而判定的。這種判斷人人皆知，也是人人大體如此；譬如說，甘願「殺生成仁、捨生取義」的文天祥，千秋萬世的人都尊奉他為民族英雄，但絕對沒有人認為當時殺他的元朝皇帝有什麼「高尚人格」。

文天祥因為有最高尚的人格，所以成了民族英雄。孔子因為一生以仁為本務，且「好學不厭、誨人不倦」，所以成為萬世師表。南老師連正規小學文憑都沒有，竟能桃李滿天下，多少碩學巨公都甘為門下士，雖謂有前述三種「利器」，但最根本的還是他有高尚的品格。

「內聖外王」是儒家核心思想，也是修持的工夫。其要義是說，我們先修好自己的高尚人格成為一個君子、聖賢，對外自然有大的貢獻。這一點在現代的一般膚淺之輩看來，未免「泛道德主義」，是迂腐之論。其實我們如深知《孟子》告子篇的「天爵」與「人爵」的道理，就能領悟到所謂「外王」指的是天爵。此段原文是這樣的：

> 孟子曰：有天爵者，有人爵者。仁義忠信，樂善不倦，此天爵也。公卿大夫，此人爵也。古之人修其天爵而人爵從之，今之人修其天爵以要人爵，既得人爵而棄其天爵，則惑之甚者也，終亦必亡而已矣。

翻成現代語言，這段話的意思是：王、公、侯、伯、子、男、大夫等政治上的職位都是別人給你的地位，只是「人爵」，別人隨時可以奪去的。而仁、義、忠、信這些高尚的品格都是上天所給你的地位，性質是「天爵」，沒有人可以奪去的。古時有道之士只專心修好自己的「天爵」，「人爵」也自自然然而擁有了。但現在很多人卻反過來，雖修「天爵」目的卻在追求「人爵」；他一旦得到了人間的榮華富貴，卻把仁義忠信這些德行全拋棄了，這些人實是迷糊錯亂的，最後必然是天爵、人爵都沒有了⑨！

據上而論，南老師之所以有如此受各方尊崇的地位，就是他的「天爵」所自然招來的「人爵」，故我們瞭解他的人格的高尚性是很重要的。這是下節以後的內容，也是本章的主要論述。但為了避免過於枯躁無味，對此內容的論述，我儘量不作理論上的探討，多從自身的真實體驗上著墨。

品格的標準

所謂「品格」是依什麼標準而定的？我又憑什麼來斷定南懷瑾先生的品格是「高尚」的？這兩個問題牽涉高深的哲學理論，於此姑且不談，現在只從我個人的親身感受說起。

大約在一九六三年間，我在臺北縣板橋的「華僑中學」讀高中二年級時，即受洗為基督教徒，每逢禮拜日都去教會。我之所以願意信教，倒不是出於對基督教有什麼真正的信仰，只因那位牧師對我很好，在感情作用下就受洗了。大約不到三年，即在進入政治大學法律系二年級時，我就漸漸不想去教會了，原因也是感情的，那位令人崇敬的牧師漸漸令我失望。他的脾氣很大，對錢財尤其處理得不好，他家人很浪費，而別人的金錢好像都是該奉獻給他似的；一位牧師怎會是這樣的品格？又經過了三年之後，他果然出了大禍，因為他的太太出面邀了很多教徒及好友來「做會」⑩，標會所得的錢財很快便揮霍掉，因為他的正常收入根本不可能供「死會」錢，所以只好又起新的會來養已死的會，這叫做「以會養會」。正因為他是有聲望的傳道人，所以很多教徒及親友都入了他招的「會」，最後竟做了五十多個「會」，這樣惡性循環的結果，必然有爆炸而全部「倒會」的後果，被連累的人有數百之多；連我也受了嚴重的連累，原本存來準備結婚用的錢也沒有了。由是天天有人到他家去討債吵鬧，他的傳教事業當然也垮了，最後悄悄搬離原地遷到外國去了事。這是我初出社會的事，受的教訓很大，連帶對基督教也失去了興趣。後來閱歷多了才悟到：我這種想法並不全對，這是「人」的問題，而不是「教」的問題。只是若傳教的人不對，必然會拖累到這個「教」也宏揚不起來了。

以上只是我親身感受的一例，由此促使我注意臺灣的宗教問題⑪，漸漸發現基督教以外的一些宗教問題更多。就以香港一項研究報導為例，僅僅在一九九六年十月到一九九八年四月止，不到二年之間，臺灣地區就發生了「宋七力顯象協會斂財案」、「妙天禪師黃光亮販賣蓮座牟利案」、「黃志雄自稱救世主詐財案」、「天然青青法師出售寶石等斂財案」、「印度性靈大師歐文光斂財案」、「基督教南韓教主涉色案」、「天地光明協會吳某斂財案」、「臺北松山寺住持出售靈骨牌位案」、「一貫天道林某斂財案」等。此等案件都是震動社會的宗教案，多為民俗的神道教派所為，也有少數是正信基督、佛教的。該報道說：

臺灣滿天神佛，島內三步一廟、五步一觀；寺廟教堂密度居世界之冠，平均每二平方公里即有一座。宗教信徒達一千多萬，約占總人口五十・三百分比。臺灣寺廟不僅信眾廣、香火盛，無怪乎有人說：臺灣賺錢最快的方法是開廟⑫。

雖然這段話是從負面說的，宗教興盛也是一個社會安和的要素。但無論如何，一種教派出問題，總是「人」的問題，絕少是該教派本身的問題。這種認識，我因身受其害而形成了，後來入世越深更加強這般看法。

現在言歸正題。人的品格是需要經過比較才瞭解的。俗語有道：「不怕不識貨，最怕貨比貨」，其實不但貨物如此，其他事物也是如此，人更是如此；所謂「高、低，好、壞，真、假，善、惡」是比較出來的。以佛學的深義來說，我們生活在一個「二元」世界，所以「比較」很重要，也是人的普通思惟脫離不了的。

我進入政大法律研究所之初，心中有很大的疑惑：所有現行的法律，如憲法、民法、刑法……等等，我們在大學法律系都學過了，而且我為了參加公務員高等考試都早已很熟習了，而今上了研究所還有什麼好學的呢？難道是更上一層樓的法律哲學（jurisprudence）嗎？後來才瞭解，研究所開的課，主要是比較性質的，如「比較憲法」、「比較民法」、「比較刑法」之類，其內容就是拿世界各國同類的法律來比較一番，找出其中的利弊得失。經過如此比較，不但擴展了我們的眼界，更提升了我們辨別優劣對錯的能力。

如何了解人也一樣。古人說：「知人不易」，一個人的品格如何，只有透過比較才易瞭解，否則必蔽於眼前所見。拿破崙在世上是個大英雄，但他身邊的僕人必難瞭解，甚至根本瞧不起這位主人的；因為拿破崙在他心目中只不過是一位身材矮胖、連洗澡都靠他扶持的笨拙者而已。諸葛亮也一樣，他身邊的人只見這位躬耕於南陽的人柔弱得像女子，連田也耕不好，何能瞭解他卻是一位能開國定邦的大人物？

老師的品格——正面論證

正因為我有了上述的心理認識基礎，所以一見南老師便覺得此人不尋常。多見幾次之後，這位老師實有高尚的品格；我是從一些小節上證悟到的。

一、金錢問題

我們學生到南門聽課也好，吃飯也好，參加「禪七」也好，老師不但從不收任何費用，而且看到有困難的還掏錢幫助。受過老師幫助的學生很多，從他們近年發表許多紀念文章可以證實。就我個人來說，在他身邊奔走廿多年來，受惠良多。尤其一九九三年底到香港之後，接著辦農場，又修博士學位，幸得老師直接及間接幫助了我共約六十萬港幣，才能渡過多次的經濟困境。

佛教菩薩道有「六度波羅密多」的信條，其中第一條就是「布施」，主要是指以金錢財物濟助他人。南老師在這方面做得真實而徹底，是所有門人公認的。不要說比較上述的那位基督教牧師，完全是利用了信徒對他的崇敬而獲取非理、悖情的金錢，以供自己盡情揮霍，兩者的清濁判若雲泥；就是臺灣各派佛教的師父，多賴信徒供養而生活，恐怕極稀有是反過來去布施救助信眾的！

二、餐聚的重要性

凡人每天都要吃兩三頓飯，多人在一起聚餐也是家家戶戶常見的事，故佛經有云：「有情皆因食而住」，無論人或動物，必須要進食才能生存。這不是什麼稀奇的事，但在南門這件事很重要，也很特別。

早在臺灣時，我初入南門便發現，每天無論中午或晚上，都有二桌人在聚餐；通常是一桌葷一桌素，隨來客個人喜好自便選擇。有時客人多了，還加開到三桌，甚至四桌的。每桌大約都有八道菜，都是相當可口的各色菜肴，而且菜色餐餐變換。主廚的通常一人，由幾位南門義工學生協助。參加聚餐的人，除了南老師本人及他身邊的三幾位主要的工作人員外，絕大多數都是各方來客，這些來客包括南門的學生、仰慕或有事來訪者，身分則包括達官貴人、富商巨賈、窮酸學生，甚至江湖郎中、販夫走卒。每位來吃飯的人都不用付費，用餐時可發表自己的見聞或高論，主要還是聆聽老師的指點或評論。老師對每位來此聚餐的人，不論身分高低貧富貴賤，一律待以賓客朋友之禮。這種餐聚方式，不是偶爾如此，而是天天如此，窮年累月如此。由是，單是花在飯菜的費用就十分驚人，難怪老師身邊的人說老師常常鬧窮。

一九九三年我到香港後，才知道不論在美國或香港，南門依然是這種聚餐方式。不過在香港因環境關係，只在晚餐時才會有客人來，所以每天的中餐聚會就取消了。通常是每晚七時開始客人坐滿一桌，如果客人多了則另開一桌素菜的。我有一次請問南老師，這樣天天宴客怎麼得了？他告訴我：「小時候在溫州，我的父親就是這樣做的，我是學他這樣做下來了。」因為香港堅尼地道卅六B四樓聚餐時，常有大陸各界人士來參加，所以老師還開玩笑地說，這裏是「中南海人民公社」；「中」者，中國人也；「南」者，南氏寓所也；「海」者，在海外也；「人民公社」者，來這裏吃飯都不要錢也！

我在臺灣，有事請教老師，才去臺北市信義路復青大厦順道就餐，只覺得這裏很有趣，東西也很好吃，卻不瞭解這種聚餐有什麼特別的意義。直到在香港，我才領悟出：南老師畢生以這種餐聚方式去款待各方來客，實在太不簡單了！在作用上，這是最佳的「攝眾」及「和敬」方式⑬；在意義上，這正是表現出老師的超越人格，試問世上還有哪位老師能夠不顧自己的困難，終生這樣供養十方來客的呢！

三、生活細節的威儀

我初進南門，很快便發現老師對日常生活細節很注意。他對學生的訓誡是如此，對自己的要求也一樣。

我印象最深刻的一次，是他教學生如何掃地。有一天，我到臺北市信義路他的辦公室時，恰見一位同學拿著掃把在掃地，正在同我談話的老師忽然站起來，走到那位同學身邊說：「你這樣不是掃地，而是替地面抓癢呵！」說著就拿過掃把來親自作示範，並解釋：掃地不可貪快，尤其不可以不用點力而使掃把輕飄飄的，這樣不但掃不乾淨，反把灰塵揚起來了！要注意每個角落、牆角、櫃子角、桌子下面，不要怕麻煩，每個地方這番話。

都要掃乾淨。「你們記得《朱子治家格言》嗎？它開頭便說：黎明即起，灑掃庭除，要內外整潔。這是中華傳統文化教子弟的第一課！學佛的人要知道，打掃庭除也是一種修行方法，能專心致志掃除心中一切灰塵妄想，便是得道了！」我永誌不忘老師這次動作、這番話。

還有一次我領受教訓更深刻的是在香港，那時我接近六十歲，已在香港能仁學院兼哲學副教授了。一天我到中環都爹利街老師的辦公室去請教一些佛學問題，老師一見我就瞪著眼正色訓示：「你怎麼可以把嘴角往下垂著？一副愁苦相！一個人想不倒楣要隨時保持笑容，有笑容時的嘴角是往上翹的。」他說著，還做樣子給我看。老師這麼一說，直教我無地自容，從此便注意保持自己的和藹喜悅容顏了。

像這般生活小節，老師常是教訓學生的。但他不只是要求學生而已，對他自己要求更嚴格，這類例子太多了，不勝枚舉，凡是曾在他身邊的人都知道的。其中有個例子很特殊，也是令我感受深刻的，那就是每當有崇拜他的人來看老師，老師一律當作朋友，絕不以「老師」地位自居，如果有人行跪拜大禮，老師竟然也跪下來跟學生對拜！這種場面我親見過幾次，起初真被嚇呆了；世上竟然有如此待學生的老師！因為我曾親見很多相反的例子，更覺得老師實在世間少有。有一次我到臺北近郊的一座大寺參訪，忽有信徒來見住持大和尚，立即跪下，雙手捧著包著供養金的大紅包高舉在前額，大剌剌站著的和尚禮也不回，便單手收下放入自己的僧袍袋子裏了。同樣的場景，我在苗栗山區一所自稱禪林中也見過幾次。這些人比起南老師，其品格真是不啻天壤了。

由此我領悟到，《中庸》有道：「優優大哉，禮儀三百，威儀三千」（廿六章）是什麼意思了，儒家所說的道理與佛教是相通的。佛經有云：「三千威儀八萬細行」⑭，也是同一道理。這是說，進入佛門修道的人，必須注意他的言行細節；對出家人的細行，戒律中還有專篇叫做「犍度」（Khandha）為之詳細規定⑮。總之。我自進入南門後，常常親見或親受老師對學生的言行細節的嚴格要求，就覺得這位老師是我從未見過的、與眾不同的；但直到我到香港詳研佛教戒律之後，才徹底瞭解到南老師不僅僅是通曉儒、釋、道家的義理而已，實實在在是能把各教的微言大義付諸身體力行的，這才是「人師」的典範。

按西洋哲學史上許多大師級人物，儘管在知識上有很大的成就，但在個人行為上卻是一塌糊塗。例如西方民主理論奠基者盧梭（Rousseau,17：2 — 1778），雖然有廣博的知識成就，因不懂處世之道的緣故，竟在孤獨貧病交困中逝世了。再如無神論者費爾巴哈（L.Feuerbach,1804 — 1872），因不能與教會善處之故，晚年生活非常貧困，只靠妻子微薄收入度日，在淒涼中逝去。又如著名的悲劇哲學家叔本華（A・Schopenhauer,1788 — 1860），因自視太高而看不起別人，最後只靠父親一點遺產過著離群索居的日子而去世。最嚴重的是鼓吹「超人哲學」的尼采（F.W.Nietzsche,1844－1900），最後卻在精神分裂症中死去了。反觀中國傳統文化上的聖哲絕非如此，知識只是次要的事，德行才是第一要務，這就是王陽明所倡的「知行合一」哲理，「行」包涵在「知」的概念之內，若無「行」不算「真知」。所以中華文化傳統有「經師」及「人師」分別的概念，所謂「經師易得，人師難遇」⑯，通曉書本經典的大師很多，能把經典知識貫徹融通到自己日常生活的一言一行中，就很不易見了。我何其有幸，得遇南老師這位「人師」，且親炙他垂教逾廿年之久！

老師的品格——反面論證

以上四項是從老師的「有為」層次——即正面表現來窺見他的卓越品格，現在要透過老師的「不為」層次——即反面表現來作增上之論證。

正如《孟子》所說的：「人有不為也，而後可以有為」（離婁下），從一個人的「有所不為」方面去瞭解他的品格是很重要的，甚至比「有為」層次更重要；因為任何一位有成就的人，必然是「有所不為」，然後才能「有所為」的；反之，若是一個「無所不為」的人，絕對不可能有什麼成就了。用佛教觀念來說，這是智慧的簡擇問題，無所不為的人實是弱智的表現。

南老師對大小事情的揀擇性極為嚴格，該為的事他會不顧一切去做；反之，對不當的事，他堅決不做。廿多年來我親見他這種選擇大小事很多，以下僅舉出三件事來，即可概見其他。其中一件是發生在我身上的小事，其他二件卻是大關節的「不為」的事。

一、不見「酒色財氣」的人

如前章所述，我初識南老師，即折服了他的風格。那時我正在參與《疾風》雜誌；認識的朋友日日增加，一有機會便向大家宣揚「有位南老師如何了不起」等等，我還帶了一些朋友去見老師。除了少數特例外，老師也客氣地接受我介紹的好意。有一天，我拿了本新出版的雜誌去送給老師，意思是請他指教。他翻了翻，看到一頁中印有一張照片，照的是一位沈姓同事在振臂高呼口號。老師用手指指他說：「你不要把這個人帶來見我！」我驚奇之餘忍不住問：「為什麼？」老師竟說：「哼，酒色財氣！」當時我心中大不以為然，憑一張照片便判定一個人，怎可能如此？我與此人共事了近兩年之後，才瞭解他果然是「酒色財氣」中人，我也就漸漸與他疏遠了。

又過了十多年後，此人居然鬧出個轟動臺灣新聞界的「色情光碟案」，由此我不能不嘆服老師真有鑑人的大智慧。此事還有段下文，約在二〇〇〇年代初期，此人竟做到了香港某大傳播機構的高級職位，有一天他央求舊識蕭政之中將帶領去堅尼地道見了南老師。此事令老師很不高興，後來還怪責了蕭政之一頓。老師曾對我說起這件事，「蕭政之跟我來往幾十年，我是第一次罵了他，他不該突然帶這種人來見我，事前也未跟我說一聲」。由此更可見，老師對此種事的「有所不為」態度是何等堅決！

二、拒領二千萬美金

如上章曾提到的，一九九四年初老師曾派我到北京、上海及杭州接洽有關金溫鐵路的事。原來此項工作是由侯承業做的，這段期間他卻回美國去了，而此時北京中央鐵道部為了解決資金的急切需要，已撥了二千萬美元，等候老師簽名即可領下來。南老師是絕不會簽這種字領錢的，但鐵路工程又急需經費，那怎麼辦呢？所以老師要我走一遭，主要任務便是傳達他的意見，要築路的實際負責人董宏具名去領款，此事很快便順利解決了。

後來，經過鐵路公司股份改組等繁瑣手續，這條自從孫中山實業計畫就有構想的鐵路，經過日本人占領浙江時想建也建不成，中共開國初期的五十年代想建也建不成，終於在一九九八年六月通車了⑰。老師從美國回到香港，主要幫忙北京的具體大投資就是建金溫鐵路的事。這件事還是溫州同鄉的領導首先提出來的，老師便答應做個「牽頭」

的角色，經過近十年的曲折努力才完成了這艱鉅的任務。鐵路建成之後，本有許多利益（包括沿路的土地權、礦產開採權，乃至股份的盈餘等巨額利益），老師一介不取，堅持還路於民。自改革開放以來，到大陸投資的人無數，這種做法，恐怕找不出第二個人了。我到香港時，多次聆聽老師教訓那些想到大陸投資的人：北京政府改革開放是對的，大家回去投資幫助大陸建設也是對的，但如果純粹以個人利益為出發，甚至為了私利而無所不為，這等於「驅耕夫之牛，奪饑人之食」⑱！老師的高風亮節，絕非口頭說說而已，而是具體表現在他一切的用捨行藏中的。

三、不依附權勢

更重要的，就是南老師保持一貫的「方外人」風格。按海峽兩岸的當局透過南老師居中，自一九九〇年年底起，到一九九二年中為止，這二年半在香港多次「密使」接觸，增進各方面的瞭解（此事詳見第四章）。南老師的苦心，中共中央非常清楚；他的巨大貢獻，北京中央領導人更加感佩，所以包括江澤民主席、李鵬總理等人在內，曾多次誠邀南老師往北京暢敘，但都被婉謝了⑲。老師晚年到太湖定居，也從未到過北京。這種做法，老師也當面向我說過，他本是方外人，對任何有益於眾生的事，都應該盡力；但涉及政治權益是絕對不能捲入去的，這就是他常講的「只買票不入場」。按自古以來，一個方外人或出家人，做到不沾名利的很多，若連政治權力中心都保持距離，恐怕極少數人才能做得到的了。

歷史上，此類方外人而攀緣權力中心的例子極多。例如：北魏時代的寇謙之（365—448），對東漢以來流行的「五斗米道」加以革新改造，創立了「北天師道」，故是道教史上的重要人物。他先是依靠大司徒崔浩的關係而攀附上北魏太武帝，竟然實行了中國宗教史上的首次「滅佛」事件⑳，成就了他在道教史上的顯赫地位。再如唐代的北禪宗師神秀，攀上了武則天皇帝，竟然可以出入宮廷號稱「帝王師」，一生顯赫無比。又如元代道教全真派的重要人物丘處機（號長春真人，1148—1227），不辭萬里往返三年的勞苦旅程，率領子弟十八名赴西域參見成吉思汗大帝，乃受封為「掌管天下出家人」的尊崇地位㉑。真正做得到「威武不能屈」的只有禪宗六祖惠能一人，他在粵北曹溪開宗傳道，竟能婉拒武則天皇帝的召喚。由此比較，南懷瑾先生可謂得到禪門風骨真傳的「方外人」了。

接引菩薩的角色

經過上述種種親身體驗的比較，我才敢肯定地說，像南懷瑾先生這樣的高尚品格，不但在西方大師級的人物難以見到，就是在中國明、清代以來的文化界人物中，差可比較的大師也找不到幾位。

尤值得注意者，一個人的高尚品格是一回事，他的品格能否感召人群又是另一回事；如果只是「孤高自賞」，而對社會沒有什麼影響，這種人也無什麼功德了。南老師絕非「孤高自賞」的人，相反的，他一生實際上是扮演著一位「接引菩薩」角色，這點大概無人能否認的。

很多人本來是「與佛無緣」的，只因認識了南先生或看了他的著述之故，而皈依了佛門。我個人就是好例子，在認識南老師之前是一個不虔誠的基督徒，專業是法律，根本與佛教無緣。只是南老師主動派人來找我，指點我「要研究佛教的戒律」，自此改變了我人生的全盤方向。又如今天以九四高齡逝世的李元簇先生，他是德國法學博士，學的專業是刑事法，嚴以律己，也嚴以待人，早有「酷吏」之稱。後半生當到政大校長、教育部長、司法行政部長，乃至副總統，以他這種文化背景及性格的人，根本不可能有什麼佛緣。但他退休之後的廿多年，每天主要的活動就是欣賞茶花、悠游田野及看南懷瑾先生的著作，他才會要求以佛教儀禮辦後事㉒。真是「英雄到老皆歸佛」，李元簇先生之所以歸佛，全在南先生這位菩薩接引之故，所謂「接引」，只是看多了南先生的著作而已。這段因緣恐怕極少人知的，他們兩位都是我的恩師，應在此作一交代。

更值得注意者，很多人本來對中華傳統文化沒有什麼概念，甚至懷有極大偏見者，認為孔孟禮義是「封建落伍」的、佛教空理是「消極迷信」的、老莊玄思是「虛無狡詐」的，都是因為南懷瑾的緣故而改變了態度，重新肯定了中華傳統文化，甚至有許多才俊之士從此決心做一位宏揚中華文化的人。現在神州大陸民間各種自發的「傳統文化研習班」，如雨後春筍般蓬勃發芽生長，而北京中央更從最宏觀的視野來提倡復興中華文化，在全世界成立了千多所「孔子學院」，追根究柢都是和這位「接引菩薩」分不開的。

一九九七年八月，費了南老師五年心力的「金溫鐵路」，終於完成通車了，他不但婉拒參加通車典禮，而且採取徹底行動，聲明「還路於民」。他對浙江省及溫州家鄉來港的領導說：「你們說想要建鐵路，我幫你們把鐵路建好了。藉餘生，我想為中國人修一條大路，這條大路就是文化路。」為此，他還寫了一首詩給大家看，以明己志、以勵來茲㉓：

鐵路已鋪成，心憂意未平。
世間須大道，何只羡車行？

自此，他真的用盡了十多年的餘生，自二〇〇〇年代開始，到江蘇太湖畔創立「太湖大學堂」，更加努力地推行中華文化，真的為中國人重建了一條文化大道！中華民族本有一條全球無敵的文化大道，只是近代百多年來受挫折被雜草污泥淹蔽了。幸得出現了梁漱溟、熊十力、馬一浮、張君勱、牟宗三、唐君毅、錢穆、徐復觀等聖賢級學院派人物，在最衰敝期間扛起延續文化慧命的責任（詳見第八章），今天終於開出一位同樣是聖賢級的普及派人物南懷瑾的事功，把這慧命普及到全中國，乃至全世界。這條「文化大道」的奠基工程已完成了，這就是南老師這位菩薩的終生功德吧！

近年有人以「博、大、精、深」四字來評價南先生的學問，我認為未盡妥洽，因為他向來不在「精微」或「精深」上用功夫。我試以《中庸》第廿六章一段精彩文字來深究此問題：

> 君子尊德性而道問學，致廣大而盡精微，極高明而道中庸，溫故而知新，敦厚以崇禮。

依據歷代大儒解釋的深義，這段文字可以疏解為：「尊德性」是一條由體悟最高天理（德性）往下作演繹性精進的學問路線。反之，「道問學」則是一條由歸納各種分殊學問再往上體悟最高天理的路線。「致廣大」是第一條路線的特色，「盡精微」則是第二條路線的特色。「極高明」指兩條路線皆能達到的境界，「道中庸」則指儘管路線有兩條，但實踐的方式須合乎中庸之道。「溫故而知新」是精進學問的方法，例如汲取中國歷史的教訓，才能妥當開出未來「中國夢」的新路。「敦厚以崇禮」是指人的內外修養言；內在的起心動念要敦厚，外在行為須符合禮義。

這段話把做人的最高智慧的義理，到學問方法，與行為修養都說到了；故歷來大儒均認為是最能概括中華文化的一段文字。如以此標準來評價南懷瑾先生，他既是一位「人師」及「接引菩薩」，並不以「精微」為務，故宜以「博大高明」四字來概括他的特性，似較允當。

第二章 附注

①哲學界公認，人類文化的軸心時代（The Great Transformation）有蘇格拉底、耶蘇、孔子、釋迦牟尼四位聖哲（Paradigmatic individuals）對二千多年來的世界文化有決定性、開創性的影響，他們的影響力至今猶存。詳見《四大聖哲》，卡爾．雅斯培著，賴顯邦譯，久大文化公司一九九二年三刷，臺北萬象圖書公司經銷。英．K.Armstrong 著《軸心時代》，孫艷燕、白彥兵譯，海南出版社二〇一五年三刷。

②雖然傳統上有一派人（始於漢代經學今文家）認為「六藝」（詩、書、易、禮、樂、春秋）為孔子所創作或刪定，但另一派（經學古文家）認為孔子只是「述」而不作。如影響到今天的《論語》即為曾子等學生所記的孔子言行。此問題可參馮友蘭著《中國哲學史》第一篇第四章。

③「四攝」的詳細內容可參拙著《現代佛學別裁》臺北版二五二頁。上海版《佛學別裁》

一七一頁。

④南老師精研醫藥的詳情，可參南一鵬著《父親南懷瑾》上冊二五六頁以下。

⑤參《太平御覽》卷六百九所載之〈卜商詩序〉。

⑥《悟真篇》是北宋時代重要的道教典籍，為紫陽真人張伯端（993—1082）所作，他成為道教內丹派南宗之祖，正是此書之故。詳見第七章〈道書的辨別〉節。

⑦老師此言，見《戒律學原理》摭言，載在拙著《佛教戒律學》臺北及上海版。又原文亦見載于南懷瑾著《中國文化泛言》二二四頁，北京東方出版社二〇一八年四月初版一刷。

⑧佛教有「五眼」之說：1、肉眼；為肉身之眼。2、天眼；修禪定所具，能透視眾生的未來與生死的眼力。3、慧眼；二乘人之眼，能透視一切事物的空相本質。4、法眼；菩薩能照見一切法門眼力。5、佛眼；圓具一切的眼力，即不但能看見事物的普遍共相，也能觀照萬事萬物的殊相。可參《佛光大辭典》及《佛教思想大辭典》（吳汝鈞著，臺灣商務印書館出版）該條。

⑨《孟子》告子篇含有極深的義理，歷來解疏得最好的應推牟宗三先生。詳見牟著《圓善論》第一章。臺北學生書局一九九六年二刷。

⑩「做會」（合會）是臺灣民間早年流行的金融活動，又稱為「互助會」，原無法律規定，產生糾紛甚多。一九九九年修訂《民法》，增加「合會」專節（第七〇九條之一至七〇九

條之九），才在法律中作了明確規定。詳見該法條。

⑪我第一篇宗教性論著是〈我國固有法律對佛道二教之管理初探〉，載于《政大法學評論》第十七期，一九七八年二月出版。後由《疾風》雜誌十一—十二期轉載一九八〇年五、六、七月號。

⑫見香港《東方日報》一九九八年四月二一日第二版所載〈臺灣各類教案〉的統計表。

⑬「四攝」是菩薩吸引眾生進入佛門的四種方法。進入佛門之後，如何長久相處就有「六和敬」法門。出處詳見前注③書。

⑭「三千威儀，八萬細行」的具體內容，可參《佛光大辭典》該條的說明。

⑮詳見拙著《戒律學原理》〈佛律與國法〉一八四頁，臺北老古文化公司一九九九年初版。北京《佛教戒律學》第五章五節，宗教文化出版社一九九九年初版。

⑯《荀子．儒效》儒效：「四海之內若一家，道達之屬莫不服從，夫是之謂人師。」又《後漢書．靈帝紀》靈帝紀上：「蓋聞經師易遇，人師難遭。」

⑰金温鐵路建設始末詳情，可參南一鵬著《父親南懷瑾》下冊四六〇—五二五頁，浙江人民出版社二〇一五年初版。

⑱老師這種教訓，我曾於一九九三年九月廿八日撰文〈這是一條美好的路〉載於鳳儀農場簡介的〈前言〉中。

⑲ 一九九四年八月間，中共總書記江澤民派其親信許鳴真持函正式邀請南先生赴北京，南寫了首詩而婉拒。此後終老師的一生都未上過北京。此事詳見注④書下冊五二〇頁。

⑳ 在中國佛教史上有「三武一宗法難」事件，即北魏太武帝（四四五）、北周武帝（五七四年）、唐武宗（八四五年）及後周世宗（九五五年）的滅佛事件。詳參注③拙著書三五四、三五九及三六八頁。

㉑ 丘處機見了成吉思汗，確實做了不少好事，除了使全真教派大盛於元朝外，也勸告成吉思汗許多慎殺伐的善行。詳見《長春真人西遊記》。此書有新譯本，臺北三民書局二〇〇八年元月一刷。

㉒ 李元簇先生是我讀政大法律研究所時的所長，也教「比較刑法」。他是影響我一生最大的五位老師之一（其他四位是南懷瑾、陳顧遠、張彝鼎及吳汝鈞）。在他八十一八五歲時，我曾數次到臺灣苗栗縣頭份鎮探望他。他告訴我，他退休後常看的書就是南先生的著作，感覺很好。我曾送給他拙著《戒律學原理》，他閱後表示很高興，還對人說我「很有成就」。行文到此（二〇一七年三月八日），恰逢新聞報道「李元簇副總統逝世，享年九四歲，將依佛教儀禮下葬」的消息。特為此紀，以作悼念。

㉓ 此事詳見注④書下冊五五二頁。

第三章 未有神仙不讀書

北宋紫陽真人張伯端，在他的道教巨著《悟真篇》開首，便寫了一首這樣的詩：

不求大道出迷途，縱負賢才豈丈夫？
百歲光陰石火爍，一生身世水泡浮。
只貪利祿求榮顯，不顧形容暗瘁枯。
試問堆金等山岳，無常買得不來無？

際此南懷瑾先生百年誕辰，綜觀他一生的德業成就，恰好從反面印證了這首詩所說的完全正確。具體言之，南老師正是天生英才，又自幼好學，一生只願求大道，真正做到了「糞土富貴、弊屣王侯」的境界，不知老之將至，奮發精進，死而後已！我素不擅寫詩，為表敬意，也勉強仿紫陽真人此詩，和其韵而反其義作頌云：

南公懷師頌

力求大道闢坦途，天縱英才大丈夫！
百年光陰如火爍，一生德業誰能副？
卑夷利祿賤榮顯，那管容顏暗悴枯。
試問當代顯達者，有誰可稱人師無？

本章的主旨正是探討南懷瑾先生德業成就的根源，除了稟賦天縱英才之外，就是畢生好學不倦。他的好學，具體表現在他愛讀書和求新知的種種實際行動上；真如《易經》所說的「天行健，君子以自強不息」。我有幸追隨南師數十年，親身經歷過許多事，從未見過有人比他更好學的了。以下就是以我所見聞的事例為經，引證相關的經典為緯，以證明這位老師是何等的好學。

富貴是什麼

我初入南門，老師便送給我一本《靜坐修道與長生不老》的書。我拿回去細看，覺得此書很新奇有趣，但對其內容的實際涵義卻不甚了解；因為它不斷談到「氣脈」、「精氣神」、「奇經八脈」、「密宗七輪三脈」……等等，都是我從來未接觸過的詞語，驟然間當然難以領會了。但當我看到「由來富貴原如夢，未有神仙不讀書」①之句時，心中不由一凜；自此不但印象深刻，而且對我終生不斷讀書的意念起著不少的強化作用。

第一句「由來富貴原如夢」是很易令人迷惑的說法，我一直到了近知天命之年，才算領悟到這句話的真義。蓋「富貴」與「長生不老」一樣，是人的本能性願望，怎會是虛幻的「夢」呢？「富」是指財富，可使人的物質需要無缺乏，使生活充實，故求富沒有什麼不對，不算虛幻如夢。「貴」指社會地位，可使人活得有尊嚴，也使生活充實，故求貴也沒有什麼不對，也不虛幻如夢。況且，連孔子也說過：

> 富而可求也，雖執鞭之士，吾亦為之，如不可求，從吾所好。（論語・述而）

司馬遷且把首句改為「富貴而可求也」（史記・伯夷列傳）。由此可見，孔子也認為求富貴是應該的，不過是刻意去求也求不到，只好照自己的興趣生活下去而已。孔子還有句名言：「不義而富且貴，於我如浮雲。」（同上）又說：「富與貴，是人之欲也。不以其道得之，不處也。」（里仁）由此足證，孔子絕不否定富貴、不認為富貴虛幻如夢，只是與「仁義之道」比較起來，後者的價值更高而已；「君子愛財，取之有道」，富貴的獲取要以高尚的手段，不可亂來而已。

我隨著年齡的增長，閱歷增多，才慢慢領悟到子夏所說的「死生有命，富貴在天」（論語・顏淵）這句話十分正確，像人的死生與富貴的事，個人能自主操縱的成份很少，只能委諸於天命；「天命」如此，我人只能「順受」（乖乖地接受它）而已。曉得這個道理，才能悟到：若以終生的寶貴時間去追求富貴，不是多屬白忙一場的嗎？醒來才知「白忙一場」，當然就是「原如夢」了。從更深一層去看，少數很幸運的人果然有了富或貴、極少數人甚至「既富且貴」的，但到了人生的最後，無論有多少財富、有多顯赫的地位，都沒有了意義！人生到此才醒悟，真是「富貴原如夢」了。正如《悟真篇》另一首詩云：

人生雖有百年期，壽夭窮通莫預知。
昨日街頭猶走馬，今朝棺內已眠尸。
妻財拋下非君有，罪業將行難自期。
大藥不求爭得遇？遇之不煉是愚痴！

由是使我悟得：人追求富貴是自然的，沒有什麼不對。但此等事只可看作是人生的「手段」，不是「目標」。且以駕車往一個目地的來作譬喻：我有事必須要去臺北，於是駕車從桃園楊梅家中出發。那麼我要有部車子，還要有汽油才行；如果沒有車子及汽油，我可以改搭火車或大巴，甚至改騎單車，最沒辦法時只好步行，總之我必須要到臺北。這是說，到臺北是不可變之「目標」，如何去臺北是「手段」或「方法」而已；手段或方法是可以變換的，目標是不能變的。「富貴」就好比人生的手段，自己選定的終極價值才是人生的目標。但一個人能選定什麼終極目標呢？這就是儒、道兩家常說的「立志」問題了，立定志向成聖賢或成神仙是人生最高的目標。當然什麼「志」都不立，只是隨波逐流地過了一生也未嘗不可，一般有情眾生不就是這樣過了一生的嗎？但你若是如南老師這樣的天賦英才，必然不甘願如此浪擲一生的了。

真有神仙嗎？

其次，我們要探討「未有神仙不讀書」這句話。

世間到底有沒有神仙？我初見南老師的時候，已相當熟悉孔孟之書了，孔子並不否定「鬼神」的存在，只是自稱「不知」而已②。因而，當時年輕的我也像一般書呆子一樣，受了《封神演義》、《西遊記》、《平妖傳》或《白蛇傳》等古典神怪故事或一些宗教傳說的影響，以為居在天上的神仙真是有的。神仙是怎麼來的？是「修」來的，試想那兩條白蛇與青蛇，修煉了千年也會變成人形；我們人類經過長久修煉，當然會成神仙了。問題是，到底怎樣修煉呢，這卻是我們不知道的；這也就是，一直以來很多人想拜南懷瑾先生為師之動機所在。

書上居然有南老師這樣的話：「未有神仙不讀書」，這是我從來聞所未聞、想所未想過的。神仙是「修」來的，怎麼也要讀書？當時我只知道儒家的話：「書中自有顏如玉，書中自有黃金屋，書中自有千鍾粟」，讀書使我們有知識，有位西洋哲人說：「知識就是力量」，就是可以解決我們生活上許多問題，神仙又不過世俗人的生活，讀書幹什麼？難道說，讀書不止會得到如花似玉的嬌妻、豐盛的財富和高官厚祿，還可以做神仙嗎？這就太吸引人了。看了《靜坐修道與長生不老》書上這句話以後，本來就愛看書的我，自此更堅定努力讀書了。這倒不是說我真想去做神仙，只是這句話也引起我對「神仙」的好奇心理，老是想研究清楚，到底「神仙」是怎麼一回事。

總之，「未有神仙不讀書」這句話引起了我莫大的好奇心，一直想弄清楚到底是什麼道理。直到我年過花甲，經過無數波折，才自信已把這個問題弄清楚了。

如果依康德（I.Kant,1724 — 1804）哲學的知識論，我們人的認知能力是在時間及空間的條件下才是有效的，不具備這兩大條件的事物（如果是存在的話），就不是我們人類所能認知的了。換言之，鬼神既不是存在於我們人生活的空間及時間中的東西，即使真有鬼神，也不是我們人的認識對象了。再具體言之，像一般神怪故事或宗教傳說，人死後會變成鬼或神，它們存在於另外的世界，這便是我們人類所不能認識的了。由此可見，孔子對鬼神之事採取既不肯定也不否定的態度，正是聖哲的大智慧表現。

我在臺灣時也請問過南老師有關神仙的問題，他的答覆是：「一個人在世時生活得很寧靜愉快，將要辭世時自己清楚明白，該做的事盡力完成，絕不恐懼而安祥，也不連累親人好友，這不就是神仙了？」這等於把「神仙」一詞解作一種譬喻，只是人類「好活好死」境界。後來我深入研究，果然如此！佛教唯識宗有「三界唯心，一切唯識」的說法，天臺宗更有「心、佛、眾生三無分別」的說法，這等於說，無論是「佛」也好、「神仙」也好，「凡人」也好，「魔鬼」也好，都不過是吾人的「心」所產生的東西。而心為何會產出這些東西？說白了就是「境界」問題。你的「心」如果處在聖潔無垢的高境界，那麼你就是「佛」了。你的「心」如果處在寧靜怡悅的境界，那麼你就是「神仙」了。你的「心」如果處在充滿利害欲念的境界，那麼你就是「眾生」了。你的心如果處在邪惡凶狠的境界，那麼你就是「魔鬼」了。由此足證，南老師的講法完全符合佛法。或者說，他的觀念應該正從佛法來的。

吾人還可拿道教的核心義理之變遷，來作深一層的引證。原始道教的宗旨就是教人修煉成神仙，這也是古典神怪小說上的神仙故事的泉源。如何能修成神仙呢？道書的主要內容便是教人各種修煉「外丹」的方法，簡稱為「煉丹」，無非是把鉛、汞（丹砂）、雄黃、明礬等礦物放到鼎爐中去燒煉，經過繁複的程序煉出來的「金丹」或「還丹」，吾人服用了可以長生不老成為神仙。但秦漢時許多人，包括一些皇帝在內，都服用「金丹」而中毒死了，真正長生不老的人卻未證實有一個；於是連道教中人也漸漸起疑，到底有沒有「成神仙」這回事？但直到西晉的葛洪③，依然堅信：金丹可使人長生不老。他很有學問，能把儒家思想、各種醫藥學問及道教義理結合起來，寫出《抱朴子》大著；這位高道尚且如此！到了隋唐時代，道教大量吸收儒家的「修心」、佛教禪宗的「修性」義理，才逐漸拋棄「外丹」的原始修煉方法，轉向「內丹」方向修行。但即使在唐代，還是有多位皇帝及大臣服仙丹而死的。直到宋朝以後，出現的道教主流「全真派」，才完全主張內丹，不再作過去服金丹可「白日飛升成神仙」之夢了。此派的道士幾全為飽讀儒家詩書的人，他們把儒家思想、佛家義理同道教「內丹」修行方法合起來，走上了「三教合一」的方向。明代出現的《性命圭旨》是最有代表性的道書，其中有段話充分表現出「三教合一」思想：

> 儒家之教，教人順性命以還造化，其道公。禪宗之教，教人幻性命以超大覺，其義高。老氏之教，教人修性命而得長生，其旨切。教雖有三，其道一也。
>
> ④

那麼，道教內丹派的重點仍在長生不老（神仙），又是怎麼的一回事呢？清朝末期出現的一本重要道教著述《樂育堂語錄》的「神仙之道章」是這樣說的：

至若修煉要訣，不過以虛為君，以陰陽為臣，以意為使。識此三者而次第修之，神仙之道盡於此矣！……由一氣而散為陰陽者也。上身為陽，下體為陰；呼出為陽，吸入為陰；前升為陽，後降為陰；發散為陽，收藏為陰；動浮為陽，靜沉為陰。總之，陰陽無端，動靜無始，不可以方所拘者也⑤。

這段話等於說，所謂「神仙」，不過是運用我們人的心識（意），按照身體的「陰陽」原理去操作，最後達到「虛寂」的境界而已，這便是修煉成神仙的方法了。依這方法去修煉，修成「神仙」的具體境界是這樣的：

爾諸子務要於行、住、坐、臥，無論有事無事、有想無想，與夫茶裏飯時，在在收神於心、斂氣於身。久則神氣渾化：前不知有古，後不知有今；上不知有天，下不知有地；內不知有己，外不知有人。如此者，非神仙而何？⑥

綜上所述，道教的終極目標就是要人做長生不老的神仙，但古代的「外丹」派與後來興起的「內丹」派對「神仙」的認識意涵完全不同；前者以為服用「金丹」可以做到軀體飛升而成仙，後者卻認為「心神合於大道」就是成仙。心神合於大道，其形（身軀肉體）也會相應地變化。如是形神相合，即是性命相合；性命相合就是成仙的境界了⑦。

這樣，問題又回到了「修心」的焦點。講到這個「心」，真是極端複雜了，正如道教《內觀經》所說的：

> 人以難伏，唯在於心。心若清淨，則萬禍不生。所以流浪生死、沉淪惡道，皆由心也。

儒家思想一向重視人的「心性」，孟子認為人皆有「良知」，但人多不能顯現發揮他的良知，乃被七情六欲所掩蓋，而使良知「放失」了之故。

把人心之所以極難馴服的原理分析得最精細的莫過於佛教，尤其是中國天臺宗的「一念無明法性心」有關理論，大意是說：吾人的心是有無窮的疑惑煩惱（又稱為惑染）。惑染可以分為三大類：第一是枝末惑，包括「見惑」及「思惑」；前者障礙了我們對道理的瞭解，後者障礙了我們對實際事務的瞭解。第二是塵沙惑，這種惑像恒河沙數一般的無窮之多，使人無法通曉道種智。第三種是根本惑，又稱為「根本無明」，這是吾人與生俱來的迷惑，佛陀悟得十二因緣的起首便是這種惑⑧。佛門這種說法極精深，在這裏不宜再深究下去了，我只是強調一點：「心」既然是如此複雜，要「修」到清淨，當然必須讀書、不斷求進步才行。由此就回到本節的主題，想做神仙必定要讀書；故南老師之言「未有神仙不讀書」，正是真理！

熱愛書籍

南老師一生好學，從他「坐擁書城」的生活方式或可概見。我初見老師不久，他即搬到臺北市信義路二段二七一號復青大厦，八樓是居所，九樓是辦公室及接待室，十樓至十二樓則作教室、佛堂之用。老師通常見客及用餐都在九樓，除了少數工作人員外，很少人到過八樓。

有一次不記得是什麼原因，要我到八樓去見老師。我一進入，不由吃一驚，根本就是一個小型圖書館嘛！整層樓版面積約一百坪（三百多平方公尺），擺滿了一排排的三層書架，每層整齊地放著各種書籍。我瀏覽一番，包括各版的《大藏經》、全套《道藏》、《古今圖書集成》、《廿五史》等大部頭典籍，也有各種個人單行本著述，甚至有極少見的綫裝絕版書等等，都分門別類地放在各個書架上，粗略估計有數萬冊之多。而老師的臥榻及衣物只是擺在一個角落，看來很簡陋狹小，這真是名副其實的「坐擁書城」了。早在一九八一年，老師就曾寫過「辛酉陽春」詩，表達自己「坐擁書城」怡然自適又心懷天下的境界：

吹晴風勁撼窗棱，坐擁書城意乍勝。
一念關情天下事，塵心不了滯飛升。

一九八五年七月間，南老師移居美國，三年後再移居香港，十年後又移居大陸江蘇省吳江市七都鎮廟港區的「太湖大學堂」，大量書籍也就隨著他移動了。我於一九九三年底到香港之後，南老師有一次鄭重地對我說：「你辦了十多年的龍旗，既是你的心血，也記錄了這段期間的歷史，如果還有完整的一套，應該搬來香港保存。」這是我連想未想過的事，老師對學生的愛護，對文章資料的珍惜，實在令人感動！於是我找個空閑日子回到臺北家中，把整套《龍旗》搬到了香港銅鑼灣一戶房子。這時我才知道，原來南老師在臺灣的大量書籍就是一包包的堆在這裏。香港地方小，不可能有像臺北那麼大的空間擺個「書城」了，能有這樣的堆放書籍的專用房子已了不起。

老師對書籍非比尋常的重視，源自他內心對文化的真誠崇敬。我到香港常在他身邊討教時，經歷過二件「小事」可證實這一點：

有一次老師在晚餐後照例作不拘形式的講課，提到一般人喜歡在厠所時看書的事。他說這種習慣很不好，他自己從來不這樣做的，因為這是「對書本的大不敬」！他進而指出，《禮記》一開始第一句便說：「毋不敬，儼若思！」這句話的意思是教導我們：君子的一切行為以「敬」為準則，表現在外的態度要端莊持重、像有所沉思的樣子；把書拿到厠所看就是對書本的不敬了。一個人如果內心真正重視文化，對書本不可以這個樣子。老師這番話，真令我自感羞愧、永誌難忘！我也是常常拿書到厠所去看的；在臺北家中厠所裏，隨時都放著一疊書好供全家人看的，卻從來未覺察到這樣竟是「大不敬」。自從聽了老師這番話，從此不敢這樣做了。《荀子》有道：「禮者所以正身也，師者所以正禮也。無禮何以正身？無師吾安知禮之為是也！」（修身篇）正是印證了這深刻的道理。

那時我在香港讀博士班，常常在臺北或廣州、深圳購買新書來看。有一次對南老師說到，最近出現一些新書，如霍金的《時間簡史》、陳履安推薦的《心智科學》，乃至一位美國人寫的翻譯本《進化—廣義綜合理論》等等，我看了覺得很好，受益不少。他聽了立即責備我：「你為什麼不替我買來看？」從此以後，有好幾次在大陸或臺北看到有價值的新書，我都購了兩套，一套送給老師，一套留給自己。老師收到這些書都很高興，必定加倍送回購書款，我不收也不行。由此小事，也可窺見老師不斷求進步而愛書籍的一斑。

其實，就我自己當年之所以有緣拜謁這位老師這件事，就足以證明他是何等重視書籍的了。如前章所述，三十多年前，南老師看到我的《古今法律談》，大概覺得此人可以研究佛教戒律的，就要學生來找我去見面，自此結下我終生的南門緣。我試自問，幾十年來，我的書也傳播得相當廣泛了，但除了他之外，還有第二個人如此看重的嗎？

馬康慈的故事

現在換個角度來瞭解老師是多麼的自強不息，不聽他的話的人會吃大虧。

大約在一九八〇年間，透過一位從越南遷臺灣的林姓華僑介紹，我認識了一位針灸醫生馬康慈。他原籍是廣東中山，到北京學醫有成，據說成了著名的北京「協和醫院」的醫師，有許多中共高層人物曾是他服務的對象。那時越南戰爭還在進行中，他被派到北越專門研究熱帶的病毒，不知經過什麼管道，他後來到了南越的西貢（後改稱胡志明市）。更神奇的是，不久之後他竟然成為西貢政府高層的醫生，服務對象包括當時南越最高領導人阮文紹、阮高奇等。越共占領西貢之前，他隨同一群高級難民到了臺灣。當時的臺灣是蔣經國當政，又缺乏針灸人才，所以他到了臺灣立即受到重視，被臺北榮民總醫院特聘為針灸醫師，專門研究「針灸麻醉」的手術。此外，他又在臺北市復興南路開了一家私人的針灸診所。他最擅長的是以針灸法治療氣喘病；臺灣氣候濕熱，患這種病的人很多，他的診所很快便門庭若市，賺了很多錢。

也不知靠什麼因緣，一九八二年間馬醫生竟然也到臺北市信義路復青大廈九樓拜見了南老師。老師瞭解他背景與技能之後，當然很重視這種稀有的人才。此後他又到老師辦公室數次，有時我也在場；親耳聽到老師懇切地教導他：「你有這種技能，做到針灸麻醉，很了不起！但千萬不要以此就滿足了，你一定要不斷求進步，因為醫術是不斷在改進的，不求進步很快便落伍了。」他聽了只是傻笑，顯然不把這教誨當回事。有幾次我單獨見老師，談到馬醫生，老師就明白地對我說：「這個人最大問題就是不求進步！」

我那時未到四十歲，已患上嚴重的「類風濕性關節炎」，而且越來越嚴重，雙膝關節常常突然紅腫，痛到不能走路。用盡各種西藥、打針、中藥等治療方法皆無效，只好找馬醫生針灸試試看。他見我也是廣東老鄉，年紀也差不多，又同在南老師那裏碰過面，所以熱情接待我，不但不收診療費，而且常常請我單獨到國賓飯店及一家法國西餐廳吃飯；這兩家的東西很貴，不是他請客，我實在吃不起。原來國賓大飯店餐廳是粵菜，經理也是廣東人，跟馬醫生很熟，每次光顧之前一日先以電話預約，那位經理就特別用十斤以上的西洋菜頭梗燉成一大碗湯，喝起來十分醇濃，別說臺灣，恐怕就是香港的餐廳也沒有這樣的好湯；西洋菜在臺灣本來罕有，用上十斤去熬湯實在太厲害了。至於那家在仁愛路的法國餐廳，當時也是臺北絕無僅有的高貴。原來餐廳的老闆也是從越南來台的華僑，原在西貢開高級法國西餐廳，南越總統等高官是常客，來台後立即開了一家同樣的法式餐廳，食材多從法國進口的，成為當時臺北最華貴的品牌；要不是馬醫生帶我去，我根本沒資格去；使我認識了什麼才是正宗的法國菜。由此小事足可窺見，馬醫生那時多麼風光！

大約這樣風光了三年，馬醫生就遷到美國洛杉磯去了。那時臺灣處在戒嚴時期，一般人要去美國很難，像馬醫生這樣有越南難民身分的人卻不同，所以很多越南歸僑都遷到美國發展去了。他們在美國各地很快便組織了「越棉寮」團體，成為僑社一大勢力。我為了《龍旗》在美國的發展，一九八三年春天曾到洛杉磯停留了二十天，又同馬醫生相處多次。當時他在洛杉磯著名的華人聚落區蒙特利公園市開了一家針灸診所，業務尚可。見到我這位來自臺北的老朋友，他十分高興，不但頻頻請我飲茶吃飯，有一天他及夫人還親自開車帶我去見原南越總理阮高奇。阮住在洛杉磯之南的橙郡（orange county），由一位宋先生作越語翻譯，隨行尚有我的同學郭啟晟，及來自香港的一位記者。我們一共六人在一家越南餐廳同阮高奇見面，只是談世界大局，一談就談了三小時⑨。這次有機會見到這位亡國的元首級人物，每當憶起他那肅穆而落寞的神情，就有深沉的感慨，不由想到德國大哲叔本華（schopenhauer,1788—1860）的話：⑩

同在人生舞臺上，有的人是帝王，有的人是臣子，有的人是將軍、士兵或僕人，以及其它各色人等。他們這些地位的不同，只不過是外在的差異而已，他們內在精神的實在性質都是相同的：大家都是可憐的演員，對自己的命運充滿渴望與焦慮。人類的生命就是這樣，各人依身分、地位和財富的不同而扮演著不同的腳色，但他們內在生命的快樂或歡愉沒有什麼差異，他們都是集憂厄痛苦於一身，可憐兮兮地活到死亡而已。總之，人生在世，每個人展現的生活內容雖有不同，但生命的基本性質都是一樣的。

在美國期間，我更覺得馬醫生真是個憨厚的人，天生有福氣。但正如老師所說，只會吃老本，不會求進步。他的診所並沒有什麼新的發展，他本人連一張合法醫生執照也未領到，更未能打入洋人圈子，只靠僑社的華人來的一點生意，收入大不如在臺灣。但馬醫生對這種境況好像全不介意，只喜下班後到何處去飲茶吃飯，假日則去做實彈射擊之類的消遣。我想起南老師當年的告誡，不禁隱隱的為他擔憂。

回來臺灣後，雜誌有關的事務越來越繁忙，我也沒再同馬醫生聯絡了，只是透過其他從美國回台參加慶典或過春節的朋友略加瞭解他的狀況。這樣又過了好幾年，大約到了九十年代初，才聽朋友說，他在美國不能開針灸診所了；因為被人控告他「違法醫療」，情況很不好。到了二〇〇三年中，我忽然聽臺北一位朋友說，馬醫生回到了臺北居住，也不能開業，只能當「密醫」，靠幾個老客戶來針灸的微薄收入度日，而他自己的身體已很壞，到了風燭殘年的程度了。我聽到這種狀況，實在不勝唏噓！很想去看探望，但始終無法知道他住何處。直到今天，每當我憶起馬康慈這個人，就有深沉的感嘆；他這個人很厚道，沒什麼心眼，只是有點傻乎乎的。正如俗語說：「少壯不努力，老大徒傷悲！」他本有很好的醫術，也有輝煌的經歷，恐怕大都是來自「好命」而不是「自強」的結果；時運轉了，就不能與時俱進了。

關心嶺南文化

一九九三年年底，我初到香港，有多次單獨陪同南老師上下班的機會。他的辦公室在中環都爹利街一棟商業大樓，而住處卻在香港公園上方的堅尼地道，見客處是36B四樓，住所則在旁邊一棟住宅大樓上。從住所到辦公室的距離並不遠，可是交通十分不便，要經過港督府大門口，還要行走彎彎曲曲、高高低低的小徑，又有幾個狹窄而車流甚多的路口要跨過。這段路既無公共汽車可通；搭計程車須繞大圈子，叫車也十分困難。所以老師只好每天中午走路下山去上班，下午約五時上山回住所。他要我陪同這樣行走多次，師生二人像散步般邊走邊閑談，倒也逍遙自在。

幾次閑談下來。使我悟得老師的用意有三點：一是讓我認清來往的道路。據說香港考計程車執照不是考開車技術，而是考認識道路，這與其他地方完全不同；由是可見此地道路之難認了。師生二人多次散步上下班，正是老師引我認路之苦心。其次，在閑談中，他多瞭解我有什麼想法。最重要的，當然還是啟迪我一些重要的問題。

記得首次陪老師散步，他便引《論語》公冶長篇的一段話說：「道不行，乘桴浮於海，從我者，其由與！」因為後文還有「子路聞之，喜。子曰：由也，好勇過我，無所取材」，老師如此說，等於把我比作子路了，我連忙說不敢當。事後想來，老師引這段話，也是一種感嘆：當時他已年近八十，畢生宏揚中華文化，既未能在中華大地開花結果，連在臺灣也不能立足，不得已屈居在香港這個以商業為主宰的紅塵之地，能不感慨萬千？

多次散步中，南老師忽而提起近代香港海盜張保仔的典故，忽而提起隋朝嶺南女英雄冼夫人的歷史，忽而提起現代廣東才子南海十三郎的事迹。我在廣東出生，但自小長在閉塞的農村，青年時已移居臺灣，所以對這些同鄉先賢一無所知；而老師只是一位來港沒有幾年的浙江溫州出生的老先生，竟然對這些廣東典故如此熟悉，我深感慚愧之餘，對他這種不斷求知精神實在佩服得五體投地！老師說了這些典故，還特別提醒我：要注意「嶺南文化」的宏揚！

後來我依老師所說，去詳細瞭解這三位前賢的史迹，才知他們真是了不起的人，茲略述如下。

一、張保仔

張保仔（1786—1822）原名張保，是清朝乾嘉之間的一位傳奇海盜。他生於廣東新會縣江門鎮（今江門市）水南鄉一位漁民之家，十五歲時隨父親出海捕魚，卻遭海盜鄭一擄走。鄭一及其妻石氏都喜歡這位英俊勇敢的少年人，由是他在海盜中的地位逐漸提升。鄭一有一次遇颱風落海而溺死，他的海盜紅旗派就由石氏率領，張保仔也成為得力的助手。不久兩人結夫婦，張保仔成了紅派海盜的真正領袖。那時活躍在香港水域的海盜有紅、藍、黑三大派，時時爭戰不已。據後人考證，在紅派壯盛期，張保仔旗下共有戰船達三百 艘，部眾七萬多名，官方對他多所畏懼。最後，在兩廣總督百齡的招安計策的瓦解下，張保仔及其妻石氏於一八一〇年五月廿二日接受招安；共計戰船 226 艘、砲 1,315 尊、兵械 2,798 件，海盜及眷屬 17,318 人，在香山縣（今中山市）外海芙蓉沙與兩廣總督交割。清廷恢復其張保之名，賞給千總頂戴官銜。後來升任福建澎湖協水師副將。

張保仔的事蹟在香港廣受人知，並有許多有關的古蹟存留至今。

二、冼夫人

冼夫人（522—602），原名冼英，隋文帝封她為「譙國夫人」，世代以「冼夫人」尊稱。她出生於廣東西南部高涼地區（今茂名、湛江、電白等地）的一個蠻夷（俚族）首領大家族，其族擁有私人武力十餘萬之眾。她自幼聰慧勤勉，聞名鄉里；嫁給梁朝高涼太守馮寶為妻。馮病故後，她親自主政，更率領部眾平定粵西到廣州的多次叛亂，人稱之為「王」或「聖母」。她歷經梁、陳、隋三朝，極力維護國家統一，不但平定多次地方變亂，而且堅拒割地為王，故為歷代皇帝敬重。早在梁武帝時，她便上書要求收回海南島、設郡縣，並自薦駐守海南島治理之。原來，早在西漢元帝時，中央朝廷就未派官員治理海南，此島已荒蕪了五百年。梁武帝批准她的上書，從此冼夫人及其子孫治理海南島一百多年，才有後世的合法管轄權。後來海南的黎族與廣東的俚族有密切關係，亦因於此。冼夫人還有一位第六代的孫子高力士，就是唐玄宗時代侍候楊貴妃的太監，有「天下第一名宦」之稱，為中央推薦了許多人才。因冼夫人力主統一，掃平地方叛亂，拒絕割據為王，周恩來稱她為「中國第一巾幗英雄」。亦或因此之故，南老師來到香港後特別看重冼夫人的歷史，提出來要我注意。

三、南海十三郎

江譽鏐（1910－1984），別字江楓，藝名南海十三郎；籍貫廣東省南海縣佛山市張槎區，是卅年代傑出的粵劇編劇家。父親江孔殷是清朝最後一榜的進士，受封為翰林太史，在廣州河南同德里建有「太史第」私邸。江譽鏐的母親杜氏是江太史的第六房妾侍，出生時在江氏子女中排行第十三，故號「十三郎」；母親不久因難產而去世，十三郎由乳母撫養長大。當時廣州「太史第」是著名的紅樓夢大觀園式的府第，有很多名菜流傳到今天，如「太史雞」、「太史蛇羹」等是。十三郎天生聰明過人，但自幼失去母愛，常受眾多庶母及異母兄弟姐妹的白眼，由此養成孤僻憤世嫉俗的個性，也造成了他傳奇性悲劇的一生。

廿世紀卅年代初，十三郎考上香港大學醫科。他的文學才華甚高，顯然不是醫學中人；但如何從醫學過渡到戲劇界？應與他的十一姐江畹征有關。十一姐愛好創作粵劇，創作後由十三郎潤色，且署以「南海十三郎撰劇」送出。卅年代最重要的粵劇演員薛覺先首本劇《女兒香》就是這樣誕生的。順着這種因緣走下來，十三郎便同薛覺先搭配，一位編、一位演，每演必轟動菊壇，名噪省港澳，常是一票難求。薛覺先留存到今天的許多一流的名劇，如《胡不歸》、《陌路蕭郎》、《漢武帝初遇衛夫人》、《心聲淚影》等，多為十三郎撰辭編劇的。抗戰期間，十三郎應廣東省政府號召，到粵北從事「救亡」的編劇工作，成績斐然。勝利後他重返香港，卻因恃才傲物，常公開批評一些電影「媚俗、有傷風化」等，影劇界許多人不堪忍受，因而使他失去了工作機會，漸漸變成精神病，淪為街頭流浪者。最後精神失常，病逝於香港瑪嘉烈醫院，享年七十四歲。他收過一徒弟唐滌生，後來也成了著名劇作家。綜觀這位多才多藝的可悲才子，一生編過一百多部著名的劇本，最後留下他自己譯自莎士比亞的墓誌銘，令人不勝感嘆：

休將吾骨伴囂塵，黃土一抔葬此身。

頑石有情充棺椁，千秋猶斥泯英魂。

我早歲曾在廣州讀書，養成愛聽粵曲的嗜好；尤其水準高的粵曲，不但配樂韻美動聽，文辭更是典雅極致，令人聽來神往；故到臺灣後一直維持這愛好。我自小學到初中沒有機會熟讀古文及詩詞，可以說有一點古文詞基礎都是從粵曲來的。經南老師這一提醒，才知這些典雅動聽的曲詞多是南海十三郎所作，對這位英才同鄉，不禁感懷不已！特在本章附載他的一篇代表作《寒江釣雪》以表敬意。

南老師提出這三位廣東傑出人士，他們的身分很有趣：一位是巾幗英雄，一位是大海盜，一位是悲劇文士。但他為何對我說這三人呢？我想，除了要我注意「嶺南文化」的多彩多姿之外，還有更重要的用意就是，我應以他們為鑒照吧。一個蠻夷出身的冼夫人也能做到歷史第一的巾幗英雄，一個坎坷出身的張保仔也能做到大海盜頭子，最後改邪歸正。而一位才華橫溢、出身豪門的文人，如果他能有看破世情的佛教智慧或超越世俗的道教修養，必不至於晚年落魄到如此悲慘下場了。

其實自西漢以來，嶺南就出了許多極重要的人物。如漢初的南越王趙陀，《史記》載有他與漢文帝來往信函，近年還在廣州越秀區挖出他的古墓。依我族譜《勞氏家乘》記載，勞氏出於山東勞山，原是趙陀之後人，為避禍故，改以山為氏；且有「勞皮趙骨」之俗，生時姓勞，死後恢復姓趙。兩晉時有勞氏人南遷到淅江、湖南；南宋時再遷到廣東古勞、開平等地。我的出生地就是開平。

至於兩晉時，歷史著名的道教大師葛洪，本是江蘇人，中年後長駐廣東羅浮山修道，撰成名著《抱朴子》內外篇，為道教代表性巨著，流傳到現在。接下來是禪宗六祖慧能，生於我縣（廣東開平）的鄰縣（新興），以一位不識字的「葛獠」而成為「中國的釋迦牟尼」之崇高地位，他圓寂的金身（全身舍利）至今猶駐廣東韶關曹溪的「南華寺」，受全球信眾的千秋謨拜。

嗣後，與嶺南有關文化大師級的人物輩出。如唐代的韓愈（曾貶居廣東潮州）、宋代的蘇東坡（曾貶居廣東惠州）、明代的陳白沙（理學家，廣東新會人）等，均成就斐然，廣為人知者。及至近代，康有為、梁啟超、梁漱溟等人對中華文化貢獻很大。貢獻最大的人當然還是孫中山先生，他不但推翻了二千多年的帝王專制政治，而且在思想上能融會中西文化之所長，表現出一個「自信而不自盲、自知而不自卑」的崇高人格，成為後世中華民族莊敬自強的榜樣。

就我研究所知，「嶺南文化」確有一大特色，那就是「融會」性質。例如：廣東飲食文化中的「飲茶」，最大特色就是數以百計的點心，不但兼採取了內陸各省之所長，更兼攝了西方各國茶點之所優，以使其點心之精美繁多，今天已成為遍布世界各國的精美飲食文化。又如：在粵語文化中有最重要貢獻的粵劇，本來源自北方戲劇，但近代摒棄了傳統的「京腔」，改以廣東白話演唱為主，而且融入了各種優美的國樂、地方小調、流行歌曲，甚至西洋曲調；在伴奏樂器方面更大量採用了中西方的胡琴、揚琴、琵琶、提琴、木琴、甚至薩克斯風等，儼然成了中西合璧的小型交響樂團模式。粵劇這種「集大成」特色，在中國內地各種戲劇中，無論京劇、越劇、川劇等，都是沒有的。至於人文文化方面，六祖惠能把中國傳統的「心性之學」融會在印度佛教之中，創造出有中國特色的禪宗；孫中山先生的中西政治思想的融會更是最好的例證。

總而言之，「嶺南文化」這種融會性特色，恰與南懷瑾先生的學問特質相同，都是「博大高明」路子，這就難怪他一到香港便重視了。他提醒我宏揚嶺南文化，不但證明了他的不斷求知精神，而且也暗合了他的學問特質。只是我自忖才疏學淺，何堪當此宏揚大任，有負老師厚望而已！

不斷精進

「苟日新，日日新，又日新……是故君子無所不用其極」這段話是《中庸》中描述一位君子是如何的不斷求進步，也是鼓勵我們努力精進到「至善」的極點才可以停止。在這一節裏，我且以自己親自感受、親自經歷的三件大事，來說明南老師正是這麼一位努力不斷的人。

一、關心「分稅制」

一九九三年十一月初，我人在臺灣，忽接南老師來電催促快來香港有事商量，云云。

我儘速赴港見了老師，他對我說要起草一份研究「分稅制」的文件送去北京。原來前不久有人在老師跟前誇誇其談「分稅制」，而這幾天港臺報紙都登載了大陸將實行「分稅制」的消息，老師看了很擔心，怕將來會演變成「諸侯割據」的局面，對中國的發展不利，於是連忙打電話到北京，請許鳴真反映上去，說明此事牽涉嚴重，要慎重處理。許回話說，中央領導對老師的意見很重視和感謝，希望能寫成書面的，以便深入研究。於是老師要我來香港，立即起草一份文件，經他改定成為《對分稅制及有關問題的看法》，隨即送上北京。從此以後，再也不見報紙登「分稅制」的事了，大概中央接納了老師的意見吧。

這篇文字以師生二人對答形式寫成，所以包含了老師和我的看法；雖然只有五千言，但內容廣泛，涉及了古代諸侯割據的經驗教訓、臺灣稅制的來源、中西法制特色等等比較深奧問題；全文見本章後的「附載二」。

我在這裏應強調的是，試想：老師只是一位文化界人士，又不是財經專家，怎麼會關心起「稅制」來？這便是他真正了不起的地方！由此事可以看出：他隨時注意各種新問題，然後提出因應的方法；這不是「日日新」精神的具體表現嗎？

二、兩岸三地法學交流

大抵因提出上述「兩稅制」的意見，觸動了南老師對大陸的法制問題注意起來了，不久就吩咐學生饒清政向北京有關部門提出「促進兩岸三地法學交流合作」的意見，中央民政部門等主管單位很快就同意了。於是，一九九五年二月十四日下午，北京前任司法部長蔡誠一行三人專程來香港回報南老師，雙方經過一小時多的正式交換意見，達成了合作的具體共識。此次會談的全部過程都錄了音，事後由我根據錄音帶寫成「會談記錄」，再呈經南老師認可，保存至今成了寶貴的資料。（全文見本章後「附載三」）。

此次會後，南老師特別告訴我，兩岸三地辦個「法學交流促進會」或「法學人才培訓班」之類的機構，只是初步的接觸，真正要做的卻是，大家要糾合各方的法界英才，共同來研究出一套適合中國的法制，才是他的最終目的。蔡誠他們顯然沒有這般宏圖，只想「兩岸三地法學交流」而已。兩者目標落差甚大，注定合作前景就不樂觀了。

南老師的想法是：因為國民黨打倒滿清後，完全拋棄了中國自漢唐以來行之有效的法制，改採歐洲大陸（主要是德國）法制，這是全般西化模式，並不完全適合中國的社會發展。而對岸的中共，本來是革命起家，談不上什麼法制；北京建政以後，採行了蘇聯一些法制，也不成體系；現在高唱「建設有中國特色的社會主義」，理念是很對，但要落實到法制上才成，不能光是口號。香港這邊呢，行的是英國系統的法制，特點是以不成文法為主，叫做「海洋法」，也是西方的文化產物，更不適合中華民族所用了。因此，如真要做這個工作，意義是非常大的。如果只做浮面交流，好讓參與者有點事做，就沒有多大意思了。

老師還特別強調，如果要做成此目標，機構的負責人不夠份量不行，最好能請李元簇出面擔任。因為他瞭解我是李元簇的學生，有暗示我去向他說的意思。但那時李老師剛從副總統的位子下來，社會上很多人對他肯當李登輝副手來分裂國民黨的事很不諒解，而且他這個人很不願意出面，所以我表示窒礙難行。

正是以上兩個原因，即是緣未到，這個「兩岸法學交流」的案子，在這方就不了了之。至於彼方蔡誠他們後來怎麼做，則非我所知了。

不過，大約過了五年後，我到臺灣苗栗縣頭份鎮去探望李元簇老師，他居然向我說，近年每天看的書就是南懷瑾先生的各種著作，受益不淺。我聽他這麼說，便送上了一本拙著《佛律與國法——戒律學原理》，他說：「一定要拜讀」。過了一段時間，我又去探望李老師，他對同時前往拜候的客人介紹我時還誇讚我「很有成就」，大概就是因為看了那本南老師作序的拙著之故。行文至此，值李元簇老師日前才逝世，我感慨之餘，想到人的因緣真是很奇怪；如果蔡誠這個計畫晚幾年才提，我又機會去見已看了南老師許多著作的李老師，請他出面主持兩岸的法制研究這件大事，就可能成功了。可惜現在已是「人去樓空，機不再來」了！

三、再造一個中國

大概在一九九八年中，我的博士論文《佛教戒律學》已完成，呈給南老師看過，他很讚賞，立即指示由臺北「老古文化公司」出版，並要劉雨虹學長接洽北京「宗教文化出版社」同時推出簡體字本。所以，為了出版的事，那段期間我常到香港堅尼地道三十六B四樓去見老師，才發現老師最熱絡同大家談的，就是如何在中國西部造一條大運河的事。我粗略瞭解，原來北京有批水利專家正擬了一個龐大的西線運河計畫，如果這個設計能實現，不但可以解決中國北方的缺水問題，而且中國西北部占全國近一半的乾旱土地可以完全改觀，如是等於「再造一個中國」。對這設想，南老師當然大有興趣，所以那段期間幾乎每晚吃飯時都是談論這件大事。據一位同學說，老師已撥了經費，要那班專家到新疆、西藏等地去作實地的勘察。

後來我有機會看到了相關的文字⑪，才對這個計畫有較具體的瞭解，不禁為之讚嘆不已。原來，現在大半個中國缺水問題越來越嚴重，如不想辦法迅速改善，勢必危及整個中華文明的前途。例如，一九四九年全國有完全不能耕作的荒漠十六億畝，到了九十年代擴展到二十一億畝，加上半沙漠化的草場已達六十八億畝，接近全國面積百分比的四十七，而且還以每年二千萬畝的速度擴展沙漠化下去。現在已是沙漠南侵、黃河斷流，生態嚴重破壞，確已構成對中華民族生存的威脅。中共建政後不久，即已意識到這個問題，於是有「南水北調」的設想。

但「南水北調」，有東、中、西三線方案，事實上都是不大行得通的。東線方案是利用原有的「京杭大運河」河道，逐級提調長江下游的水源，水量共一百九十五億立方米，輸送到北京天津來。但近年運河沿線污染已很嚴重，要花很大成本才能整治清潔。中線是調動湖北漢江的水源二百億立方米，以開挖幹渠方法調到北京，這樣要經過許多人口密集區，增加成本很多。而且漢江的水源也不豐富，必須再向長江中游的三峽水庫引水，這樣也會發生許多問題。西線是自長江上游的通天河、大渡河等地調水一百九十五億立方米注入黃河，但這樣必需開鑿長達一百七十五公里的隧道，工程艱巨，費用浩大。更嚴重的是，這三個方案都是靠長江注水；問題是，到了二〇二〇年代長江本身也會缺水！

針對由長江調水的困難，一九九四年一群水利專家想出了一個「大西線」方案，即從西藏的雅魯藏布江調水入黃河，這樣可以實注二千零六億立方米的水量，相當于四條黃河之水了！而且工程簡單、工期短，費用低，效益大。此設計不但使京津地區用水永遠無缺，而且可以利用黃河四千多公里的河道把水引入新疆、內蒙等西部地區，改造歷來的荒漠狀態，增加可耕地幾近全國現有的三分之一多。至於在內河船運、生態等方面的效益更不可估量，等於「再造了一個中國」了。

只是當時我逐漸忙於農場的事，偶然才回到香港探望南老師，再也不聞這件大事的進展了。況且老師也開始忙於「太湖大學堂」的建設事務，逐漸搬離香港，所以此方案的下文如何，連老師也難插手了。問題不在過不過問或此案如何進展，我在此提出這件事，只是要強調：凡是對國家民族有利之事，南老師都是盡心關懷、盡力幫助的。這也是他不斷精進的具體表現。

博大高明

《禮記・學記》有云：「君子如欲化民成俗，其必由學乎！」綜合以上各節所述，無論從哪個角度，都可以證明南老師真正是一位好學不倦的人，才有推廣中華文化達到「化民成俗」的境界。我在一九七二年初謁老師時，看到他的辦公室牆上掛著一副這樣的對聯：

> 上下五千年，縱橫十萬里。
> 經綸三大教，出入百家言。

如此大氣魄的文詞，有識之士看了都不免心頭一震。今天回顧南老師百年德業，這副對聯恰好就是他的博大高明學問之寫照。

縱觀古今所有的聖哲，都是從學問來的。具備如此博大學問的人，達到了什麼境界呢？是儒家的「聖賢境界」也好，是佛家的「實相境界」也好，是道家的「神仙境界」也好，包括我在內的凡人，對這種境界也許只能「高山仰止，景行行止」，雖不能至，心嚮往之；事實上卻做不到。但我們不必氣餒，能如孔子所說的：

德之不修，學之不講，聞義不能徙，不善不能改，是吾憂也！（論語・述而）

做一點算一點，就是南懷瑾的好學生了。

第三章 附注

①見此書二〇四頁。臺北老古文化公司二〇一六年初版五十六刷。

②此問題可參《論語》先進篇：「季路問事鬼。子曰：未能事人，焉能事鬼？敢問死。曰：未知生，焉知死。」

③金丹理論與方法，見《抱朴子》內篇卷四。此書詳見第七章〈道書的辨別〉節。

④見《性宗性命圭旨》二十頁，元集「大道說」。臺北武陵出版社二〇〇〇年再版二刷。

⑤新譯《樂育堂語錄》二八六頁。臺北三民書局二〇一二年初版三刷。

⑥同前書五五七頁。

⑦參傅鳳英譯《性命圭旨》一四二頁，臺北三民書局二〇一一年初版三刷。

⑧佛教天臺宗開展「一念無明法性心」義理，可以說是佛教最深奧的內容了，上根之人也要經過長久的研究方可望瞭解其底蘊。入門者可參牟宗三著《佛性與般若》下冊九八三頁以下。臺灣學生書局一九九三年修訂五版。

⑨我會見阮高奇的詳情，見《龍旗》二十六期，〈與阮高奇一夕談〉文，一九八三年四月號。

⑩轉自拙著《現代佛學別裁》二十八頁，二〇〇七初版，臺灣老古文化公司發行。上海古籍出版社版：《現代佛學別裁》四頁。

⑪登於北京《產業論壇》一九九八年十月第十六期，題為〈再造一個中國——溯天運河簡介及其意義淺析〉文。

（附載一）

寒江釣雪

南海十三郎　作詞

（楊州二流）傷心淚，灑不了前塵往事。心頭個種滋味，唯有自己知。一彎新月，未許人有團圓意。音沉信杳，迷亂情絲；踏遍天涯，不移此志！痴心一片，付與伊；今夜飛雪凝烟，好景等閑棄。相思債了，了不知期。憶往事、細思尋，絮果蘭因，蒙她秋痕不棄。

（二黃慢板）可嘆兩情牽、相思遍，憔悴容光，消磨壯志，因為久不遭時。離情緒，愁萬縷，折柳長亭，只望春風得意！

（寒江咽）不牽情，能幾個？一個沈腰瘦損，一個淚漬胭脂。嗟身世，與共飄零；屢病窮愁，相思垂淚；美人恩不消受，情絲折斷，因為有約不移！怨只怨，金殿前，聖眷方隆，

（乙反二黃）換得娥眉一死！更可恨，天啊它不憐人；流水有情，是否落花無意？意難傳，恨怎寄？今日伊人不見，苦我暮想朝思！

（正綫快二黃）江邊柳，尚依稀，飛絮梢頭，好似挂住離人珠淚！

（滾花）只奈何人去後，封侯夫婿真係有恨不知。孤舟裏，自傷離，雪影迷迷，照住愁人失意！題不盡鴛鴦兩字，因為鴛侶分飛。

《心聲淚影》劇中之一折（錄自香港靳永棠唱曲之詞）

（附載二）

對「分稅制」及有關問題的看法

——向南公懷瑾老師請益實錄

勞政武　記錄

最近，海內外報章盛傳：中國大陸當局決定大幅改革財稅制度，旨在實行中央和地方的

「分稅制」，加強中央的宏觀調控能力，使大陸的稅制逐步向國際慣例靠攏。

此事引起臺灣工商界、財稅學者專家，乃至政治界的高度注意。若果實施，是福是禍，莫衷一是。但這將是一項重大改革；其影響深遠之程度，較十二年前農村的「包產到戶」猶有過之，則為眾所共認的。

筆者忝為法政評論員，對此事自必關心。惟自知不是財政專家，正苦惱於不易究明透澈。日前忽奉南公懷瑾老師電召，囑速來港商討大陸稅制改革問題。如此機緣大巧合，得向老師請益，慶幸何似！

懷師道貫天人、學通中西，洞察盛衰之理、瞭然成敗之數，早已為世所景仰。在請益過程中，老師不時以古喻今、統攝東西、比較兩岸，點出問題之要竅，而皆歸旨於為中華民族長遠發展著想。其境界之高遠，足以開解茅塞；其用意之仁厚，足以化悟愚頑。筆者有幸，恭謹記錄成文，或有助主事者參詳也。

（以下發言，「問」為筆者，「答」為南公懷瑾老師。又為閱讀方便，筆者在文內適當段落加標題。）

問：

最近報紙大幅報導，大陸將作財稅制度的重大變革。在臺灣已經議論紛紛；很多到大陸投資的台商表示憂慮，而一些學者則有樂觀的看法。不知老師對這事有何高見？

「好管閑事」的緣由

答：

我找你來香港，正是要談談這件事。

大約個把月前，有位臺灣的年輕人，從大陸回臺灣經香港；來到我這裏，眉飛色舞地談到，他在大陸對中共中央作了改進財稅制度的建言，並且見到了江澤民總書記，江對他的建議很高興、很重視，云云。又說，現在中共決定要接受他的建議，進行財稅制度改革，今後要採取「分制稅」了。

我對這位年輕人的話，向來不敢輕信，他常是誇誇其談的。但他說到「分稅制」的事，卻引起我一點注意來了。

問：

對不起，恕我打斷老師的話。

今天像這位年輕人的，還真不少。去了大陸回來，就不斷向人誇耀，說中共領導人對他如何的重視，其實未必可靠。人家或許只是對他客氣，他便自稱如何的被看重，未免肉麻、可笑。據我在報上零零星星看到的消息，起決定作用的財稅改革建議，據說是李國鼎。以李國鼎在臺灣財經界的地位與經驗，其建議得到中共中央的高度重視，才是自然的。其他人或許不約而同作了建議，但並不是決定性的。我看這位年輕人未免有點「貪天功為己力」吧。

答：

哈！我今天扮演這種腳色，很微妙，很有趣。兩岸都不時有人來，彼此相互挾對方以自重；大陸許多人動輒說自己同臺灣的關係如何如何夠，臺灣許多人常常誇耀自己在大陸的關係如何如何深。我看太多聽太多了！這種玩法，雖屬人情之常，但非出自真誠，玩太多了不好，非兩岸人民之福。精誠所至，「金石」才能「為開」，彼此出自真誠，才有逐漸化解疑忌促進團結的可能。互相在「玩」，那會有好結果？

問：

現在言歸正傳。這事後來又怎樣了？

答：

我對那人的看法既是這樣，當時講的什麼「分稅制」，只是引起我有點注意罷了，也不想理會他。可是過了一兩個星期，我從《文匯報》上看到，中央決定要實施「分稅制」了；才聯想起先前那位年輕人說的，直覺地感到此事不是沒有問題，由是心中有所不安。我想，自清末以來，中國就動亂不已。近幾十年來，國共兩黨鬧得嚴重，是民族的大不幸。現在眼看有和平統一的轉機了，如果又因一些政策的錯失而釀成未來的不幸，那真是太糟了。稅制問題，是歷代的大事，如果弄不好，會出大亂子的。我一想這些事，就覺得不安了。

所以，我直接打電話到北京找許老鳴真，想瞭解這件事，當時他不在。到晚上他回電話了，我告訴他一些想法。通話之後，他很快的反映上去了，又給我回話說，上頭的領導很在意，希望我寫成書面給他拿上去。

我說，何必這樣鄭重其事呢？這件事本來同我無關，我也不是什麼財稅專家，對他們的方案真相內容並不瞭解，只是一時心感不安，心血來潮，好管閑事！聽不聽隨他們就是了。但許老仍然堅持請我寫個書面的。這次你來了，正好談這個問題，那就請你將談的內容寫下來吧，省我麻煩，又可向許老交代，也算兩全其美了。

臺灣可行，大陸未必

問：

寫下來沒問題，我盡力效勞就是了。

現在我有個疑問，請老師指點。我從報上看到，大陸現在決定的財稅制度改革，「分稅制」是重點。所謂「分稅制」，指的是中央及地方分開兩個系統來課稅，在「稅種」方面也劃分兩個部分，一類是屬於中央的，由中央稅務機關徵收，另一類是屬於地方的，由地方稅務機關徵收。這一套制度似乎是學自臺灣的。

臺灣稅制正是這樣，直屬中央財政部掌管的有「國稅局」系統，屬於省市地方的有「稅捐稽徵處」系統。例如關稅、綜合所得稅屬於國稅，由國稅局徵收。如營業稅、房屋稅、娛樂稅等屬於地方稅，由地方稅捐稽徵處收。至於什麼稅是國稅，什麼稅是地方稅，則由「財政收支劃分法」作統一規定。

這套稅制在臺灣行之有年，好像沒有什麼差錯，為何老師擔心搬到大陸會發生問題？

答：

我方才講過了，大陸要行的「分稅制」的具體詳細內容，我並不清楚，只是看了報紙上所登的簡略報導，想起那個人自誇的話，才感到可能有問題、該慎重而已。為此我已請饒清政到臺灣搜集有關報導資料，一併送給許老他們研究，希望他們研究清楚之後才去做。這種大事是不宜造次倉促而行的。

你說的沒有錯，「分稅制」在臺灣行之多年，似乎沒有出什麼大問題。可是在臺灣可行的制度，未必可以照搬到大陸上去做的，因為彼此的環境並不盡同。

問：

古人有言「他山之石，可以攻玉」。老師卻說臺灣可行的，在大陸未必可行；能否請您把這一點說得具體一些？

一段任顯群的往事

答：

我說一段自己親見的往事給你聽。

三十多四十年前，有位著名的財經人物任顯群，你知道吧？

問：

他有許多有趣的傳聞。他是陳誠當臺灣省政府主席時的財政廳長，後來得罪了蔣經國受了不少委屈。他也是國劇名演員顧正秋的丈夫，臺北縣金山農場的場主。是這位先生吧？

答：

就是他了。

當年，大約是民國四十幾年（一九五〇年代）吧，我們剛到臺灣不久，真是風雨飄搖，朝不保夕。那段期間，我每個星期六下午，都在臺北北投楊管北委員的「奇岩精舍」說佛參禪。參加的人很多，有何應欽、顧祝同、蔣鼎文等達官貴人，相當熱鬧的。

有一天，任顯群突然跑來了，滿臉焦急的樣子，要找楊管北幫忙。原來，任同楊管北關係密切，他二人同馮蘭友、吳開先等在上海結拜兄弟，馮是老大，楊是老六，任是老七。任有什麼大事，就跑來找楊六哥解決，因楊當立法委員，在立法院是相當權威的。

任來到精舍，見我們在講課，不好意思打擾，兀自坐在入口處等候。我見他惶急的表情，心想一定有大事找楊管北來了，就說：「管老，老七在等你，你去吧。」楊抬頭看到任，問有什麼事。任進來，首先向何應欽、顧祝同等長官行了禮，就迫不及待向楊訴說：「六哥，不得了，我要坐牢了！」大家不由大吃一驚，連忙問什麼事。他說，這幾天黑市美金飛漲，好多人在搶購，金融風潮鬧起來就不得了。如被蔣總統知道，一定會赫然震怒，怪他沒有搞好財政，坐牢是大有可能的。

當時臺灣財政極為困難，公庫沒有錢，外匯更談不上。擔任省政府財政廳長的任顯群，當然沒有辦法去抑平黑市美金的搶購風潮，這種情形我們都是知道的。楊管北聽到這種情形，非幫忙不可，結果想出了一個「非常辦法」，解決了問題。

原來，楊當時還有幾條輪船來往於港臺之間做生意，私人有相當財力，他決定拔刀相助。他要任顯群回去向省主席陳誠報告這個「非常辦法」，並請陳誠先向蔣總統報備，免致將來怪罪下來。任照做了。楊於是自己出錢，從香港運來大量美鈔，然後由任找一班臺北行政專科學校的學生，假扮成炒賣美金的人，散到臺北黑市場所，平價出賣美金；並故意透露有人走私大批美金來台出賣，不怕缺貨，等等。如此這般，不到三天，美金黑市價壓平了，也沒有人再搶購了。你說這位楊先生的辦法妙不妙？不過也只有像他這樣大氣魄、夠道義、有能力的人，才做得成。

再說，那班學生又是什麼人呢？就是一九四九年隨著國軍流亡臺灣的學生，多為山東籍。任看到這批學生應該培養，就辦一所行政專科學校，專門訓練財經人才。這所學校就是今天國立中興大學臺北法商學院的前身。當時培養了不少人才，成為日後臺灣財經界的棟樑。

例如現任行政院長的徐立德，就是其中的一位。任顯群當財長，還真做了不少事，其他如統一發票制度，乃至愛國獎券也是他建立的。

所以說，今天大陸要學臺灣的經濟，不能光從表面看，不能只從結果看，要從發展過程的深層去看。臺灣的分稅制度做得不錯，這是「結果」，它是怎樣做出來的？具備什麼條件才做得來？這些都要研究清楚才行。否則正如成語所說「橘之逾淮為枳」，那就不妙了。

「人才」是事功的第一要素

問：

老師的話，發人深省。恐怕大陸今天改革稅制，人才是個問題吧。

答：

是了。自古以來，為政之道，人才是第一要素。

中國有句話：「天網恢恢，疏而不漏」，這句話源出於道家思想，指的是天道，後來卻拿來講法律了，姑且不管它。大陸今天的法令規章，包括有規章性質的決議、政策等文件，數量不可謂不多，但大家注意的似乎只是認為「法制不完備」，於是大喊要如何完善法令。其實，依我看，在死的法令文字上不必費太多的精神，一大堆官樣文章有什麼用？下面執行多少？規定歸規定，做歸做，這也是「上有政策，下有對策」的現象吧。一切關鍵，最終歸本於人。所以我認為，現在如果要搞「分稅制」，是否已訓練了足夠能執行這個制度的人才？

這才是重要的。

要注意！我這裏說的「人才」，不只是指具有財稅專業知識的人，而是著重在具有良好的品德的稅務人才。如果由大群不夠格的人去推行一種新的制度，縱使創制立法的原意盡善盡美，但其結果恐怕適得其反了。所以我主張，要先研究清楚才建立新制，要先培訓出夠品格的專業人才，才可推行新制。

問：

老師說到人才問題，倒使我一段往事，也好替老師您的觀點作個見證。

約在十九年前，我剛從政大法律研究所畢業。研究所所長李元簇老師，就是是當今的副總統，當時被升調為政大校長，於是所裏有一個師生餐會來慶祝。

席間，李校長問我將來想幹什麼。我答覆說，我覺得這個社會法治精神很缺乏，而個人也歡喜寫文章，所以很想留學西德或日本，把別人的法制研究清楚，回來好當個「法律推銷員」，有計畫地寫文章宣揚法治精神。按當時的同學，不是要當法官就是立志當律師，沒有人想當什麼「法律推銷員」的。我想，李老師對我的志願，大概會讚許一番吧。不料，他竟乾笑兩聲，說：「算了吧！今天我們的法制，那樣不是學德國、學日本的？可是就學不像，一搬回來就變樣！」這瓢冷水，澆得我永誌難忘！

但我仍然照自己的志願去做了。三年之後，在《民族晚報》寫「古今法律談」專欄，一寫就一年多，結成三十萬字的單行本出版。記得也因這專欄而蒙老師您看重的，否則我不會忝列您的門牆。問題是，寫完那本書以後，我便覺得心灰意冷了，李元簇老師的話是對的，好多外國的政制拿來臺灣便變了樣，我當什麼「法律推銷員」有何用？後來便走到政論的路上去了。

李老師的話，對我影響深遠。此後，我不斷思索這個問題，為什麼外國的法制一到中國就變了樣？是文化基礎的原因呢？還是教育之故？是當權者的原因呢？還是老百姓之故？這些疑問一直在我腦海盤旋，遇到這類文章就拿來看，但總是苦無豁然解惑的答案。後來年齡漸增長了，看的聽的事情多了，才感到這個問題恐怕沒有單純的答案。

法治精神在中國社會，無論臺灣或大陸，總是令人洩氣，其原因是複雜的。如果一定要有個概括性的答案，那就是如老師所說的人才問題吧。人才不是一夜之間可以造就的，不適任的人更不是短期間可以汰除淨盡的，這麼複雜的事只有慢慢來了。套句中共常講的語句：「逐漸完善」就是。

稅制弄不好的歷史教訓

答：

你是研究中國古代法律出身的，應該知道「深文周納」、「橫徵暴斂」這兩句話的意思的。

問：

「深文周納」出自史書對西漢酷吏張湯等人的描述，就是以深刻周密的官方文書，羅織人罪的意思，接近大陸「文革」時的「上綱上線」的做法。「橫徵暴斂」便是胡亂收稅，搞得民不聊生。但不知老師提這兩句話是何意？

答：

中國歷代政府，自古以來，治國蒞民就是兩件大事，一是刑名，二是錢糧。刑名是治安問題，錢糧就是稅收問題。歷代政府對這兩件事，都沒有管得好，倒不是中央政府（皇帝）不想做好，而是委諸胥吏之手，搞得弊端百出。弊端太嚴重了，就有「官逼民反」的事發生。如果再加上發生天災，大規模的動亂就出現了，改朝換代的結果就發生了。

所以我說，一切關鍵在人。今天要搞「分稅制」，有沒有合格的執行人才，才是問題。否則，大陸人民原來沒有納稅的觀念，忽然要納這個稅那個稅，雷厲風行，到頭來，恐怕政府未必得益，倒成了稅務員擾民的好機會，那就糟了。

還有呢，這個「分稅制」一分下來，對富的地方，如上海，廣東等，其結果如何呢？對其他內陸窮的地方又如何？更是不能不慎重評估的。如果造成富者愈富，貧者愈貧，那就更糟了。大陸改革開放十多年，已隱然有「諸侯經濟」的現象，如果「分稅」的結果造成地方更大的疏離，那就對民族前途更不利了。

我那天打電話給許老，就提到了要預防諸侯割據的事。我說到漢高祖擬分封諸侯，幸被張良勸阻那段故事，許老說他正看這段歷史呢。他聽我這麼一說，大概感到事態嚴重，才立刻向上面反映去了。

要建立中國自己的法制

問：

有個問題，老師似乎應該再闡明一下。您以上的講法，是否會使別人誤會忽視法制的重要性？

答：

我怎會忽視法制？無規矩不能成方圓，無法制不能維持社會。自古以來，人類社會必要有法制。尤其中國處在今天的情況，正是新舊交替的大轉折點，當然應該建立完整的法制，才能適應未來的發展需要。

我是贊成「建設有中國特色的社會主義」這一提法的。我也一再強調過，希望中國今後以此四項指標作好建設規範：1、共產主義的理想，2、社會主義的福利，3、資本主義的管理，4、中華文化的精神。其中，1和4兩項固未必與法制有直接的關聯，但2、3兩項則是非靠法制不能實現的。所以現在的問題是，中國應有自己的法制，也就是想辦法建立「有中國特色的社會主義法制」，才是中共真該努力去做的。要不然，口號光喊「建設有中國特色的社會主義」，實際上卻是胡亂移植一些外國的法制，也不管風俗民情合不合，也不管氣候土質適不適，這叫做「生搬硬套」，也是「言行相違」，對中國有何益？

在電話中，許老告訴我，「分稅制」是經過五年的研究才定案的，而且目前只準備在一兩個地方試試。不過他們對我很感謝，云云。我說，我只是愛管閑事罷了，沒有什麼好感謝的。如果他們已研究清楚，只找一兩個省試試，我就比較放心了。不過我還是希望他們再慎重一點，至少等我把蒐集資料送去仔細研判過，同時訓練一批有品格的人才出來，再去試吧。他們聽見我這麼說，後來要我寫篇東西送去，現在就是跟你談這番話了。事情經過就這麼簡單，我想他們不致誤會我的意思吧。

問：

老師您又不經意地點出了個極重要的問題，睿智令人嘆服。是的，既然要「建設有中國特色的社會主義」，當然法制要與之配合了。由老師這一啟示，又使我想起一段心願。不妨順便說說，也許可作老師的話的一個注腳。

唐代長孫無忌撰的《大唐律疏》有「法星著于玄象，習坎彰于易經。不立制度，未之前聞」之語，即如老師所說，自古以來，人類社會沒有不立法制的，即使易經中也有習坎之卦是顯示法律制度的。這一點沒有疑問。

問題是，中國究竟需要立怎樣的法制，才是對的？才是有利於民族長遠生存發展的？許多法學界俊彥都未能有個較明確的答案。

如何建立中國自己的法制？

原來，世界上本有五大「法系」：一是源出於羅馬的「歐陸法系」，二是源出於英國央格魯撒克遜文化的「海洋法系」，就是現在英國、香港及美國所通行的法制。三是中東回教文化自成的「回回法系」。四是印度文化自成的「印度法系」。五是自戰國李悝開其先河、至漢代已相當完備、到唐代燦然大備，一直沿用到清末的「中華法系」。從歷史比較，中華法系比任何法系起源得早，完整得早，可是到了今天，中華法系早已沒有了。清末甲午戰爭失敗，朝野認為光靠「船堅炮利」不足以抵抗外侮，必須從根本的法制變革做起，所以滿清政府派了五大臣出洋，到日本等地去考察法制，回來後就草擬了各種法律，這些法律草案是抄自德國和日本的，德日的法律正是「歐陸法系」。接著，民國成立，逐漸公布了各種法律，其藍本就是五大臣考察得來的草案，如基本的民刑法都是屬於歐陸法系的。所以，講民國時代的法制也罷，今天臺灣的法制也罷，統統是歐陸法系的產物，同中華固有法系很少關連。

而今天香港的法制呢，儘管有些名詞仍然沿用清朝的，如稱警局為「差館」，稱警察為「差人」，還有什麼「布政司」之類古官衙名詞，這不過是皮毛，全套法制精神完全是英國式的。

我在大學法律系學的，主要就是歐陸法，也兼有一點英美法（海洋法）。到了研究所，我對中國古代法律好奇起來，所以專研中國古代法。後在報紙上寫《古今法律談》，就是有兩方面的根柢之故。寫這些文章的那個時候，我就時時在想，這套抄襲自外國的法律，基本精神顯然是不合國情的。例如，中華固有法律是提倡個人應向社會盡義務的，叫做「義務本位」，而西方法律思想則是鼓勵個人爭取私利的，叫做「權利本位」。又如中華固有法律是同道德一致的，西方法律卻是同道德分離的。尤其，中國傳統法制是不鼓勵人民打官司的，孔子那段話就是最好的證明：「聽訟，吾猶人也。必也使無訟乎！」（翻成白話是說：審判案件，我是同別人差不多的，也能勝任。但最好的就是不要打官司）。反之，西方法制卻鼓勵人們去爭權奪利打官司的，近年臺灣有句流行的廣告：「別讓你的權利睡著了！」就是鼓勵大家去爭權奪利打官司了。凡此諸端，不勝列舉，東西方的法制精神差異如此之大，我們應該怎樣去取捨呢？這也牽涉到老師方才說的，外國法制拿到中國合不合水土問題了。

中國人腦筋停留在中華法系的規範觀念裏，但現實的法制卻不是如此，這叫做「法律不洽乎人心」，就是水土不服，所以中國的法治很難建立起來。再看看臺灣今天的民主政治，又何嘗不是這樣呢？西方的民主首重法治，也重「紳士風度」。搬到臺灣呢，變成今天全球聞名的大笑話，國會議員可以無法無天，政府官員敢囉唆什麼？甚至可以在廟堂天天打架，也沒有一點法律責任，還說什麼「紳士風度」？老一輩領導者統統被指為「老賊」，還有什麼傳統倫常可言？

孫中山先生推翻幾千年帝制，建立民主共和國，中國人都說這是他最偉大的貢獻。我看這貢獻只是有形的，他還有個無形貢獻，似乎很少人注意到。從他的大量著作中可以發現，他是企圖把中國固有優良傳統和現代西方文明結合起來。可惜他的計畫未被後人實現。今天中共提出「建設有中國特色的社會主義」，依我看，同孫中山先生所設想的沒有什麼本質的差別。但如何「建設有中國特色的社會主義」呢，在法制上不盲目向別人靠攏；中國固有的東西，只要是優良的就維持下來；外國對的合用的法制，當然也要採用。這樣擷各方之所長為己所用，假以時日，就會出現一個嶄新的法制了。周公吸收歷代各地之所長而制禮，開創了三千年的禮治傳統，影響到今天。唐代繼承漢代傳統並吸收五胡、佛教等文化，而開創了至今天仍未能超越的盛世。滿清一朝囊括了荒服，造成了空前廣袤的中華版圖。這些對我民族有長久影響的教訓，值得深思。誠如鄧小平南巡講話所說的「要抓住時機」，中共如能趁這機會，造出一套嶄新的法制來，那麼對歷史的貢獻就不止是一朝一代的事了。

同樣的，老師您之所以獲得海內外越來越多有識之士的敬仰，尤其獲得佛教以外知識分子的廣泛推崇，我看根本原因亦不外乎此。您幾十年來，不做官，不求名利，以方外人身分，做入世之事。所謂「入世之事」雖然包羅萬象，但最根本的一項，就是您企圖把中國的和西方的文化精華融於一爐，希望造就一個文化上新境界，使中華民族有更精湛的靈魂，自能永遠適存於世界。這種做法。當然又不拘限在法制範疇之內了，當然令無數才俊之士如隨風之偃草了。

趁這機會略抒淺見，如有不妥，還望老師指教。

法隨時轉，治與世宜

答：

你在法制方面學有專精，講得很好，沒有什麼不妥當的。希望你在這方面繼續努力，相信有機會為國家民族貢獻所長。既然談了這麼多法制問題，我引用《韓非子》兩句話作為結束，也算對大陸上「分稅制」主其事的領導先生作獻言吧：「法與時轉則治，治與世宜則有功」。

過去大陸上所行的那套由政府包辦一切的公有制，本來是產自戰爭時代的。今天面臨的是另一個改革開放經濟建設的時代，一切法令規章當然要隨時代的改變而改變，才可望長治久安。但到底怎樣「轉」法呢？這又歸返於法制內容是不是「世宜」了。「世宜」就是符合中國的風土人情與發展的客觀需要。由此著眼，求新求變，自有功德了。

今天我們就談到這裏為止。

一九九三年十一月七日下午　完稿于香港南師寓所

（附載三）與蔡誠會談紀錄

一九九五年二月廿四日下午四時，北京前任司法部長蔡誠先生率柳谷書律師（中國法律服務【香港】有限公司董事長）、蔡小洪（蔡部長公子、新華社香港分社辦公室副主任），莅臨香港堅尼地道三十六B四樓，訪候南懷瑾先生；門生饒清政、勞政武二人隨侍陪客。

雙方具體談了如何促進大陸、臺灣及港澳法學交流有關問題。歷時一小時又十分鐘，賓主愉快，結果圓滿。

會談全程曾錄音。本文是勞政武根據錄音所作的紀要，以備日後參考之用。

蔡部長：

久仰南先生的大名。年前，您有意促進中國大陸、臺灣及港澳法學交流合作的想法，經饒清政先生來北京告知。我同有關方面的人談了，大家十分贊成，都認為合符時代需要。隨後我向上頭請示，也獲同意了，所以籌備成立「中國海峽兩岸法學交流促進會」。現在籌設工作已經完成，全案正在國務院民政部，不日就可以核准下來了。在人事方面，理事長由我擔任。將由包括在坐的柳律師、華東政法學院一位教授，及一位最近在中南海向中央領導人講法律課的年輕教授等，出任副理事長。秘書長及副秘書長的人選也物色妥當了。除上報告之外，我今天拜候南先生，有三點問題請教的：

1、這個案子已上到民政部，他們沒有意見。唯一是經費來源要得到證明，便很快批下來了。饒先生曾表示過，經費方面南先生的基金會能幫助，這件事要商量一下。

2、臺灣及港澳方面的「對口組織」怎樣建立，我想瞭解清楚，今後好密切配合合作。

3、機構成立之後，具體的工作有那些，如何展開？如何加速交流？這些也想瞭解一下。

南先生：

謝謝你專程蒞臨，你的意思我清楚了。

你們或許不知，我不過是個方外人，幾十年來不涉及任何政治或其他實際事務的。我從美國來港居住七年了，一向態度也是如此。但海峽兩岸和海外各方面的人常來看我，問我一些意見。我只是本著一股熱誠，給人一些意見或實質幫助，也可以說「愛管閑事」吧。例如不久前，北京前農業部長何康先生來過，同我談到農業問題，我就表達了一些看法。又如北大校長吳樹青先生上個月去臺北訪問路過此地，也同我談了一些教育問題。諸如此類，經過太多，一時講不完了。說好聽的，是我關心國家民族前途，說難聽的，愛管閑事罷了。

我不是法學家，法律我完全外行。但常有些法學界的人來我這裏，在坐的勞政武先生就是法學界出身法制史專家。我常同他們提起，中國大陸要長治久安，非建立一套完整的法制不可。相信你比我更清楚，現在世界通行的法制，一是英美的海洋法，一是歐陸法，還有中東的回教法系。臺灣用的「六法」就是歐陸法為主，香港今天實施的是海洋法。中國過去幾千年原來有一套以儒家思想為根本的法律，從戰國的李悝造法「六經」，一直經過秦、漢、唐、宋、元、明、清都是用這套自己的法制。到民國成立，把清朝以前的法制全部捨棄了，才改用歐陸法。中華人民共和國成立後，國民黨那套六法不用了。到現在為止，海峽兩岸前前後後，共有六、七部憲法，似乎都不盡善。作為一個革命政權，原來沒有什麼法制，參學了一些蘇聯的，總是不成體系。今天中國大陸主張要「建立有中國特色的社會主義」，什麼是有中國特色的社會主義呢？不能是個口號，具體表現當然在法制上。蘇聯那套不能用了，既不能全學英美法，也不能全學歐陸法，又不能恢復清朝以前的中國法制，那麼該怎麼辦呢？如何把古今中外法制的優點融合起來，鑄成一套符合中國未來千秋萬世生存發展需要的法制，應該是時代的使命，是法學界努力的終極目標。

有一次，上海一位法學界名教授來看我，我把以上的意見跟他說了。並說，如果法學界同政界的人合起來努力，成果一定很大。他表示很好，願意回去努力。我很高興，也撥了十萬元人民幣給他去做經費，結果到現在一點影子也沒有。你看我不是多管閑事麼？不過，汪道涵先生知道我的想法，他也很同意，應該快快建立一套有中國特色合符現代需要的法制。

我既是方外人，自己當然沒有錢的。這些年來，我對大陸許多地方資助，如建金溫鐵路、溫州發展農業基金、醫藥基金，幫助哈工大，及對北大、清華、復旦等大學發獎學金及老師獎助金等等，錢是向學生化緣來的。但我化緣，總要有個道理才是。例如大陸一個大學，我資助了十萬美元，另一所大學資助了五十萬人民幣，結果連報帳的形式也不會，教我怎樣向出錢的學生交代？所以談到經費，我希望有個詳細的預算，將來開支也要符合國際標準的帳目形式，這樣我才能向學生們化緣。此其一。

這件事本來是我吹起來的。勞、饒，還有一位華航的陳先生，另一位香港的陳律師，他們熱心奔走，並希望辦個律師培訓班。這種培訓班，據知人民大學與香港樹仁書院已經合作辦起來了。當然，這件事也可以做，但只是附帶的，不是主要目標。我是希望他們真的研究法制，結合兩岸三地的專家學者，把中國特色的法制建立起來。你看，現在大陸的審判，連制服都沒有，法官穿軍服，像軍事審判，在電視播出，讓外國人看了不像樣，作「人權問題」的藉口。諸如此類的問題都要改進，你們成立協會，今後工作可多了。此其二。

所以，我好管閑事，第一步只是搭個手，幫你們一下，以後要向學生們及各界化緣才成。這件事，你最好同汪道涵先生商量一下，因為涉及海峽兩岸的事，現在都是他在管的。你們要聯手才好辦。

蔡部長：

我們這個協會的案子，已經得到高層領導同意了。我們協會成立以後，將以超然地位專作法學交流的事。

南先生：

我認為，無論國民黨也好，共產黨也好，幾十年來都沒有真正搞好法制。法制是工具，像工匠要有規矩方圓一樣，治國沒有法制怎麼行？應該把古今中外的各種法制融合起來才好。你當到司法部長，應該比我更內行。現在退休了，以這個目標為己任，「但開風氣不為師」，對中華民族的貢獻就太大了。你以超然的立場，把世界華人的力量集合起來，做這件事關係到國家民族長治久安，功德無量，貢獻一定比海協會還大。海協會的工作，不過是現階段的政治環境所需罷了。

蔡部長：

我們成立這個協會的目的，只是想加強同臺灣法學界的交流工作。

南先生：

這個工作也很重要。不過還是附帶的事，不是主要目的。我在臺灣有很多故舊和學生，也有老古文化公司等機構。協會成立後，可以邀請你到臺灣去考察，同當地的法學界多接觸。以你曾任司法部長的聲望，一定很有成果。

饒清政這幾位年輕人，前此不久聽說給了你信，希望你正式答覆下才好辦。

蔡部長：

饒先生只拿來「港、澳、台中國法學研究會」的章程等文件，並沒有信。

南先生：

沒有信?這件事我不清楚，年輕人怎麼這樣辦事？（指饒、勞說）你們要立刻給部長去一函，請他正式答覆，你們才能按計畫做起來。（饒、勞二人點頭稱是）。部長你提到的經費，希望編個預算來。

蔡部長：

預算帶來了。不包括日常開支，開辦費需要五十萬人民幣。

南先生：

開辦費先解決。日常開支以後再說。你當理事長，應該有部車子吧，現在有沒有車子？

（蔡部長答現在坐的是部裏的車子）車子問題，再想辦法募來吧。

我性子急。你人在北京，不好聯繫。今後具體工作同你的公子接洽好嗎？希望你們快一點創立好，再請你到臺灣，光彩的走一趟。

我最後要鄭重聲明：我搭手這件事，完全是幫你們，自己不相干，我更不想做什麼。我只是個好管閑事之徒而已。你們成功了，就不關我的事了。

蔡部長：

這個我們瞭解。柳董事長將來是我們協會的副理事長，他代表司法部駐香港的一個窗口，有事可以透過他聯絡。

柳先生：

我們在香港的公司對於這個協會的經費，也可以出力。將來在國內也能募到日常開支的。這點請南先生放心。

南先生：

那麼很好。（指饒及勞說）你們今後要同柳先生多聯絡，發公函給蔡部長，就交到柳先生那邊去，但要知會蔡公子一下，以盡禮貌。

（餘下約有十分鐘時間，南先生問柳先生在香港的業務等情況，從略。）

（後記）

同日晚，陳勛偉先生（中華航空香港分公司副總經理）來看南老師，由勞政武復述蔡部長來訪經過。南師指示，宜記成文字以備忘。故為此紀要。

勞政武　撰　一九九五年三月一日

第四章　政治買票不入場

對於任何政治勢力，南老師都堅守「方外人」的分寸，採取「買票不入場」的態度。這種態度，他有時也用另一種說法：「我只在政治的邊緣擦身而過」。綜觀他畢生的動默云為，這種分寸是謹守到底的。

這句「買票不入場」到底是什麼意思？首先是把政治看作一場戲，「買票」就是對這場戲採取贊助的態度。「不入場」可有二種解釋：一是不參加戲臺上的演出，一是連做個觀眾也不幹。老師的態度是哪一種？細加研究，就牽涉到中華傳統文化的深層思想了，甚至佛教的深奧義理了！本章就是試從這種深層義理作一探討，再依這些義理來觀照南老師在政治上的實際行為，誠如是，方有助於我們對這位「人師」的瞭解。

高士的歷史

「高士」或稱為「隱逸」，是傳統中華文化特有的族群，在西方文化中似乎沒有這種特殊的人群。在古印度雖有「梵志」族群，那是婆羅門教的出家修行者①，與中國古代的高士性質並不相同。

相信上古的中國，就有這類的「高士」或「隱逸」存在。如堯天子曾要把天下讓給許由，許不但不接受，還到潁川去洗耳朵，因為他覺得讓位的聲音把耳朵污染了。堯的後繼者大舜也一樣，年老時要把天下讓給子州友伯，子州卻以「有幽憂之病，未暇治天下」的理由而推搪了。到了夏朝末期，又有卞隨、務光兩位高人，商湯王請他們輔助去討伐不仁的夏桀，這二位高人不但拒絕，而且認為這是不仁不義的事，等於污辱他們的人格，竟分別投河自殺了。

到了商紂末期，有諸侯孤竹君之子伯夷、叔齊兄弟，更是信史有據的高士。周武王伐紂時，聘請他們參與革命大業，兄弟二人卻認為，紂王昏亂固然不對，但周武王起兵討伐卻是「以暴易暴」，也是不對；所以不肯應武王之邀，而逃到首陽山去隱居，以保持其清高的節操。周武王統一天下後，他們誓不食周粟，寧可餓死在首陽山。

以上傳說，記載在《莊子》的「攘王」篇。而伯夷、叔齊的事迹，連孔子也多次讚揚他二人②；尤其司馬遷的《史記》還有〈伯夷列傳〉。由是可以推知，上古的許由、卞隨、務光等高士，雖然只是「文獻不足徵」的，但也非空穴來風；而伯夷、叔齊的記載均為信史，出自可靠的文獻，應該是真有其人其事的。

到了秦漢以後，記載「隱逸」的文獻更多了。在《漢書》上雖有一些隱逸高人的傳記，還只是零碎的記載。到了《後漢書》便有〈逸民列傳〉的專篇了，此後直到《明史》，歷代的正史大概都是沿襲下來，專篇名稱大都是稱為「隱逸」。總而言之，從歷代正史這樣記載，也就印證了中華文化對這個「隱逸」族群的重視，亦即顯彰了這個族群的重要性。

最值得注意的是《高士傳》。這部三國時代的專書收集了自唐堯到東漢末年的高士有九十一位之多，對每位高士都記錄了他的言行思想；雖然有些事蹟只是傳說未必真實，但從其內容就可概括出這個「高士族群」的共同特質，當然也看到個人的性格，故可以說是在這方面最有價值的史料。此書是皇甫謐（字士安，號玄晏218—282）所作，他生於東漢獻帝廿年，這是赤壁大戰後劉備進軍入四川之時，天下確定分為三國了；他歿於西晉武帝太康三年，三國已確定被晉朝統一了；可見皇甫謐一生就是在極端動亂的時代度過的。但不管外在環境如何變幻，他只在潛心研究學問，不但博覽儒家經典，而且對醫學有精深的研究；他的針灸著作迄今仍是針灸醫學開創性的經典。晚年晉武帝多次徵聘禮遇，他都堅辭不就，最後遺下《高士傳》、《年曆》、《玄晏春秋》、《黃帝三部針灸甲乙經》等多部著作。尤其《高士傳》，應是儒、釋、道三教同類著作的首創，給後世道教的《神仙傳》及《列仙傳》、佛教的《高僧傳》有啟示性的影響③。

高士的品格

史書記載的「隱逸」或「高士」，大都喜愛大自然生活，不願受習俗禮法的拘束，甚至視政治地位為桎梏、功名富貴為贅疣，這些特色固有道家的情調，但綜觀他們的志節、所追求的理想，乃至在實際生活上所表現的精神，毋寧說是儒家性質居多。若反過來觀察儒家經典，對這類人物多持肯定的態度，更可證實這群人的品格屬於儒家的。

例如《論語》對伯夷、叔齊等高士，有如下的論贊：

子曰：伯夷叔齊，不念舊惡，怨是用希。（公冶長）

這段話是說，伯夷、叔齊的人品極為清高端正，絕不與惡人為伍，但若此惡人改過了，立即予以原諒，不再計較了，所以埋怨他的人很少。

（子貢）入曰：伯夷叔齊何人也？（孔子）曰：古之賢人也。（子貢）曰：怨乎？（孔子）曰：求仁而得仁，又何怨？（述而）

這是子貢問孔子，伯夷叔齊身為孤竹君之子，行為如此端莊清正，最後卻在首陽山餓死了。如此不幸的遭遇，他二人心中有怨恨嗎？孔老師說，他們追求的是道德上最高的境界（仁），結果達到了這種境界，心中安然，自無怨恨。

逸民：伯夷、叔齊、虞仲、夷逸、朱張、柳下惠、少連。子曰：不降其志，不辱其身，伯夷、叔齊與！謂柳下惠、少連，降志辱身矣；言中倫、行中慮，其斯而已矣！謂虞仲、夷逸，隱居放言；身中清、廢中權。我則異於是，無可無不可。（微子）

這段是論述古代七位逸民中的六位的等級，然後孔子自己和他們比較有什麼差別。孔子認為，在六人之中，伯夷、叔齊二位能堅持最高尚的志節，從不沾污其人格，所以是品格最高的逸士。柳下惠、少連兩位則屬中等的，因為他們曾降低其志節有辱人格，不過他們的言行仍是合道德義理的。至於虞仲及夷逸，因為他們逃離社會、獨身隱居在荒野，仍屬潔身清白，權衡世道而隱身也算適當的。至於孔子呢，他認為自己與這六位逸士都不同，他是因時制宜「可進可退，可久可止」，該怎樣做便怎做的。孔子的品格就不是與逸士相同，正如孟子所說「聖之時者」。

興滅國，繼絕世，舉逸民，天下之民歸心焉。（堯曰）

《論語》的最後一篇「堯曰」有全書結論性質——歷引古聖（堯、舜、禹、湯、文、武、周公）的重要施政原則。在周朝，採取「興滅國、繼絕世」——對黃帝、堯、舜、夏、商這些已滅絕朝代的後代加以封爵，禮遇重用隱逸在野的有才德的賢者，這樣就發生「四海民心歸向」的重大作用。按這句「舉逸民，天下之民歸心焉」是後世有關隱逸史書常引用的話。

到了孟子，對伯夷等高士的論述更多了，例如：

> 故將大有為之君，必有所不召之臣，欲有謀焉則就之。其尊德樂道，不如是，不足與有為也。（公孫丑下）

孟子說，任何有大作為的君王，必然是崇敬有道德、高品格的逸民高士的，君王如有事想請教他則應親自前往拜訪，不可以召喚他前來。如果不能做到這般尊重有德之士，這個君王就不可能有什麼大作為的了。孟子這段話很重要，歷代君王之所以講究「禮賢下士」，應該是受這段話的啟發。

> 孟子曰：伯夷，聖之清者也。伊尹，聖之任者也。柳下惠，聖之和者也。孔子，聖之時者也。孔子之謂集大成。（萬章下）

孟子在此把兩位高士（伯夷、柳下惠）同一位政治上的聖人（伊尹）及文化上的聖人（孔子）相比較，認為他們都是聖人，但各自特長有所不同。至於說他們的特長（清者、任者、和者、集大成者）的理據何在？欲知其詳可參考《孟子‧萬章下》的原文，於此不贅。

孟子曰：聖人，百世師也。伯夷、柳下惠是也。故聞伯夷之風者，頑夫廉、懦夫有立志。聞柳下惠之風者，薄夫敦，鄙夫寬。奮乎百世之上。百世之下，聞者莫不興起也。非聖人而能若是乎？（盡心下）

孟子在這段話，把伯夷、柳下惠看作可以影響百世清正的聖哲，是後世的老師。因為伯夷的精神，會令頑劣的人變得廉潔，使懦弱的人學會剛強有志氣。柳下惠的融和精神，會令到刻薄的人變得敦厚，卑鄙的人學會胸懷寬廣。

在《禮記》的〈儒行〉篇，有段文字更清楚地概括出一位高士的具體風格：

儒有上不臣天子，下不事諸侯；慎靜而尚寬，強毅以與人，博學以知服；近文章，砥厲廉隅；雖分國，如錙銖；不臣不仕。其規為有如此者。

這段話的意思是：一位儒者的風格是上不做天子的臣子，下不當諸侯的官吏；心神謹慎寧靜而開朗，個性剛強堅韌但不拒人於千里，學問廣博而曉得如何實踐，喜好文章而能磨礪氣節；即使有人把國家政權分給他，在他心目中不過芝麻一般的瑣碎事，因為他絕不肯做別人的臣子，也不求做官。儒者的規矩行為是這樣高尚的。

綜合上引《論語》、《孟子》及《禮記》的論述，我們便可對「高士」的特色、風格、在社會的地位、被崇敬的理由等等，均有完整的理解了。漢朝以後的有關史書，對「高士」或「隱逸」的論述與評判，都不出儒家這三種經典的範域。茲略引有關記載如下文。

首列《逸民列傳》專篇的《後漢書》，在分列個人事蹟之前，有一篇敘文云：

> 易稱：遯之時義大矣哉！又曰：不事王侯，高尚其事。是以堯稱則天，而不屈潁陽之高；武盡美矣，終全孤竹君之絜。自茲以降，風流彌繁；長往之軌未殊，而感致之數匪一；或隱居以求其志，或迴避以全其道，或靜己以鎮其躁，或去危以圖其安，或垢俗以動其概，或疵物以激其清；然觀其甘心畎畝之中、憔悴江海之上，豈必親魚鳥、樂林草哉？亦云性分所至而已。故蒙恥之賓，屢黜不去其國；蹈海之節，千乘莫移其情。適使矯易去就，則不能相為矣！彼雖硜硜有類沽名者，然而蟬蛻囂埃之中，自致寰區之外，異夫飾智巧以逐浮利者乎！荀卿有言曰：「意志修則驕富貴，道義重則輕王公也」。④

此段文長，為省篇幅，故不再逐句語譯，只是指出其中三個重點：

把高士之行上引到《易經》來解釋，就是有玄學的依據，《後漢書》可說是首開其端的，嗣後歷來有關文獻常常仿此。此其一。

《易經》牽涉到的爻辭有三卦，即：蠱卦上九：「不事王候，高尚其事」，這是說高士的品格。賁卦六五：「賁于丘園，束帛戔戔」，這是說高士逸隱在山林，穿著簡陋的衣裳，過著簡樸的生活。遯卦則有較詳的論述，彖辭：「遯之時義大矣哉！」象辭：「天下有山，遯，君子以遠小人，不惡而嚴。」爻詞九四：「好遯，君子吉，小人否。」九五：「嘉遯貞吉。」由此可知，《後漢書》此段文字開頭，即是引遯卦及蠱卦的爻辭而立論的。此其二。

隱逸的高士為何能做到「糞土富貴，敝屣王侯」呢？此文說出兩個原因：一為「性分所至而已」，有些人的個性本來就喜好這樣的。二為正如荀子所說的：「志意修則驕富貴，道義重則輕王公也」⑤，一個人有確定的高操志向，就不在意世俗的富貴了；一個追求道義境界的人，就會瞧不起官場的位子了。此其三。

凡事有利自有弊。隱逸之士既為眾望所歸、朝廷所重，必然產生冒濫之徒，假借隱逸以博清譽、以邀名位。尤其唐代，社會昇平，佛、道二教興盛，與傳統儒家的高士相融會，各派隱逸之士眾多，致多有「終南為仕途捷徑」喪失高行的例子發生。大抵因此之故，《唐書》列傳的「隱逸」篇序文便將隱者分為三等：第一等是有真實高操品德的，他雖藏身在民間草野，但終會實至名歸，獲得君王的崇敬禮聘。第二等是談不上高操品德，只是難以適應俗世的生活，對名位能受能辭，由是使君王產生敬佩之情，還自覺對他禮敬得不夠。第三等是根本沒有什麼品德才能，只是個性喜歡山林的寧靜，故隱居丘園不再踏入俗世社會，這樣也會使人覺得他高風格，沒有人敢於批評他了⑥。

士貴立志

上節我們已從中華文化的深層義理中去瞭解隱逸高士的特色，現在回到本題研究南老師這句「買票不入場」之言的真實涵義，也就是從我所知的老師實際用捨行藏去瞭解他的風格。

早在一九四〇年代，南老師曾任成都中央軍校政治指導員，實際職務是教軍官團的武術；因此認識很多黨政界朋友，如果他想投身政治是很容易的事，甚至在仕途上飛黃騰達也大有可能。但他的志趣全不在此，公餘之暇只想到處去求仙訪道。後來，在成都青城山靈岩寺結識了當時的禪宗大師袁煥仙，並拜在袁大師門下，從此專心於禪法，摒棄其他旁門左道，努力創建「維摩精舍」，更無意於政治仕途了。尤其抗戰勝利後不久的一九四六年，袁大師當上了制憲國民大會代表，在南京成立「首都維摩精舍」，許多國民黨政要，如陳誠、陳立夫等都來執禮，也就是南老師與政壇熱門人物有更密切的交往。這裏顯然就是一條「終南捷徑」，但南老師根本就不走這條路，一心循著「驕富貴、輕王公」的境界邁進。

他雖樂處這高超的境界，但不是說他沒有世俗的人生目標，早在一九四七年他就寫了一首「自題照影」詩以明己志：

> 不二門中有髮僧，聰明絕頂是無能。
> 此身不上如來座，收拾河山亦要人。⑦

我在臺灣時初見此詩，只被「收拾河山亦要人」一句的大氣魄所震懾。隨著年齡的增長，研究佛學亦漸入深境，更覺得此詩涵義深湛：

「不二門中有髮僧」，老師自陳一生要行的正是居士禪路綫，亦即「維摩路綫」；因為《維摩經》有「入不二法門品」，故此句應是指此而言。惟佛教所謂「不二法門」涉及極深的理論，此問題留待後文第六章再詳究，於此不贅。

第二句「聰明絕頂是無能」，則是體現出佛教的般若思想境界，這種深奧的境界很難表達，佛經上常用詭詞（Paradox）來說明，例如《金剛經》上說的「如來說諸心，皆為非心，是名為心」、「所言一切法者，即非一切法，是故名一切法」等語句都是詭詞方式，這問題也涉及佛法甚深奧義，留待後文第六章再說。

我現在要提出的是，南老師這句「此身不上如來座，收拾河山亦要人」的大悲願。

如與文天祥的千古名句「人生自古誰無死，留取丹心照汗青」的大悲壯來比較，又同毛澤東的「問蒼茫大地，誰主沉浮」的大氣魄來比較，不但表現了英豪全然不同的壯志，而且對我們人生意義矢向何方有深刻的教訓意義⑧。

南老師寫這首詩時只有廿九歲，就懷有岳飛的「收拾河山」壯志⑨。河山當然是出了問題才要「收拾」，不過岳飛要收拾的是被金兵侵入而破碎了的山河，而南老師要收拾的卻是被破壞了的中華文化；岳飛秉持的是「國家興亡，匹夫有責」的氣概，南師秉持的是「文化盛衰，儒士有責」的情懷，這種情懷正是中國自古以來的高士志業，也是佛家菩薩道的淑世悲願。相對於此而言文天祥，他是達到了孔孟之道的最高境界——成仁取義，這是具體證明了人類確有一個「道德理性」實體，方克臻此。他拋棄了自己短暫的肉體生命而轉換成全中華民族的永恒靈魂，這就印證了「人雖有限，但可以做到無限」這句話的真實性。相對於此而言毛澤東，他要主宰大地的沉浮，依佛學而論，這是一種「我執」，由此而輸出龐大動能，終於使他成就了登峰造極的政治權位。由此比較，可見志向對人的重要性；有怎樣的志向才有怎樣的事業。中國南方民間常見「心想事成」春聯，其真義當指此而言。

在臺灣的風格

東漢范滂論一位真正的高士，其風格是「隱不違親，貞不絕俗；天子不得臣，諸侯不得友」⑩，南懷瑾先生自一九四九年到了臺灣後，不論是直接受他教育過的學生，乃至間接受他啟迪的人士，大家公認他的風格正是如此；從許多人在他逝世後撰寫的紀念文章，皆可作各方面的印證，在此不必詳加引述了⑪。這裏只就南先生對二位蔣先生的態度這一重點來談，以見其真正的高士風格。

南先生到臺灣後，大約有十七年之久，都處在生活艱難的環境。但無論環境如何惡劣，他都不會放棄自己的文化使命，他在這段期間的言行舉止都是繞著這使命而奮鬥，可以說真正做到了孔子所說的「君子無終食之間違仁。造次必於是，顛沛必於是」（論語・里仁）的境界。

誠如《中庸》所說的「君子之道，闇然而日章」（第卅三章），經過十多年的艱辛，南先生的名聲漸為社會所知了。到了一九六六年以後，南先生個人的文化使命契合了當局的需要，他的文化事業亦因而有了突破性發展。這是因為一九六六年毛澤東正式展開「文化大革命」，在臺灣的蔣介石由是相應地掀起「中華文化復興運動」，在這大局中的南先生的文化使命自然就發生了重要作用。

先是，一九六六年五月十六日毛澤東主導的中共中央政治會議通過了「中國共產黨中央委員會通知」（又稱五一六通知），標誌了「文化大革命」的正式開始。嗣後大陸局勢日益緊張，到了八月八日，中共中央八屆十一中全會通過了「關於無產階級文化大革命的決定」（簡稱十六條），文化大革命於是全面展開。八月十八日毛澤東首次在天安門廣場接見了來自全國的紅衛兵，直到十一月間，陸續接見紅衛兵逾一千一百萬，全大陸進入混亂狀態，受波及的文化界人士不計其數。在這段期間的臺灣，報上天天登著大陸的文革新聞，人們情緒也跟著激動得不可壓抑。就在對岸這種情勢下，是年十一月間老蔣先生決定發起「中華文化復興運動」。

因此，自一九六六年底開始，有好幾年的時間，在臺灣的國民黨主要工作便是積極開展各類的「振興中華文化」活動，南先生也就忙得不可開交了，各大學各機關不斷地請他演講。據說有一次在台中清泉崗演講，老蔣先生還親自來聆聽⑫。

在這幾年林林總總的演講中，最重要的無疑是在國民黨中央黨部大陸工作會的「論語專題講座」；這講座每週三下午三時至五時講一次，一共講了十一個月。每次講後，由中央日報記者蔡策根據現場錄音寫成文字稿，經《青年戰士報》連載，大受讀者歡迎。後來彙集為單行本，這就是南老師的代表作《論語別裁》的來源。包括我在內的很多人，都是因為看了這本書的機緣，才拜在南老師門下受教。

除演講外，南先生在此期間又接受「中華文化復興運動推行委員會」所托，寫作了《佛教概要》及《周易今注今譯》等書，由臺灣商務印書館出版。據說在這段期間，蔣老先生曾邀請老師參與文復會有關的實際工作。這與他始終堅持的「買票不入場」原則有所扞格，他自然不會接受了。但鑒於文化工作的重要性，他就破除萬難，一九六九年八月先在美國成立了一個「東西精華國際總會」，次年春再在臺北成立「東西精華協會中華民國總會」，其章程第四條訂明的宗旨是：

1、復興並闡揚中華文化，促進東西文化精粹之交流。

2、謀求端正世道人心、安定社會，並積極籌辦社會慈善福利事業。⑬

此外，他又在一九七一年初創辦《人文世界》雜誌，編務由學生劉雨虹負責，發行由平鑫濤及瓊瑤主持的《皇冠》雜誌幫忙。這本雜誌主要文章都是南老師親自寫的，這樣就使得他更忙了。他的第二本代表性著作《靜坐修道與長生不老》就是在《人文世界》連載了兩年，才彙集成單行本出版的，所以這份雜誌雖然始終不太暢銷，但對文化的貢獻不小。

這個「東西精華協會」存續期間到底有多大成績，這是小事，真正重要的是：對重建中華文化之覺醒的普及化從此展開了。何謂「重建中華文化之覺醒」？此事牽涉的觀念很深微，留待本書結論（第八章）再詳說。

《荀子》有道：

無冥冥之志者，無昭昭之明，無惛惛之事者，無赫赫之功（勸學）

南老師正是這樣，到臺灣後秉持著「復興中華文化」的冥冥之志，經過廿多年的艱難的惛默奮鬥，到了一九八〇年代，他的志業就昭昭聲譽日隆了。如第一章所述，就在這個年代的初期，我有幸認識了這位老師，常蒙他指點。也就是這時，朝野許多名人都願在他門下受教，他的赫赫盛名震動了蔣經國先生而引起疑忌；南師見機不妙，立即遷去美國，這正是「買票不入場」精神的貫徹。

有一件意義深刻的事，應是很少人知道的。一九七五年四月五日晚，蔣公介石先生在狂風暴雨中病逝於臺北。嗣後南老師即以「東西精華協會」名義，寫了一副輓聯送去中央黨部治喪會：

勳業起南天，北伐功成三尺劍。
神靈護中土，東方感德一完人。

南老師對蔣公有他自己的看法，當時也寫下了一副真實而從未發表的輓聯：

留得賸水殘山，最難料理。
際此狂風暴雨，正好收場！

此外，他還寫一首詩來評價蔣公一生的功過：

平生度德難容物，天下何人真負公？
臣屬無方君德薄，敢將成敗論英雄！

這兩副對聯及七言詩，南老師是於一九九四年五月卅日晚在香港講《中庸》課時說出來的。他還特別指出，公開的對聯中「東方」一詞是指日本而言，因為抗戰勝利後蔣「以德報怨」放棄對日的賠償請求，所以日本人感德他是「完人」了。老師認為這是道家精神，依儒家思想應該是「以直報怨」的，蔣公這做法值得商榷；道家精神應用在個人修持上，治國平天下應用儒家思想才妥當。

南老師選擇這個時機說出這二聯一詩，在坐幾位同學都記下了，而且當場還錄音。當然就是有「留為歷史見證」的深意，也是他對蔣氏政權的「買票不入場」精神的體現。

「舅舅」角色

南先生自一九八八年初從美國到香港定居，後來又轉住上海及太湖畔，直到他在二〇一二年去世為止，在長達廿四年中，他對中華民族有許多貢獻，歸納起來有三大類：一是對大陸實際投資，以示支持鄧小平先生的改革開放政策；投資的項目很多，首要的就是建設金溫鐵路。二是在政治上促進兩岸和平，最大的貢獻就是牽成「九二共識」的建構。三是對宏揚中華文化的貢獻，這方面包涵兒童讀經的推廣，他個人大量宏揚中華文化的著述在大陸廣受歡迎……等等，這是長期默默的貢獻。本節只針對第二類貢獻，就我所知者，對歷史作一交代。

我初到香港之前，由南先生牽頭，海峽兩岸的「密使」已多次齊聚在香港寓所，達成了多項共識，這是新加坡「辜汪會談」的先導，也是雙方達成「一個中國、各自表述」的「九二共識」的來源。

國共雙方你死我活地鬥爭了幾十年，現在卻經由一個「方外人」的管道雙方接觸，密談出多種共識，那麼這位南先生到底扮演什麼角色？這是一個有趣的問題。

如果說南先生的角色是「媒介」、「中間人」，甚至為「政治掮客」之庸俗性質，那不但有損他的地位，更不會成什麼事了。孔子有云：「名不正則言不順，言不順則事不成」，睿智如南老師當然不會扮演這種角色。

我到香港後，他一再跟我提起這個角色的問題；可能他認為我是研究中國古法律的，應了解他的理念。他說：「你知道嗎？照我們中國人的傳統禮法，如果兩兄弟爭吵得不可開交，只有請舅舅出面調解最適當；因為舅舅既是長輩血親，又不涉及兩兄弟本家的利害。國共兩黨本來就是孫中山先生領導下的兄弟關係，父親逝世後卻吵了幾十年，現在只好找出我這個舅舅來調解了！」這是我聞所未聞的論調，細細想來實有至理。這才是真正的中華傳統文化精神！但包括我在內的一般人卻忘了。國共兩黨最原始的政治動機是絕對一致的，那就是「救國」，用孫中山遺囑的話來說就是「余致力于國民革命，在求中國之自由平等」，因為自從一八四〇年代鴉片戰爭以來，中國遭外人欺侮得實在太嚴重了，真有被列強豆剖瓜分而亡國的危機，凡有志氣的中華兒女莫不懷有「救亡圖存」的情操與志願。至於兩黨的政治路線各有不同，只不過是「救國方法」之異而已。「救國」這個動機與目標才是根本的，「方法」不過次要之義，正如俗語有道：「兄弟登山，各自努力」，各自不妨爬行不同的路線努力去攻頂。經過長達七十年的相爭，中共早已大贏了，贏者該有海涵，在情理上包容這位同出一源的國民黨兄弟才是。南老師大概就是本著如此傳統文化思路，經老朋友賈亦斌特地到港找到他央求幫忙，他便二話不說扮演起「舅舅」之角色來了。

密談經過

綜合現在已公開的各種資料，以及我在香港時從南老師口中親說的所聞，他這位「舅舅」促成兩岸密談的過程大要如下：

按一九八八年元月十三日蔣經國先生逝世。南先生盱衡大局，認為沒有必要繼續在美國居留了，於是在同月底啟程，卅一日抵港。自此在香港居留十五之久，才遷往上海、太湖。

一九八八年二月五日淩晨，南先生忽然接到北京專程來港的老朋友賈亦斌先生電話。按當時已七十六歲的賈先生，職務是北京全國政協常委、民革（中國國民黨革命委員會）副主席。當晚，他同南先生在香港中環麥當勞道的臨時寓所見了面。相隔四十年的老友重逢，興奮不已，乃作徹夜長談。賈先生的現職與此次專程來港的目的很明確，就是要請南先生出面，試為兩岸和談開闢出一條新道路。為何要找南先生？北京當然很瞭解，南先生不但在臺灣有眾多弟子位居黨、政、軍、商、學高位，而且有世界性的知名度，更重要的是他可能同新當權的李登輝說得上話。賈、南二人見面之後，大抵越談越投機，竟然在港停留了一個月，兩人談了七次，直到南先生答應出面當調和兩黨的「舅舅」為止。三月五日賈先生才回北京覆命。

四月廿一日，賈亦斌帶了楊斯德來港拜訪南先生。楊是鄧小平的親信，當時任「中共中央對台辦公室」主任；身為北京中央對台事務的總管，竟親自蒞港，可見北京真的鄭重其事了。楊在香港停留一週，三人會談了許多次。會談最大成果是：使南老師明白了北京真有和談的誠意，並瞭解中共當前政策是「堅持和平統一，但不放棄武力」。三人每次談話都做了現場錄音，事後製作成三份，一份由楊帶回北京作上報用，一份立即派人送到臺北給李登輝，一份留在老師處存底。錄音帶送到臺北後，南老師還親自打電話給蘇志誠，要他面告李登輝趕快派人來港商議，但一直沒有下文。按蘇任職《臺灣新生報》記者時曾到老師處聽過課，也算是南門學生，此時已成為李登輝的親信，職務是「總統府辦公室主任」。兩岸密談自此停頓了一年多。

一九八九年十二月二日，蘇志誠首次奉李登輝之命來港見南老師，目的是邀請老師回臺灣一趟，以便面談共商大計。

南先生遲至一九九〇年九月八日下午才回臺灣，當晚即見李登輝面談。翌日晚又會談一次。南滔滔不絕地談中華文化與應求中國統一的民族大義，李不斷點頭稱是。據說南先生曾直言：「我希望你不要做歷史的罪人！」登時，李登輝不知如何應對，一臉尷尬地送別了南先生。這是南先生自一九八五年離台赴美直到二〇一二逝世於太湖止，廿七年間唯一的一次回台，一片丹心望兩岸兄弟和好，但結果並不愉快。

一九九〇年十二月三十一日，李登輝正式派出蘇志誠到香港，在南老師引薦下同北京派來的賈亦斌、楊斯德見面。這是國共雙方經過鬥爭五十年後首次正式接觸，歷史意義很大。首次見面的翌日是元旦，他們又長談了一次。談話的全程都錄了音，由雙方帶回去。這次會談的主要內容是：蘇志誠表明李登輝將在五月一日宣布終止「動員戡亂時期」，以表示兩岸和平的誠意，並向對方解釋了有關「國統會」及《國家統一綱領》的構想與職能。楊斯德則表示，「中共中央對台辦工作會議」已確定以李先生為談判對手，並解釋中共之所以不放棄武力，不是針對臺灣同胞，只是針對外國勢力。他並建議，今後兩岸沒有了敵對狀態，不要零碎地做工作，應該雙方坐下來談好政治及軍事的基本方案，這樣便可從根本上解決了兩岸今後的問題。對此提議，蘇志誠當然不敢表態贊成與否。南先生一看怕成僵局，乃以「舅舅」身分提出上、中、下三策來了：

上策。成立一個「中國政經重整振興委員會」，其精神指標是修改兩岸歷來的憲章，在內容上要融合東方及西方優良文化乃至新舊百家思想，這樣來修成「具有中華文化特色的社會主義憲法」。委員會的成員，包括兩岸國共兩黨及其他黨派的人都可以派人來參加。關於國號、年號問題可以在這機構中商量確定。這個委員會實質就是全體中國人的「國統會」，是臺灣要設的「國統會」的超越與擴大。

中策。大陸劃出一塊地方，從浙江省溫州到福建泉州、漳州到廈門為範域，而臺灣則劃出馬祖島到金門島，合起來建構一個「兩岸經濟特區」，並吸收海外華僑、港澳、臺灣等地百年來的工商經濟經驗，大家有錢出錢、有力出力，做成一個「發達的新中國」之基地或樣板。這個基地最重要的功能是經營南洋，控制東沙到南沙群島的海域，確實建構成掌控南海的軍事、經濟力量。

下策。只是對兩岸經貿、投資等通與不通的枝節問題商討辦法。例如雙方如何交換能源、煤碳等生意問題。

南先生這種提法，其氣魄比起諸葛亮的「隆中對」有過之而無不及！雙方人員只有不斷點頭說是，沒有辦法明確表示可否。其實在場的人都明白，兩岸未來如何走，仍只能是「摸著石頭過河」，能夠做到「下策」就不錯了。這次歷史性會談就這樣結束了。

一九九一年二月十七日，大陸派出賈亦斌、楊斯德及一位年輕人共三人來港，同臺灣來的蘇志誠、鄭淑敏及尹衍樑見面，作第二次的會談。按鄭女士時任中國電視臺的董事長，尹先生則是大商人，二人都是同李登輝接近的。此次會談沒有什麼成果，因為臺灣方面準備三個月後就宣布「終止動員戡亂時期」，希望大陸有好的表示，如此可增加李登輝在臺灣內部的聲望。不料楊斯德對此不以為意，強調如何定位兩岸的關係，將來要做到「三停止」（停止軍事對峙，停止一切敵對行動，停止一切危害兩岸關係和統一的言論和行動），才是重要的。這次會談過程由鄭淑敏記錄，蘇說將對方的意思回報。這次密談就這樣，沒有什麼交集而散了。

一九九一年三月廿九日，在香港堅尼地道新居進行第三次會談。北京派出楊斯德及二位工作人員，賈亦斌這次沒有來了。臺北方面仍是蘇志誠及鄭淑敏。因為雙方談判漸漸深入到核心問題，大陸要求的不是單純的「兩岸和平協議」，而是「和平統一協議」；

相反的，李登輝心中想要的只是「和平」，而不要「統一」；這也是台獨一貫以來，直到今天的蔡英文仍是這種動機，中共當然不會上當。南先生一看雙方氣氛弄得很僵，就提出一個八字方案：「和平共存、協商統一」，希望雙方有轉圜餘地，希望雙方簽字後帶回上級批准就有「條約」效力，如果不批准也沒有關係，因此變成一篇「文字性語言」而已。結果蘇志誠爽快地答應簽字，楊斯德則不肯簽。其實楊不簽才是對的，因為李登輝慣於玩弄文字遊戲，包括林洋港、李煥、郝柏村在內的一群國民黨大員都上過他的當；一直到今天的蔡英文更是青出於藍（詳見本章附載）。且看這「八字方案」的涵義，前四字「和平共存」是確定的，正合李登輝胃口，後四字「協商統一」語義卻是不確定的，統一問題留待以後慢慢「協商」可也！這才是蘇志誠之所以爽快答應的心中真實算計。因此，我認為，南先生的美意很易被李登輝的算計所乘，楊的謹慎是對的。於是，這次會談等於不歡而散了。

六月十六日，雙方展開第四次密談。臺灣來人依然是蘇志誠、鄭淑敏。北京此際對台辦領導人已換成王兆國，此次派一位鄭先生為代表來香港會面。蘇反覆要求中共多考慮簽「和平協定」，大陸代表則表示這次來的任務只是告知「中央對台」的領導班子已改變，並誠懇邀請蘇志誠去北京同中共高層直接密談。這次會面，沒什麼具體成果就結束了。

十一月間，尹衍樑帶了許鳴真等人來港見面。許鳴真曾任陳賡大將的秘書、哈爾濱軍事工業大學校長等要職，在中共高層敬稱為「許老爹」。現已退休，是江澤民總書記的親信，此時出面，顯然是北京高層刻意的安排。南許二人一見如故，很快成了好朋友。從此，無論政治問題、金溫鐵路問題，乃至中華文化問題，無不經許老爹的奔走協調。他這次同南老師見面後，迅即到上海聯絡汪道涵。後來，汪也成了南的好朋友。

同年十二月二日，在南先生安排下，許鳴真與蘇志誠在南寓首次見面，自此在許鳴真密集協調下，兩岸準備新的一輪密談。

一九九二年六月十六日，雙方進行第五次密談。北京派出汪道涵、楊斯德及許鳴真，臺灣依然蘇志誠、鄭淑敏，南先生安排他們住在香港中環希爾頓酒店，雙方展開新的一輪密談。南先生對臺灣方未派份量與汪老相當的代表來會談，感到很失望，但仍勉強主導了這次密會。在會談中，雙方對原則性的實質問題沒有交集，不過接受了老師的建議，敲定了首次在新加坡舉行「辜汪會談」的日期等事宜。會中蘇志誠代表李登輝邀請許鳴真到臺灣一行。不久之後，許鳴真到臺灣見了李登輝，回到香港對老師大搖其頭，說：「李登輝這種人令人十分失望！」會談到最後，老師作結論，他拿出一封用毛筆寫好的信，提出三條基本原則：

和平共濟協商統一建議書

有關兩岸未來發展問題，適逢汪道涵先生、楊斯德先生、許鳴真先生等與蘇志誠先生等，先後在此相遇，廣泛暢談討論。鄙人所提基本原則三條認為：雙方即應迅速呈報最高領導批示認可，俾各委派代表詳商實施辦法。如蒙雙方最高領導採納，在近期內應請雙方指定相應專人商談以期具體。如未蒙批示認可，此議作罷。

基本三原則三條：

一、和平共濟，祥化宿怨；

二、同心合作，發展經濟；

三、協商國家民族統一大業。

具建議人　南懷瑾敬書

一九九二年六月十五日于香港⑭

正如南老師預料的，雙方雖在口頭上都贊成老師的建議，但都不敢簽字認可這三原則。老師之所以依然提出這建議書，不過為了對歷史有個交代罷了。

他扮演這位「舅舅」角色，促成上述兩岸的五次密談，到此也結束了。大陸這時已成立了「海峽兩岸關係協會」（簡稱海協會），由汪道涵先生領導；臺灣也相對地成立了「財團法人海峽交流基金會」（簡稱海基會），由辜振甫先生領導，雙方終於一九九三年四月廿七日至廿九日在新加坡進行了首次公開會談，並達成多項事務性協議。

由南懷瑾先生引導的雙方歷史性密談，南先生雖然自己下個斷論：「是一場愚痴無智的誑語笑談會」，其實這只是他的自謙話，如果沒有這五次密談，是否會有後來辜汪的正式會談，著實是可疑的；如果沒有辜汪的正式會談，達成「九二共識」，兩岸能否維持和平到今天長達廿四年之久，更是可疑的。故南先生的一場「舅舅」苦心，絕非白費力氣。

「九二共識」的關鍵點

「九二共識」的核心內涵是「海峽兩岸同屬一個中國」，這對國民黨而言，根本不成其為問題，因為國民黨自始以來就是認定這個核心內涵的。當時為什麼又需要有個「共識」？其關鍵點則在對「中國」的認知問題，說實了就是「中華民國」這個國號問題。

因為「中華民國」這個國號來自孫中山先生，在大陸是推翻滿清專制皇朝的合法政權，而且存在了三十八年。一九四九年蔣介石先生領導這個政權退到臺灣，並非表示這個政權已被消滅，只好比一個大公司縮小了它原有的營業範域而已。這是歷史事實，中共自不能不尊重。南先生把這個問題明確地向汪道涵先生提出來，認為兩岸和平合作，這個問題必須先想辦法解決。大概北京經過詳細的研究，才承諾作出一種權宜之計的解決，就是所謂「各自表述」：北京所說的中國是指「中華人民共和國」，而臺灣所說的中國是指「中華民國」，這樣等於各說各話，但互不予以否定對方的說法，當然也不算承認對方的說法。這是一種「創造性的模糊」，有便於解決當前的兩岸難題。這便是一九九二年間兩岸多次秘密來往後得出的結論，後人稱之為「九二共識」。

其實早在一九九〇年我到北京，曾與熊向暉詳談，也接觸到這個問題，他說這個國號問題雙方可以商量解決。由此可見，中共對此問題早已有彈性腹案，南老師在二年後首先提出此事而得到這種權宜解決方式，可說是順理成章的⑮。

蔡英文自二〇一六年五月始執政，居然不承認「九二共識」及其核心內涵，絕對是荒唐的，只有帶來兩岸動蕩不安之結果，甚至導致「中華民國」的真正滅亡。她之所以堅執此危路，根本原因是她的「台獨」心態。在策略上則基於三種考量：一是以為玩弄美麗詞語就能唬住北京當局。二是爭取時間在臺灣內部搞「柔性臺灣」增長「抗統」力量。三是外部走「靠美親日」路綫，望藉外力抗拒大陸的「武統」。其實這三種考量都是她個人編織幻夢而已！因為「統一中國，復興中華」是全民族普遍的願望，臺灣同胞終究也容不得她阻礙這個大目標。鬥爭經驗舉世無匹的北京當局又怎會接受可笑的詞語唬弄？而所謂「去中國化」的伎倆只有增加全民族的憤怒而已！至於美日強權今天已江河日下、多方自顧不暇，哪可指望來干預臺灣？我可斷言，如果南先生在世，對蔡英文的危險路線，必反對到底；還會賦一首笑話詩來嘲諷一番！

高風亮節

無論從任何角度看，南先生自一九八八年抵香港到二〇一二年在太湖畔逝世為止，他在這廿四年間所作所為的一切，都是為了貢獻中華民族，希望中國真正復興強盛，湔雪自鴉片戰爭以來的民族恥辱。而且，他的一切貢獻真正做到了無私無我的境界。中共中央當然瞭解這一切，故早在一九九四年八月間，江澤民總書記就透過許鳴真，誠懇邀請南老師到北京見面，並定居內地。老師寫了一封信婉謝，又寫了一首詩以明志：

> 徒負虛名去住難，謀身謀國兩無安。
> 此生猶似巢空鳥，只合穿雲望眼看。

依拙見解讀，這首詩的文字雖顯淺，內涵卻甚深湛，更透露出南先生這位高士的真正格調。茲疏解如下：

第一句的「徒負虛名」是謙虛話，當時他早名震中外，他的地位是「實至名歸」，絕非像一般的「名人」只是一個虛名而已。一個人既然有了如此名位，凡事自不可孟浪處理了。至於「去住難」則是對北京中央好意邀請的婉謝；意味著對此行並非斷然拒絕，而是鄭重考慮了，去也不是、不去也不是；現在決定不去，只有懇請你們多諒解了。

第二句「謀身謀國兩無安」，此言的涵義可深了！如果他像古代伯夷、叔齊的高人，跑到山野去不食人間烟火了，根本就沒有「謀身謀國」的問題。如果他像北禪神秀一樣，多向當局提供卓見，扮演「國師」的角色，必受當權者的照顧，也就沒有「謀身」的問題了。如果他像唐代一些隱士一樣醉心於「終南捷徑」，只是富潤了其身，不可能有什麼「謀國」的貢獻了。誠如上引東漢范滂所言：「隱不違親，貞不絕俗」，南老師一生正是如此，既「謀身」——以求自力解決自己的生活，又「謀國」——凡有利于國家民族的事都盡心盡力去做。在謀身、謀國之上把握住一個「買票」而絕不「入場」的原則，這就保持了「天子不得臣、諸侯不得友」的高操風格。

第三句「此生猶似巢空鳥」，這是佛家的「一切智」出來了！這隻「鳥」不但飛翔在自由的天空，連所謂「巢」也是築在空虛中的。這便是佛經所說的「以無住為本」，也就是《金剛經》所說的「應無所住而生其心」。如此說來，南老師的境界是依據佛家的智慧而為的；比起中國歷史上的高士更高明了，因為那些像伯夷叔齊的人之所以隱逸，只是「性份如此」——其天性資質使然，並非基於什麼高深的義理而刻意如此的。

第四句「只合穿雲望眼看」，這在文意上是上句的完整敘述，在義理上正是禪宗的境界，也就是回歸到本章的主題：南老師對政治的基本態度就是「買票不入場」。如何不入場？就是保持距離地「穿雲望眼看」——自己站在無邊的太虛上，透視雲層，回頭下望人寰處，不由感嘆一聲：

野草閒花滿地愁，龍爭虎鬬幾春秋？
舉頭吳越齊秦楚，轉眼梁唐晉漢周。
概世盡從忙裏老，何人肯向死前休？
賢愚千載知誰是？滿眼蓬蒿共一丘⑯。

正因南老師如此境界，如此態度，所以直到他逝世，從沒有到過北京。

第四章 附注

①梵志，是婆羅門教（brāhmana）的修行者（Veda），又稱為「梵士」。古印度有關「梵志」，記載在《吠陀》、《奧義書》、《摩奴法典》等經典中。大致規定：人到一定年齡（約五十歲）須離家到森林中去獨自修行，方能體證到「梵我一如」（人的靈魂與梵天合一）。

可參拙著《佛教戒律學》第二章第四節〈從《摩奴法典》看原始佛教戒律的淵源〉。臺北老古公司版及北京宗教出版社版均載。

②《論語》言及伯夷、叔齊事蹟及人格的，查有〈公冶長〉、〈述而〉及微子〉三篇。「求仁得仁」、「不降其志，不辱其身，伯夷叔齊與？」為孔子對他們的贊譽。

③現存道教有《列仙傳》及《神仙傳》，前者應為六朝後人偽托西漢劉向（77—6B・C）所作，後者則為後於皇甫謐的葛洪所作。而佛家的《高僧傳》有多本，第一本是梁朝慧皎（497—554）所作，成書於西元五一九年。

④見《後漢書》卷八十三・〈逸民列傳〉第七十三。文中的標點符號是作者所加。

⑤見《荀子》修身篇。

⑥原文可參《唐書》卷一九六，〈列傳〉一二一。

⑦這首詩載於《金粟軒紀年詩初集》十五頁，臺灣老古文化事業公司，一九八七年初版。後來老師把這詩的第一句中「有髮僧」改為「我亦僧」，並親自書送給一些弟子。

⑧文天祥〈過零丁洋〉詩：

辛苦遭逢起一經，干戈寥落四周星。
山河破碎風飄絮，身世浮沉雨打萍。
惶恐灘頭說惶恐，零丁洋裏嘆零丁。

人生自古誰無死，留取丹心照汗青。

毛澤東一九二五年作《沁園春．長沙》詞：

獨立寒秋，湘江北去，橘子洲頭。看萬山紅遍，層林盡染：漫江碧透，百舸爭流。鷹擊長空，魚翔淺底，萬類霜天競自由。悵寥廓，問蒼茫大地，誰主沉浮？

攜來百侶曾遊，憶往昔崢嶸歲月稠。恰同學少年，風華正茂：書生意氣，揮斥方遒。指點江山，激揚文字，糞土當年萬戶侯。曾記否？到中流擊水，浪遏飛舟。

⑨岳飛所作〈滿江紅〉詞中有「待重頭收拾舊山河」句。

⑩見《太平御覽》卷五〇一〈逸民一〉。

⑪這些文章，主要收錄在《點燈的人——南懷瑾先生紀念集》，北京東方出版社編輯出版，二〇一三年三月一版。劉雨虹編《雲深不知處》，上海書店出版社二〇一三年九月一版。

⑫參南一鵬著《父親南懷瑾》上冊二一二頁。

⑬此會成立詳情，見《東西精華協會中國總會紀要》。大概情況亦見前注書二二五—二三三頁。

⑭此函原本，見南一鵬前揭下冊五四四頁。

⑮熊向暉原任胡宗南秘書，卻是中共地下黨分子。一九四七年胡軍攻占延安，熊向中共報信，以毛澤東為首的黨中央才得安全走避。故熊立下大功，中共建政後曾任部長級職位。一九九一年我陪陳綏民（大勳）到北京，陳熊二人原有同事之誼，見面後有深入的談話。

詳見《龍旗》月刊一二一期，一九九四年三月號載：余如雲〈熊向暉地下十二年與周恩來〉一文透視。

⑯ 此詩見《廿五史彈詞》卷一，老古出版社一九七八年影印初版。南先生在臺灣時，常喜引用此詩以教學生。

（附載）

蔡英文包藏禍心的詞語遊戲

勞政武 撰（二〇一六、一、廿三）

昨日各報載，對於兩岸的具體政策，總統當選人蔡英文首次提出她所謂的「既有政治基礎」，其內涵包括下列四項關鍵元素：

1、一九九二年兩岸兩會會談的歷史事實，以及雙方求同存異的共同認知。

2、中華民國現行憲政體制。

3、兩岸過去廿多年來協商和交流互動的成果。

4、臺灣的民主原則以及普遍民意。

報紙有評論說，蔡英文今天提出這四點「既有政治基礎」，乃是把兩岸的「九二共識」基礎「砍掉重煉」。依吾人見解，此論還算客氣，蔡英文實質上是高估自己、輕估對岸，還以為用這種詞語遊戲可以繼續唬弄人，使中共跟著她的「溝通、溝通、再溝通」調子走，她便能逐步達成「確保臺灣人民對於未來的選擇權」（台獨）之目標了。

歷數蔡英文解讀「九二共識」的言詞，可見她確是不斷在玩弄著詞語遊戲。她開始是說：「根本沒有九二共識，當然沒有接受不接受、承認不承認問題」。繼之，她另提出所謂「臺灣共識」，籍以對抗「九二共識」，實質涵義無非是「兩國論」的另一種說法。再後來，又提出所謂「九二共識是一個選項，但它不是唯一的選項，兩岸之間應繼續求同存異，好好坐下來談」，這是誤導選民以為她已向「九二共識」靠近了一步，殊不知她此言的重點不是向「九二共識」靠近，而是藏著無盡禍心的「求同存異」四個字（下詳）。現在，又提出上述的「四項關鍵元素」。綜此可証，蔡英文正是不斷玩弄著言辭技巧，來應付這個兩岸重大問題的。

顯然，蔡英文有玩弄詞語的愛好；其習性應與她留學英國研習法律而受到西方傳統的詭辯術訓練有關。原來，西方早在二千五百年前的希臘時代，就有一群人專以玩弄文辭為務，稱為「詭辯家」（Sophist）的；當時他們在各地遊行，以招收學生教人辯論術為生。他們教學生演說術、思辯術，以作培養政治生涯的基礎。普羅達哥拉斯（Protagoras, 約 481 — 411B.C.）是當時最著名的詭辯家，他提出一句名言「人是萬物的尺度」（希文 Homo Mensura Oninium），這句話的「人」不是指普遍的人民，而是指「個人」；這種思想演變結果就成了後世的獨裁主義，只有她個人說的是真理，根本沒有所謂客觀真理；只要自己認定目標就可以不擇手段去達成，沒有什麼道德正義，更沒有什麼親情大愛可言。今天我們仍可在《柏拉圖對話錄》中看到許多詭辯思想言談，其中有個例子很有趣：這位普羅達哥拉斯老師在招收學生時宣稱：「我教的辯論術是最高明的，學成以後可以天下無敵；如果沒有這成果，不收學費。」有位學生學成之後果真拒交學費，老師只好到法院去起訴，要求法庭判決學生應繳費。學生卻抗辯說：「貴庭無論判我勝訴或敗訴，我皆可不繳費。因為：我若勝訴，依鈞庭判決我當然不必繳費。反之，若判我敗訴，這就證明了老師教導不成功，依老師的允諾，我自可不必繳費！」這就是典型的西方詭辯，其實質是一種無情無義的文字玩弄。在我國的先秦時代，也有專務詞語遊戲的「名家」，著名人物為惠施、鄧析、公孫龍等，這班人愛好「治怪說，玩琦辭」，故荀子批判他們「辯而無用，多事而寡功，不可以治綱紀。然其持之有故，其言成理，足以欺惑愚眾」（非十二子篇）。莊子對這幫人瞭解更深，痛斥他們「飾人之心，易人之意，能勝人之口，不能服人之心，辯者之囿也。」（天下篇）。

細究這次蔡英文提出「既有政治基礎」的四項關鍵元素，吾人可以斷定，她依然在玩弄文字遊戲，她的真正目標根本沒有變，她走向其目標的基本手法也沒有變，她只是變換一些語言罷了。茲分析如下：

第一項：要害仍在於「求同存異」一詞。兩岸早已達成的「同」——（兩岸同屬一個中國之共識），她絕口不提，卻不斷說「求同存異」，那就是運用「求同」一詞，來否定「已同」的共識。「求」同者，因為從來就沒有什麼「一中共識」，但它是一選項，今後繼續「追求」可也！這就難怪她不斷說「溝通、溝通、再溝通」了。她用「一九九二年兩岸兩會會談的歷史事實」的說法來掩蓋了這段歷史事實的真正內容，取得美國人的誤信，更騙得了六百多萬選票，真是「足以欺惑愚眾」！她的足智多謀，比普羅達哥拉斯那位狡黠的學生也不遑多讓了。

第二項：這不過是依然要借「憲政體制」之殼以便上「台獨路線」之市而已，絕對不是向中華民國「靠近」或有什麼「善意」。否則，她何以堅持不承認「一個中國」？因為「中華民國」這塊招牌的歷史與憲政實質內涵就是「代表一個中國」。今天兩岸雖已分裂六十年，但不是「主權分裂」，只是「治權分裂」罷了。蔡英文不正視這鐵的事實，卻奢談什麼「中華民國現行憲政體制」，依然在玩文字魔術而已。

第三項：這不過是要「收割」國民黨過去八年在兩岸上所累積的成果罷了，無待再贅言分解。

第四項：臺灣「民主原則及普遍民意」固應尊重，但這裡有個易被人忽略的大前提：「臺灣民主」是在兩岸「治權分裂」下的產物，而不是「主權分裂」下的結果；具體言之，只有在承認「兩岸同屬一個中國」的大原則下，才有「臺灣的民主」可言，臺灣甚至進而可以成為全中國的楷模，這才是臺灣未來最康莊的「選項」。如果蔡英文仍以「兩國論」的狹隘思維邏輯去看待這個問題，那就無異拿「臺灣二千三百萬人的民主民意」去同十三億同胞的整體意志作對抗了，其結果必然凶險！須知中華民族自一八四〇年代以來受盡欺凌，經過一百七十年的曲折艱難奮鬥才走上今天可望復興之路；這是沛然莫之能禦的全民族願力，不是任何勢力所能阻抗的。身為中華民族一分子的蔡英文，若以為玩弄一番言詞遊戲便可以達成其分裂中華民族、阻礙民族復興之目標，真是太不自量力了，對自己的民族也太沒有感情了，在道德評價上即屬邪惡。

運用語言文字，是人類特有的才能，其他動物皆沒有這種稟賦。語言不但是吾人與外界溝通的工具，而且也是吾人內部思想的工具，所以語言是非常重要的。但語言本身有其缺憾，如無足夠的訓練，其缺憾會反過來束縛了人的理智而不自知，像古代西方的詭辯學者及中國的名家便是這樣，莊子所說「辯者之囿也」就是此意。佛教對這問題最瞭解，龍樹菩薩的《中論》要旨就是要「善滅諸戲論」，即教吾人不可被世俗的語言文字所束縛。蔡英文顯然被自己的詭辯習性所囿了！她已當選總統，卻依然企圖運用辭語來狡辯，乃至不顧一個政府的延續性誠信，去否定「一中各表」的兩岸共識；更有甚者，此共識既經對岸最高領導人習近平一再確認，甚至說出「地動山搖」的警示，蔡英文依然頑辯到底；此舉無異對習先生一大羞辱，由此引來不測之禍是臺灣全體人民的大不幸了。

二〇一六、一、廿三于淨名文化中心　發表

中國人反獨護國大同盟
中國全民民主統一會　同發
中華民國新住民文化協進會

第五章　見義勇爲

——南先生的儒家思想與行宜

依我管見，南懷瑾先生一生的著述雖有數十種，但真正有代表性的應只算三部：《禪海蠡測》、《靜坐修道與長生不老》及《論語別裁》。《禪海蠡測》成書於一九五五年，當時的臺灣社會仍在文化洪荒中，連一部像樣的佛經都沒有；而南先生則窮居在基隆的陋巷，竟不顧一切困難而撰成此書，延續佛道二教之慧命，有劃時代的貢獻。《靜坐修道與長生不老》成書於一九七三年，內容是有關佛家及道家的修行方法，極有實用價值，在臺灣連續印行了數十版，並翻成多國文字，後來風行於全世界。但無論如何，這兩部著作還只限在釋道二教的讀者中流行，其影響力的普及性遠遠比不上《論語別裁》。

為什麼會如此？正如南老師常比喻的，儒家好比糧食店，人是一天都不能不吃飯的。

很多非佛道門中的人，一旦接觸到這部著作，立即產生了很大的興趣；很多軍、公、教、商、學界人士看了這本書，多多少少都修正了原有的觀念與為人處世行為；還有更多的社會大眾因為這本書而重新認識了「中華文化」的優秀，進而重拾失去已久的作為一個「中華兒女」的信心。

《論語別裁》真是功德無量！本章就是以這本書為主要線索，來闡明南先生的儒家思想與行宜。

講《論語》的緣起

南先生雖然兼攝了儒、釋、道三家學問，其終生的行宜也貫徹了這三家的精神，但他比較偏重的仍是儒家。試看他早在一九六二年九月廿八日孔子聖誕所作的《孔子新語自序》便有明白的交代：

> 髫年入學，初讀四書；壯歲窮經，終慚三學。雖游心於佛道，探性命之真如；猶輸志於宏儒，樂治平之實際。況干戈擾攘，河山之面目全非；世變頻仍，文教之精神隳裂。默言遁晦，滅迹何難？眾苦煎熬，離群非計①。

這篇文章是老師親筆用文言文寫成，他的著述很少是這樣的，為方便現代年輕讀者，試為疏解如下：

南老師自幼年就讀私塾，開始就是熟習四書（論語、孟子、大學、中庸）等儒家典籍。到了廿多歲的青壯之年，才有機會深研佛教經典，但始終未專門沉浸在佛門的三學（戒、定、慧）之中，他為此甚感慚愧。他也曾把心思放在佛、道二教之中，望能探明人性與命運到底是怎麼一回事，更望能進入不二法門中的「真如」境界，而悟得人生的真諦。但他的志向依然未放棄宏揚孔孟之道，因為他比較喜歡「治國平天下」的實際學問。何況處在這個國家戰亂不已、河山面目全非的變幻亂世，人文精神已遭破壞無遺，如果他也學古代的隱士，逃避亂世而只求個人的恬靜，是很易做到的事。但眼見社會大眾在痛苦中煎熬，又於心何忍？故在這種時代，他若離群索居，無論出家為僧或隱山林，都是不對的人生路線！

差不多在同時發表的一篇《孔學新語發凡》中，他把「五四」以來一些人要「打倒孔家店」所造成的惡果，剖釋得十分痛切。他坦言，「孔家店」在四十年前的那個年代，是否應該打倒，實在很有問題。他個人所遇的種種危難，並不可怕，眼見我們歷史傳統的文化思想快要滅絕了，那才是值得震驚和悲哀的事；因為他認為「國家不怕亡，亡了國還有辦法復國，如果文化亡了，則從此永不翻身。」試看古今中外歷史，文化亡了的民族而能翻身的，史無前例。所以對於文化重建的工作，我們這一代的責任太重大了，絕不能讓它在我們這一代的手中斷送掉②。

任何一位儒家的仁人志士，必然懷著「天下興亡，匹夫有責」的自發性責任感，遇有機緣，便做出具體的「見義勇為」行動。南先生就是在如此強烈的責任感驅使下，約自一九六二年開始，不顧個人一切困難，講述《論語》，也就是見義勇為地負擔起中華文化的存亡續絕的重任。

在那段期間，南先生有多麼的困難呢？在開講《論語》後二年的一九六四年，他寫了一首題為《慚為人師》的詩，如此感嘆：

四壁依空錐卓難，夔蚿鵬鷃總無安！
時流吾猶趨溫飽，萬壑風吹隨例看。

第一句是描寫他自己當時窮困得貧無立錐之地，租來的住屋只有家徒四壁般的簡陋。第二句是以「夔、蚿、鵬、鷃」（獨腳野牛、百足之蟲、大鵬老鷹、雀鴳小鳥）來比喻各色人等在這個時代的苦難，都處在不安的環境中。第三句是重點了，老師自道當時生活很艱難，雖志在復興中華文化，但也不能不顧生活上的溫飽問題。第四句似指道家的意境，當時的眾生好比生長在原野山谷的草木，被陣陣疾風吹襲著，就看那一棵是屹立不倒的勁松了。

就在如此困難的環境中，老師開講了《論語》。然而，開講的初期，恐怕學生也沒有幾個，在同年他又有一首《戲言》詩道盡那種淒涼狀況：

金粟軒中佛法堂，油鹽柴米意朦朧。
劇憐來往談天客，不是衰翁即病翁。

老師把租來的住宅命名為「金粟軒」，既是課堂，還供著佛像，成了友人來拜佛的場所。大家談天的主題多屬柴米油鹽的生活問題上，來此聚會的人不是老人便是病人，年輕學生自是罕見的了。這是何等淒涼的景象！

不過，自古聖賢皆寂寞，只要堅持的目標是正確的，一定會走出一條大道來。南先生就像萬壑風吹中的一棵勁松，忍受一波又一波風雨的侵襲，堅持著宏揚孔孟之道的天職，幾年之後漸漸受到各界的重視。最後國民黨中央大陸工作會在一九七四年也請他作長期的專題演講《論語》，不久就結集成文字，在軍方的《青年戰士報》連載，立時受到讀者的熱烈歡迎。這便是南先生代表作《論語別裁》的來源③。

成一家之言

「成一家之言」是司馬遷的名言，用來描述南先生的《論語別裁》最恰當了。司馬遷是開創中國史學的第一人，他在身受腐刑的恥辱中寫出了《史記》，創造了從「本紀」到「列傳」的史學體裁，共一百三十篇，五十二萬六千五百字，是中國史學的寶典，他本人也成了中華文化的聖哲。

若比較二人的著作特色，有同也有異。正如司馬遷所說：

為太史公書……成一家之言；厥協六經異傳，整齊百家雜語，藏之名山，副在京師，俟後世聖人君子④。

他撰寫的《史記》，並非像傳統的一些著作，只是依據「六經」（詩經、尚書、易經、春秋、禮經、樂經）來照本宣科，而是把有關六經的不同的疏解、傳記融會在一起，進而把諸子百家的野史、逸聞、雜記也加以博採整理，裁成了這部空前的巨著。南先生的《論語別裁》也一樣，並不是依循二千多年來的疏解《論語》慣例，而是採用「經史合參」、「佛道入儒」、「野史雜說解經」等活潑方式，裁成了這部空前的著作。所不同者，《史記》仍為高深的著作，所以司馬遷只能希望它「藏之名山」，留待後世高水準的君子才能讀得懂。而《論語別裁》則完全相反，它是貼近群眾的有趣讀物，社會大眾無論其為達官巨賈或是販夫走卒，只要稍通文字，就有可能讀它了。在這方面的比較下，雖然二者皆成一家之言，但《史記》的影響力在長遠，而《論語別裁》的影響力普及在當下。

這本著述原是南老師在國民黨中央的演講紀錄，所以表達的文辭語句必然較顯淺易懂。大凡演講，必須顧及趣味性才能免得聽眾昏昏入睡，所以內容中引申許多詩詞、故事作例子或譬喻，如此又增加了它的可讀性。再加上這本書的初稿是由蔡策整理的，蔡先生是中央日報記者出身；大凡新聞記者寫的文章都有個特色，就是不大講究文字的邏輯，只求突出新聞的重點；這樣的文章結構較鬆散，它的好處便是教讀者看得輕鬆愉快，缺點當然就是經不起嚴格的文字究詰了。《論語別裁》的文字特色既是如此，自然切合了社會大眾的口味，也會引來一些學究人士對它「不是學術著作」的批評。不過，縱有批評，比起這本書對中華文化普及性的貢獻，盡屬無足輕重的了。

按先秦文章，講究「言簡意賅」；如孔子作《春秋》，標榜「微言大義」，往往一個字詞就包涵了很複雜的意義。尤其，古代文章喜引典故，因中國歷史長遠、文化深厚，典故極多，即使是博學鴻儒也難盡曉。更麻煩的是，古人喜歡以詩來表達不可言喻的境界，正如《論語》陽貨篇所說的「小子，何莫學夫詩？詩，可以興，可以觀，可以群，可以怨」，孔子本人就常引詩來教導學生。社會大眾能悟入詩境的到底是極少數。還有最麻煩的是，宋明理學家所謂「心性之學」文章的總體意旨，其實是要建立一套道德哲學，故讀者除非有精研的哲學根柢，否則看這些文章實在不勝其煩，多數人根本讀不下去。

職是之故，自二千多年前的四書五經，一直到宋明理學典籍，必須透過疏解釋注才能使人瞭解。這就是為什麼自漢代以迄清朝，對經典的文字加以訓詁考據，成了治學的主流。問題是，閱讀這些後人的訓詁考據、疏解、注釋又是繁上加繁的事，所以「四書五經」這些中華文化的寶典，勢必脫離大眾，只能成為極少數廟堂之士賞玩的文字了。

亦因此之故，自從十九世紀四十年代鴉片戰爭以來，西風東漸，列強欺負中國無所不用其極，凡有良知的知識分子莫不悲憤填膺，紛紛想出各種救亡圖存之計。其中有一派人誤認：導致中國如此屈辱的罪魁禍首就是傳統儒家的禮教思想，於是主張「打倒孔家店」的「五四運動」產生了。我們回顧廿世紀廿年代到七十年代，即從「五四運動」到「文化大革命」，這半世紀是中華文化最衰落的時期；活躍在這段期間的南老師切膚感受到問題的嚴重性，才不顧一切困難，挺身而出，講述《論語》。

南老師的講述，一反過去的文字障，用生動的「以經解經」、「經史合參」、「引佛入儒」、「旁通道教」，甚至引用民俗野史小說來解釋《論語》。當然更不時地引用有關的詩詞來烘托出孔子思想的精義。他這種解讀《論語》方式，絕對是空前的創造性，由是貼近讀者大眾，等於扭轉了中國人逾半個世紀以來對「孔家店」的誤解，重新體認了儒家思想是中華民族的真正寶典。由此觀之，《論語別裁》不僅是「成一家之言」而已，它對民族文化的復興必有不可抹殺的貢獻！

以下各節的主要內容，就是把《論語別裁》各種創造性特色作分別的探討，以使我們確切體會此書的真正價值。

以經解經

南先生首出的創見，就是主張通過「以經解經」的方法來理解《論語》，才能還原孔子思想的本來面目。具體言之，他認為，只要把唐宋以後的疏解推開，就自然會找出孔孟原來的思想；因為他詳細研究《論語》，發現這部儒家思想最重要的著作，不但全書二十篇的內容是連貫的大文章，而且每一篇的內容也是不可以拆開一節節來看的。歷代疏解注釋此書卻相反，即把每一節拆開來，變成一句句「格言」式的意義來理解，這是大錯特錯了。

因此，他認為，我們只要讀熟原文，每節的原文跟在後面的經文便多會有清楚的解釋；我們僅就《論語》的本身的每節語句的前後對照，即前後篇章「貫而通之」，便能對孔子思想有完整的理解。用這樣的方法去研讀《論語》，就是以《論語》的本身去理解《論語》，而不再靠古人的注解去理解，這便是他所主張的「以經解經」⑤。

一、全文的關聯性

《論語》全文二十篇是如何連貫成一大文章⑥？南老師在《論語別裁》每章的開始或末後皆有簡要的交代，茲根據他所說列表以明之。

《論語》廿篇內容的連貫性

篇目	內容	備注	參考頁碼
學而第一	個人求學問的目的、態度、方法等。	做學問的內修養	九、六一
為政第二	見義勇為是為政的基本精神。	做學問的外用	六一、一二〇
八佾第三	闡明「禮」是中華文化的基本精神。	內聖外王皆本于禮	一二一
里仁第四	一位君子如何自處於「仁」的境界中	以上四篇講學問的綱要	一七〇
公冶長第五	以對話方式談學問的事例	以事例說明學問	二〇三

雍也第六	續以對話方式談學問的事例		二五五
述而第七	等於是「學而」篇的注解	引申「學問」之道	三一三
泰伯第八	等於是「為政」篇的個人學問修養的引申		三七四
子罕第九	等於是第五、六兩篇內容的引申		四二九
鄉黨第十	孔子的生活細節（傳統私塾放在前本書列為總結講）		九四四
先進第十一	師生間的討論，等於第一、二篇的注解		四八八
顏淵第十二	闡明「仁」的意義	與第四篇相呼應	五三八
子路第十三	對「為政」篇的發揮		六〇四

憲問第十四	仍為「里仁」篇的發揮		六四五
衛靈公第十五	闡明國家的根本為禮樂		七六一
季氏第十六	與「雍也」篇有相呼應的關係		七六二
陽貨第十七	是「述而」篇的引申		八〇六
微子第十八	與「泰伯」篇相呼應		八五一
子張第十九	「子罕」記孔子的教育理論，此篇記孔門學生受教以後對孔教的發揮	與「子罕」篇性質有相同之處	八七八
堯曰第二十	突出聖王治道，為儒家從政典範	三代聖王治道是儒家的最高目標	九一五 九三四
			⑦

二、各篇的關聯性

至於每篇的各章節的內容如何有一貫的關聯性？南老師在這本書的很多地方都說到；為恐文繁，在此不一一引述了。讀者欲知其詳，請看原書可也。但有二點特別重要的，茲舉出來以概其餘：

《論語》第一篇「學而」的第一段，是由三句話構成的：

子曰：學而時習之，不亦說乎？有朋自遠方來，不亦樂乎？人不知而不慍，不亦君子乎？

遽看這三句話，好像沒有什麼密切的關聯性，老師認為絕非如此。他認為，第一句是講求學問的宗旨要領，必須「時習之」——要隨時隨地求學問，一個人做到真正「為學問而學問」的境界，就不會覺得寂寞，反而覺得心中有真正的喜悅。按孔門首要的事就是「求學問」，所謂「學問」不僅指現代人所瞭解的「知識」，而是要陶鑄成仁、義、禮、智、信這「五德」的人格，此事牽涉複雜，留待後文再說。這裏只是要說明《論語》為什麼一開便說這句話的道理。第二句「有朋自遠方來，不亦樂乎？」仍是指求學問的人是寂寞的，很難得有人能瞭解，一旦有遠方的知己來臨了，那是很快樂的事。這裏所謂「遠方」未必指空間，也可以指時間；老師特舉孔子的思想到了漢朝的漢武帝時代才大舉發揚興起，相隔有五百年之久！當然是「遠方」了。寂寞一輩子的聖人終於成了萬世師表，當然是最值得高興的事。第三句「人不知而不慍，不亦君子乎？」依然是講做學問的君子不怕寂寞，但要有信心，只要你是一位真有學問的君子，終歸會有人瞭解的，所以在本篇的最後一節就有這樣的結語：「子曰：不患人之不己知，患不知人也！」這是說，一位求學問的君子，根本就不要在乎別人瞭解不瞭解自己，最怕的是你自己不能瞭解別人；因為「瞭解別人」要有智慧、有經驗，未到這境界就是表示自己的學問不到家了。由此亦足證，「學而」篇是前後相呼應的。⑧

其次，再看「里仁」第四篇的解釋。此篇首段只有二句：

子曰：里仁為美。擇不處仁，焉得知。

宋朝大儒朱熹把這二句話解釋為：「里有仁厚之俗，為美。擇里而不居於是焉，則失其是非之本心而不得為知矣！」南老師認為，這種解釋實是三家村學究的胡說。

我細究此言的實義，朱氏的解釋確有大問題；如果說一位專修仁義德行的君子，要專挑好的地方才居住，才叫做有智慧（知），那豈不是罵孔子的最好學生顏淵「居陋巷，人不堪其擾」是沒有智慧了？孔子在「學而」篇也說過：「君子食無求飽，居無求安」豈不自相矛盾？南先生引「里仁」篇末後第二句「德不孤，必有鄰」來確證所謂「里仁」的里字應為動詞，即「處在」的意思。具體言之，這段話應該是說：作為一位求學問的君子，應該把自己的精神修養處在「仁」的境界，這才是美好的事。如果不曉得這樣做，就不算有智慧了。這個「處」的強調，其實接著這段話的第二段已顯示明白了：

不仁者，不可以久處約，不可以長處樂。仁者安仁，知者利仁。

上段的「里」字，即是這段的「處」字的意思。南先生以此來作同一段的「以經解經」，誠屬有理⑨。

貫穿孔子思想的四大問題

除上述文字性質的關聯性外，我們更要注意貫穿孔子思想的四大問題：學問、仁、天命、禮。茲分述如下：

一、學問

什麼是「學問」？正如南老師不斷重複說的，學問當然包涵知識在內，但絕非僅指知識，「作人好，做事對，就是學問」、「學問不是文字，也不是知識，學問是從人生經驗來，從作人做事上去體會的」⑩。

依我綜合性對儒家學問的理解，孔門所謂學問，其實指的就是「內聖外王」的修養與能力。在「內聖」方面，指的是個人的最高最全面的品格修養；以「仁」為本位，以「義」為取捨的標準，以「禮」為與人相處的準繩，此外還要「知命」；具備這些修養才算到了「成聖」的品格。至於文字、藝術乃至一般知識也應具備，不過只算成聖品格的「餘事」而已。進一步更重要的是「外王」之道，個人具有成聖品格不是凌空抽象的存在，而是要有能力用到社會實際事務上才算數，這些複雜的事務從孝弟開始向外推廣，一直到齊家、治國、平天下為止。總括而言，孔門的「求學問」，實際指的就是一整套道德教育與實踐。南老師在《論語別裁》裏不時強調「學問」，實在有其見地。

我們還要瞭解，「學問」一詞現代用法，一般是指「知識」而言。這是來自西方的概念，與中國傳統文化所說的意義並不相同，兩者不可混淆了。

二、仁

在《論語》中，孔子不斷地談到「仁」，尤其「里仁」篇最多。但孔子很少談到仁的意義，多是談到「行仁」的方法或具體事例。因為這個問題是孔子的核心理念，太重要了！所以我們在此應作較詳細的探討。

自古及今，研究「仁」問題的說法很多，綜合起來有四：

第一，仁的價值是內在而自足的，即不依靠其他因素的，「仁」的自身便是目的，不能是手段。例如「八佾」篇說：「人而不仁，如禮何？人而不仁，如樂何？」孔子在這裏把「仁」與「禮、樂」作對比，仁是內在本質的，禮樂只是外在的、從仁的本質導出的東西。換言之，禮樂這兩種文化活動，必須有仁德為內涵，才有它們的價值。

第二，「仁」有至高無上的價值，它與「聖」是一而二、二而一的東西。例如孔子在「述而」篇說：「若聖與仁，則吾豈敢？」這表示仁與聖具有均等的最高價值。但這不是說二者可以分離來立論的，因為「聖而不仁」是不可能的事，必有仁才是聖，凡是聖必涵了仁。故可以說，仁是一切德性的總滙。如「五常」：仁、義、禮、智、信，仁為首，是總攝性質的德性。具體言之，後四常（義、禮、智、信）必須以「仁」為內涵；沒有仁的「義」就不是義了，其他禮、智、信也一樣。

第三，仁的秉賦是普遍存在於人們的生命中，故孔子說：「仁遠乎哉？我欲仁，斯仁至矣。」（述而）我們「行仁」，只是恢復自己原來就具備的德性而已。但這樣說，並非表示行仁是一件容易的事，必須痛下工夫才可能有成就，就連孔子也說過行仁的艱難。此見「憲問」篇說：

克、伐、怨、欲不行焉，可以為仁矣？子曰：可以為難矣！仁則吾不知也。

能夠把好勝心、矜誇心、怨恨心，欲望心這四者除去，已是很難做到的事，但孔子還不稱之為仁的境界。由此亦可證，「仁」是至高無上的德性，雖存在於我們每個人的精神中，但要持久地顯現它極不容易。

第四，孔子多談仁的方法或事例，這顯示他著重在仁的實踐，而不是多作理論上的探究。如果說「仁」是一種最高的境界，是吾人的理想觀念，那麼其能被理解與把握，必須是落實在具體的行為中，而不是在抽象的理論中⑪。

在此不妨引《論語》幾段講法，也算對南老師的「以經解經」方法的補充：

> 巧言令色，鮮矣仁！（學而）
>
> 人之過也，各於其黨。觀過，斯知仁矣！（里仁）
>
> 知者樂水，仁者樂山。（雍也）
>
> 克己復禮為仁。（顏淵）
>
> 樊遲問仁。子曰：愛人。（顏淵）
>
> 剛、毅、木、訥，近仁。（子路）
>
> 博學而篤志，切問而近思，仁在其中矣。（子張）

三、天命

《論語》中很多地方提到「天命」或「命」，這是一個重大而深奧的問題，同仁有密切關係。在此雖不能詳加論析，但亦不能不作一概要性的提點，可供有志繼續研究的讀者一個線索。

據我研究，《論語》中提到「天命」、「天」或「命」的有十三段，茲依次列出如下：

1、子曰：吾十有五而志於學，三十而立，四十而不惑，五十而知天命，六十而耳順，七十而從心所欲，不逾矩。（為政）

2、子曰……獲罪於天，無所禱也。（八佾）

3、子貢曰：夫子之文章，可得而聞也。夫子之言性與天道，不可得而聞也。（公冶長）

4、子見南子，子路不說。夫子矢之曰：予所否者，天厭之！天厭之！（雍也）

5、子曰：天生德於予，桓魋其如予何？（述而）

6、子罕言利，與命，與仁。（子罕）

7、子畏於匡。曰：……天之未喪斯文也，匡人其如予何？（子罕）

8、子夏曰：商聞之矣，「死生有命，富貴在天」。（顏淵）

9、子曰：下學而上達。知我者，其天乎！（憲問）

10、子曰：道之將行也與，命也。道之將廢也與，命也。公伯寮其如命何？（憲問）

11、孔子曰：君子有三畏：畏天命，畏大人，畏聖人之言。小人不知天

命而不畏也，狎大人，侮聖人之言。（季氏）

12、子曰：天何言哉？四時行焉，百物生焉；天何言哉？（陽貨）

13、子曰：不知命，無以為君子也。不知禮，無以立也。不知言，無以知人也。（堯曰）

何謂「天命」，「天」，「命」？南老師全本《論語別裁》並未對這三個重大辭語作深入的疏解，只是泛泛而說「天命是哲學的宇宙來源，這是形而上的思想本體範圍」、「天道是哲學問題」，等等。南老師本來就是重視實修性的學問，不措意於玄理的探究是當然的。

我們如想究明這問題，應參考現代新儒家人物，如牟宗三、唐君毅、徐復觀、吳汝鈞等先生有關的著作才行⑫。概括地說來，他們都認為《論語》上所說的「天命」與「命」有顯然的不同。孔子所說的「天命」、「天道」或「天」是指道德意義的超驗性質，即指「天德」而言。天德下降而表現在吾人身上的是為「仁德」。故孔子所說的「仁」可以上通於天，盡了人之德即符合了天之德。

至於單說「命」，常指一般意義的「命運」而言。什麼是「命」？牟宗三先生說，這是一個吾人在實踐行為上的「虛概念」，它不是知識概念，也不是經驗性概念。例如上引子夏說的「生死有命，富貴在天」，人的生、死是必然的，這不是「命」，但在這必然的生死中就有「命」的存在了；某人生時過著榮華富貴的生活，某人相反的窮愁潦倒過一生，這就是「命」了。因此，所謂「在天」，就是意味著「你這個人如何生存著」涵蘊了「你便有如何的際遇」，為什麼有這般「際遇」？卻是沒有道理可說的，所以這就是「虛意」，這就是稱之為「命」的東西了⑬。

原來，在上古的夏、商時代，「天、鬼、神」都是民俗宗教性信仰。周公制禮，摒棄上古宗教而採「人文化成」思想與制度，孔子所謂「郁郁乎文哉！吾從周」就是此意，他就是以宏揚人文主義為己任的。但孔子仍循上古的尊天思想，只是對天的尊崇不是像古代的一樣靠禱告祈求，而是「攝天心於人心」，主張人德（仁）可齊天德。關於這層深刻的義理，唐君毅先生有段話最值得注意，若讀者有志探究這些深奧問題，宜三復此言：

> 謂儒家是宗教者固非，而謂儒家反宗教、非宗教，無天無神無帝者尤非。儒家骨髓實唯是所謂「融宗教於人文，合天道而知其同為仁道，乃以人承天，而使人知人德可同於天德，人性即天命，而皆至善。於人之仁心與善性，見天心神性之所存，人至誠而皆可成聖如神如帝」之人文宗教也⑭。

四、禮

「禮」，在儒家思想中是關鍵性的頭等大事。因為儒家的宗旨目標就是要維持一個和平穩定的社會，而禮正是達成這個目標的關鍵要素；所以在整部《論語》中，我們可以看到孔子不斷地提到「禮」。事實上，孔子就是以宏揚周公所定的禮樂精神為己任的，因此他甚至睡覺都常夢見周公。《論語》以至其他儒家經典如《禮記》、《大學》、《中庸》及《孟子》的整體精神，也都是朝向這個目標。明朝以後，有些學者主張，儒家思想也跟道教、佛教一樣，是宗教式的信仰之一種；如果同意此種觀點，那麼就可以具體地說，所謂「儒教」就是「禮教」或稱為「人文宗教」。

「禮」為什麼如此之重要？且看孔子這段話：

子曰：周監於二代，郁郁乎文哉！吾從周。（八佾）

這段話只有三句，其實含有重大的意義。它的大意是說，周朝的前二代是夏、殷商，而這二代的社會特色是「夏尚忠，殷尚鬼」，夏代很簡樸粗野，殷代鬼怪的崇信很盛行，到了周公制定禮樂，才脫離了粗野與鬼怪對人的精神籠罩，建立了從人的精神文明出發的「人文以化成天下」的社會，此種社會特質現代稱為「人文主義」。孔子就是贊成周公這種以「禮」為中心的人文精神，才說「郁郁乎文哉！吾從周」。由此可知，孔子的精神就是發揚「禮」的人文精神主義，孔門的學問就是以「仁」為最高理念（指導思想）的人文教育。中國自古以來即稱為「禮義之邦」，中華民族之所以延綿數千年到今天，就是「文章華國，詩禮傳家」的最大作用。擴而言之，中華民族靠這種「人文精神」來維繫道統、政統、法統是世界特有的，與西方社會主要靠信仰上帝的宗教來維持大不相同⑮。

闡明禮的義理大關節之後，我們還要注意禮的具體實踐問題。因為，自「五四運動」以來，很多中國人贊成「打倒孔家店」，正是覺得禮教束縛得不合理之故，這是禮的實踐發生了副作用所導致的問題，而不是禮本身的人文精神出了問題。孔子有一段話是究明這問題的最佳題材：

林放問禮之本。子曰：大哉問！禮，與其奢也，寧儉。喪，與其易也，寧戚。（八佾）

這段話的涵義很簡明：孔門弟子有一次請問老師：「禮的根本精神是什麼」？孔子說：你這個問題太大太重要了！一般的禮儀，太鋪張奢侈是不對的，寧可簡單而隆重。辦喪事的葬禮太輕忽也不好，應著重在悲戚的心情。

由此可以窺見，「禮」有兩重意義，一為「禮之義」，一為「禮之儀」；前者才是根本的精神，後者只是表現在外的形式，「儀」應依「義」來作因時制宜、因地制宜的取捨。所以常說「禮義」、中國是「禮義之邦」，禮必須連著「義」才不致流為形式主義。這才是對「禮」之正確實踐。南老師書中很多地方都強調這一點，他還多引《禮記》

的詳細規範來作說明，所以我認為老師是真懂「禮」的人。

其實，一般人不受某種規範的形式（儀）所纏縛拘束很不容易，通曉佛教的「見惑」義理才能真正瞭解此問題。原來佛學分析吾人的精神心理，發現有五種主觀見解（五利使）是束縛我們心靈最強烈難除的：身見、邊見、邪見、見取見、戒禁取見⑯。前四種「見」與本題無關，在此不贅言了。最後一種「戒禁取見」指的就是：一個人若接受了某些形式戒條，他的精神就被戒條所束縛，很難掙脫了。「禮之儀」就是一些言行的教條，習慣了此種教條也一樣會變成一個不會變通、不明大體的迂腐拘謹之士了。像宋代一些人執著「女子無才便是德」的教條，甚至演變成對婦女的種種迫害，到清末西方「男女平等」思想一來，當然引起大家的不滿，最後演成「打倒孔家店」了。總之，我們現在要復興中華文化，對「禮」的真正義蘊必須要分疏明白。南先生的《論語別裁》這本書，對這方面有很大的貢獻。

經史合參

何謂「經史合參」？南老師有段話如是說：

擺脫二千餘年的章句訓詁的範圍，重新來確定它章句訓詁的內義。主要的是將經史合參，以論語與春秋的史迹相融會，看到春秋戰國時期政治社會的紊亂面目，以見孔子確立開創教化歷史文化思想的精神⑰。

這段話的意旨是：透過《論語》與《春秋》等歷史經驗的融會，來找出孔子在《論語》裏每句話的「內義」，這樣便可擺脫歷來只重表面文字解釋的拘束了。

依我管見，老師這段話只是原則性的嚴肅意義之解釋；實際上，我們在《論語別裁》中，隨時可以見到他引用大量的歷史故事來闡明經文的真義，這才是廣義而有趣的「經史合參」；此書之所以具有高度的可讀性，主要原因在此。因為內容易曉而有趣，此書之所以有廣泛的普及性，原因亦在此。

以下舉幾個例子來證明我的看法。

一、唐太宗與魏徵的故事

《論語》里仁篇有道：

子游曰：事君數，斯辱矣。朋友數，斯疏矣。

這是說，無論對長上甚至君王，或對朋友，見他有錯時應該諍諫、勸告，但不可以過份說個不已，勸個不停。因為這樣就可能惹得君王長上惱羞成怒，你就危險了；朋友也會疏遠了。對這段簡單的經文，南先生引一段有趣的歷史故事來說明：

唐太宗皇帝喜歡玩一隻小鷂子。有一天正在玩鳥，他敬懼的大臣魏徵突然來了。太宗怕他說自己的不是，趕快把小鳥藏在懷裏。魏徵早已看到皇帝這動作，卻假裝沒看見，故意留下來同皇帝討論國家大事。皇帝心中好生著急，又拿他沒辦法，過了好一會魏徵才拜辭。皇帝掏出心愛的小鳥一看，已死了！他傷心地回到後宮，大發雷霆說：「非殺掉這個田舍翁（鄉巴佬）不可」！賢慧的長孫皇后問明原委，立即穿上大禮服向皇帝行禮賀喜。太宗大為驚訝，問她有什麼好賀的？皇后說，我朝有魏徵這麼忠貞的大臣，又有你這樣英明的皇帝，這是自古以來沒有過的好現象，國家必然會興盛了！這還不可喜可賀嗎？皇帝聽她一說，只好息怒了。南老師認為，以太宗皇帝如此器識宏大的人，對魏徵這位大臣可謂言聽計從，可是為一隻小鳥一氣起來幾乎要殺他，還好賢明的皇后救了一把。所以，勸諫別人要小心，切勿過份，方能自保⑱。

二、年羹堯受教育的故事

《論語》述而篇有道：

子曰：不憤不啟，不悱不發，舉一隅不以三隅反，則不復也。

這是孔子對學生的教育方法，現在常用的「啟發」及「舉一反三」之辭就是出於這裏。對於「啟發」的道理，南老師舉了清朝的年羹堯為例。

年羹堯（1679—1726），是康熙時代的大將，曾立下平定青海、西藏之亂的大功，官至四川巡撫。雍正初年卻因「功高震主」被誅。據傳，他幼時非常頑劣，父親請了幾位老師來教他，都被打跑。再沒有人敢來年家執教了。最後請來了一位有武功的隱士當家教，年父說明自己的孩子非常頑皮，恐怕難以管教。這位老師說，沒有關係，只要準備一個大花園當教室，圍牆要加高點，但不設門，只有攀牆才能外出。就這樣便開始教了，卻什麼課都不講，師生二人只在園中玩耍。這個年小子好生奇怪，一心想把老師打跑，不料教師武功很高，根本打不著。到了傍晚，老師輕功躍出圍牆，在外逍遙了一陣子，又飄然躍牆回來，每天如此。這小子武功不夠高，跳不出去，一點辦法都沒有，只好乖乖待在園內。不久老師吹笛子，吹得很好聽，吸引住了年小子。老師告訴他，人要養氣，吹笛子既好聽又能養氣。這小子對笛子有起興趣來了，要求老師教。就這樣，把年小子漸漸帶入安靜學習的境界，後來成了一位文武雙全的人。

年羹堯當了大官以後，對孩子的教育很注意，對請來家教的老師十分尊敬。他還親手寫了一副對聯貼在家告示後輩：

不敬師尊，天誅地滅。
誤人子弟，男盜女娼。

這個故事不知出自正史或野史，我未遑查明，但這並不重要。南老師以這故事來教人參悟「啟發」教育的道理，讓人印象深刻⑲。

三、管鮑之交的故事

《論語》憲問篇有道：

子路曰：桓公殺公子糾，召忽死之，管仲不死；曰：未仁乎？子曰：桓公九合諸侯，不以兵車，管仲之力也。如其仁，如其仁！

這段話起因是，子路懷疑管仲的人格有問題，因為他和一位名叫召忽的大臣一起幫助齊國公子糾，同公子小白對抗，爭奪齊國的政權。結果公子糾失敗，被齊桓公（即公子小白）殺了；召忽效忠到底，也一同被殺；而管仲卻不殉難，後來還被好友鮑叔牙推薦，當了齊桓公的丞相。因為管仲有治國的大才能，使得齊國強盛起來，桓公成為春秋時代的第一位霸主。孔子從管仲的功勞著眼，說他不必動用武力就能九次召集諸侯結盟，共尊周天子，使天下和平統一。所以孔子說管仲的功德是符合仁道的。

南老師在《論語別裁》裏，詳細說明了管鮑之交來印證這段經文，他是根據《春秋左傳》莊公九年（即齊桓公元年，西元前六四三年）的真實歷史而立論的。

原來，管仲和鮑叔牙在年輕時是好朋友，管仲很窮，鮑叔牙較有錢，故常接濟他。有一次兩人合夥做生意，大概是鮑出資，管出力；結果賺了錢，管私自分多些。有人把此事告訴鮑，鮑全然不怪管的不公正，還說他比較需要錢，應該多拿。後來，齊國兩位太子為爭權位而分裂，鮑叔牙當了公子小白的助手，而管仲與召忽卻成為公子糾的大臣。有一次兩個太子軍事對陣，管仲還放箭幾乎射死了小白，由此結下仇怨。後來魯國出兵平亂，捉了公子糾、召忽、管仲。鮑叔牙用計謀使魯國殺了公子糾，召忽自願殉難，卻把管仲囚禁送回齊國。公子小白此時已成為齊的君主，是為齊桓公了。他想殺了管仲以報一箭之仇，鮑叔牙諫勸桓公不可計較私仇，為了國家應該重用管仲，因為他有治國的大才能。結果桓公從善如流，拜管仲為丞相，很快使桓公成為春秋時代的第一位霸主。最後，管仲臨終了，桓公問管仲是否可把他遺下的相位給鮑叔牙做。管仲卻說，鮑叔牙這個人性格太清高，不適宜任這個位子，這樣做是害了他。鮑後知道此事，非但不生氣，還高興地說，只有管仲才是真正的知己朋友⑳！

因為朋友是「五倫」（君臣、父子、夫婦、兄弟、朋友之交）之一，在中國傳統文化是重要的社會基礎。南老師細說管鮑之交，固然是要說明朋友之道很難，而且也突出了其重要性可以牽涉到天下治亂！若無管仲，齊桓公就不可能「九合諸侯，一匡天下」；若無鮑叔牙這位好朋友，根本就沒有管仲被重用的事了。

四、謚法問題

《論語》公冶長篇有道：

子貢問曰：孔文子何以謂之文也？子曰：敏而好學，不恥下問，是以謂之文也。

按「諡法」是中華傳統文化的重要制度。先說清楚經文的意思。子貢請問孔老師，孔文子這個名字中的「文」字是諡號，然則什麼叫做「文」呢？孔子答覆說：一個人德行很好，為人敏捷又努力求學問，對不懂的事請教人絕不會覺得羞恥，這就是「文」了。

南老師解釋這段經文，提出了「諡」是中華文化特有的重要法制。它的作用就是對從政的人一生的總評價，其精神目標極嚴肅而重要，這表明一個人不但對自己的一輩子要負責，對後世仍要負責。所以自周公制定「諡法」以來，中間除了秦始皇短期停用外，直到清朝滅亡，歷代都實行這種良好的制度，民國建立才廢止了。老師認為現代採取西方粗淺文化，變成「死後是非誰管得？生前拼命自宣傳」是錯誤的，所以他鄭重主張：「諡法就是中國文化的精神，等到邦有道時，這些東西仍然要恢復起來才對」㉑。

早在一九七七年六月六日，我曾在《中央日報》副刊發表「論諡」一文，為便於讀者徹底瞭解此問題，特附載此文在本章之後㉒。

五、曆法問題

曆、陰曆。南老師對這個問題有詳細的解說。

《論語》衛靈公篇第十段載：孔子提到「行夏之時」。夏之時就是夏曆，也就是農曆、陰曆。南老師對這個問題有詳細的解說。

正如老師認為，天文學在中國發展得最早，而且每一朝代都重視曆法；重視曆法就是尊重歷史，所以中國夏、商、周代的歷史都是可信的。孔子作的《春秋》更是逐年記錄當時發生的大事，現在都可以查考的。中華文化經過這麼長久而可信的累積，內涵變成無比的豐富，不要說歐美比不上，就連同為古國的埃及、印度也比不上。古埃及沒有什麼至今仍存活的「文化」留下來，只有金字塔之類的死古蹟供人考察而已。而印度人素來不重視歷史，連佛陀的出生及傳教準確年代當時都沒有記錄下來，現在的資料大抵是後人推測出來的。

南老師指出，我們中國人幾千年來就喜歡過陰曆的新年，這是「夏曆」的傳統。但自從推翻滿清建立民國以後，以政治力量來改用陽曆，把陽曆年稱為「元旦」，但老百姓普遍還是喜歡農曆新年。現在年輕人又流行耶誕節，這是西洋人過的年。如是中國人變成有三個「年」好過了，但大家迄今都未能完全適應。傳說湖南名士葉德輝曾寫了一副諷刺對聯：

男女平權，公說公有理，婆說婆有理。

陰陽合曆，你過你的年，我過我的年。

他強調，講文化，這個地方要注意了！過年這件事，好像不關什麼大事，但往往牽涉到國家的命運；「你過你的年，我過我的年」代表老百姓對政策一直不能心悅誠服地配合，也代表民心的一種分裂。在這段經文，孔子主張「行夏之時」，這是對的。因為在中國這片土地，位於地球的東邊北部，屬溫帶，是農業的好地方，用夏曆最合理了。要研究易經八卦、陰陽學、人事等等，也是用夏曆最合適。所以老師鄭重地說，除非中華民族興盛不起來，否則對這個牽涉文化的深層問題——曆法有關的細節，一定要研究清楚，如有不妥應予改正。

以佛解儒

南懷瑾先生精通佛法，所以他講述《論語》常引證佛教的義理或故事，讓人覺得有趣之餘，更易瞭解儒家思想。本節僅舉幾個例子來闡明之。

一、何謂「一貫以之」

《論語》里仁篇有段難解的經文：

子曰：參乎！吾道一以貫之。曾子曰：唯。子出，門人問：何謂也？曾子曰：

夫子之道，忠恕而已！

南老師認為，這段話是千古以來一大疑案。何謂「吾道一以貫之」？不但孔子沒有說明，曾子當場也沒有說明，只講個「唯」（知道了）字。後來別的同學問曾子，曾子才說「忠恕罷了」。忠是忠於人或事，恕是諒解人、包容事；這都是「行為」上的事，當然不是道的自身，「道」怎樣一以貫之？所以曾子的答覆也等於未答。後世有人附會這句經文，創造出一個「一貫道」的新教派，他們把儒、釋、道、基督、回教統合在一起就叫做「一貫道」了。

於是，南老師便引禪宗的「釋迦拈花，迦葉微笑，教外別傳，不立文字」的故事，來解說孔子的「吾道一以貫之」的深義㉓。其實，我認為南老師的解說也等於沒有解說，因為禪宗的本旨是要人悟得「本性」，何謂「本性」？是「言語道斷，心行處滅」的境界，即「不可說，不可說」之實相境界。佛教的實相境界是超越吾人二元知識的「不二法門」，「實相無相，即是如相」的境界，吾人只能靠「悟」而進入；若依語言去解說，「一說即不中」了，所以老師的解說其實也沒有解說。但這種「不解說之解說」，是歷來疏解《論語》從未有人如此的，所以老師的講解很吸引人。

二、何謂四冊

《論語》子罕篇有言：

子絕四：毋意、毋必、毋固、毋我。

從字面解釋：孔子有四件事絕對做得到的：第一是「毋意」，不堅持自己的先有的見解，如果別人有更好的想法應接受。第二是「毋必」，不要以為每件事都必然有什麼結果，正如傳統有兩句名言說：「不如意十常八九，可與人言無二三」，人生的事十件有八九件是不如意的；碰到不如意，還是大多數無法向人訴說的。第三是「毋固」，在做事過程中不要固執自己的成見，若有錯誤即應改正。第四是「毋我」，專為人著想，專為事著想。孔子絕對沒有這四種心理：意、必、固、我，足見他的偉大修養。這「四毋」也是儒家修養的核心工夫。

南老師為了解釋這「四毋」，特別引佛教《金剛經》的「四無」來作襯托。所謂「四無」，即「無我相、無人相、無眾生相、無壽者相」，其涵義本與儒家的「四毋」有大差異，所以他只用「襯托」一詞，並未說兩者的意義相通㉔。

依我的淺見，《金剛經》是佛門重要的般若經典，其主旨就是解說「空」義。何謂「空」？不是指這個東西不存的意思，而是說這個東西沒有「自性」的意思。何謂「自性」？獨一無二者才是「自」，永恒不變才叫「性」；世界上任何東西，不管是有形的

（如山河大地），或是無形的（如人的精神意識）都不可能有個「與眾不同、永恒不變」的本體存在，這就是「空」的涵義了。那麼，某個東西既然是無自性（空）的，為何它又能存在？這就是「緣起」的義理了。故「緣起」即「性空」，「自性空」即緣起。某些因緣聚合了，就成為某個東西；因緣散了，這個東西就不再存在了。這種義理，就是佛陀悟出來的最深道理；佛教之所以稱為「空門」，也是這樣來的。現在把話題返回《金剛經》，其中所說的「無我相、無人相、無眾生相、無壽者相」最終的涵義均是指「我、人、眾生、壽者」都是沒有自性的、空的。沒有「四相」，不僅指修行的工夫，而且是指最終的「般若智」，佛教的般若智指的就是「空」義。由此可知，佛教的「四無」與儒家的「四毋」在義理上有極大的差別，故南老師中說「襯托」是對的。由此襯托可引發讀者去進一步思考，當然亦隨之增強了這本《論語別裁》的可讀性。

三、何謂「智者」

《論語》子罕篇有言：

子曰：知者不惑，仁者不憂，勇者不懼。

按在古文裏，「知」與「智」通，故第一句應為「智者不惑」，有智慧的人看問題很清楚，所以不會疑惑。這是從字面上的解釋。但如作深一層去看，何謂「智者」？「智慧」與「聰明」又有什麼不同？要分辨清楚並不容易。

我當年在香港講課，常以打麻將牌作譬喻，要大家對這兩個辭語有較清楚的概念：有些人頭腦聰明，記憶力強，很會打牌，不但別人出過什麼牌統統記得，還能偷牌而別人不會察覺，所以他幾乎每賭必贏，這是「聰明」。而有人根本不去做打牌這種事，因為他瞭解到：打牌既浪費時間，又傷害健康；即使能贏別人，也是圈子裏的親朋好友，日久必傷感情；總之這種賭博性質的事只有大堆壞處，全無一點好處，所以絕不做！這才叫做「智慧」。同學們聽我如此講法，大抵都能領會了這兩個辭的分別。不過這是我的粗淺譬喻而已。

南懷瑾先生對這兩個辭似乎體悟得最深刻，所以他常用個「耄拙」為別號，在他簽署許多書函中常用的；所謂「拙」就是不可玩弄那類小聰明的意思㉕。在《論語別裁》，他解釋孔子這句「智者不惑」就引佛教「般若」一辭來作對照，因為此辭的涵義就是「智慧」的意思。不過，它比中文「智慧」一詞涵義更廣、更深，所以唐朝玄奘大師翻譯佛經時，保留梵文音譯而來的「般若」（音波惹，梵文 pajñā）。

佛教有一部很深的經典《大智度論》，專門解釋佛門智慧有三種：一切智、道種智及一切種智。能領悟到「一切皆空」義理的就具備了「一切智」。能分別地瞭解各種修道法門的，就具備了「道種智」。能直覺地、具體地、圓實地瞭解一切法的實相，並瞭解所有法門的差別者，才是「一切種智」，只有佛才能具備這最高的智慧㉖。其實整套佛教思想，就是以追求「智慧」為目標的，因為佛教分析出人有無窮的苦痛煩惱，即是「惑」，只有通過智慧才能解脫自己的苦痛。由是可見，孔子所說的「智者不惑」，在義理上與佛教相通的。

四、何謂「克己復禮」

《語論》顏淵篇有道：

顏淵問仁。子曰：克己復禮為仁。一日克己復禮，天下歸仁焉。為仁由己，而由人乎哉？

因為「克己復禮為仁」是孔子思想的重心，故《論語別裁》用了長達十九頁的大篇幅來闡明這句話。南先生認為，在「里仁」篇所講的許多「仁」的事，性質上是仁之體、用、現象等，在這裏由孔子第一號賢德學生顏回直接問到了「什麼是仁」，即仁的定義問題；結果孔老師只答覆一句話：克己復禮就是仁。下文兩句話是補充性的說明：為仁是靠自己的，只在你的心中，並非外來要你這樣做的，故說「為仁由己，而由人乎哉？」如果你能做到「一日克己為仁」，就會影響到你四周的人，甚至全世界的人都「歸向仁」了。

南老師認為，上述傳統的「依文解義」，只算了解文字的表面上意義，未足以領會這句話的思想真諦，因此他引用禪宗的「定、靜」工夫來解說「克己」的深義。能夠自我作「心理淨化」就是克己，但人的心理就像瀑布流水，一個念頭接一個念頭不斷而來的，所以「克己」不是什麼都不想，人除非昏迷或死了才什麼也不想，只要是活著甚至睡覺，腦子還是想個不停，所以能夠「想而不住」——某一個念頭來了不要執著它，由它過去，這就是《金剛經》上最重要一句話「應無所住而生其心」的意思。能夠做到如此工夫便是進入了禪的境界。但要達到這境界，要有深湛的修養才行。

為了進一步說明此種禪門修養，南老師特別舉出文天祥之所以能「從容就義」為例子，此事是很少人知道的。原來文天祥被元軍押解赴北京的路途上，曾遇到一位高人，傳授給他「大光明法」，這是佛家的一種修煉方法，修煉成功即可解脫生死，從容就義也就輕易做得到了。在文天祥遺集中還有首詩記載了這件事：

誰知真患難，忽悟大光明。
日出雲俱靜，風消水自平。
功名幾滅性，忠孝大勞生。
天下惟豪傑，神仙立地成㉗。

南先生自身就是著名的禪宗大師，他引禪門的「寧靜」義理來疏解這句「克己復禮為仁」的深義，又引證文天祥的實例，當然有極大的說服力了。至於本段其他幾句話，《論語別裁》中也有詳細的解說，為免文繁，在此不再申述了，有興趣的讀者去看原書可也。

以道解儒

南先生精通道家思想與修煉方法，所以他講述《論語別裁》引用了更多的道家義理或典故，從而大大提高這本書的深度與可讀性。本節亦只舉幾個例子來闡明之。

一、「伯夷列傳」的深意

《論語》里仁篇有道：

子曰：能以禮讓為國乎，何有？不能以禮讓為國，如禮何？

為了解釋這段話，南老師指出：中國幾千年來的歷史顯示，每當天下大亂需要撥亂反正的時候，都是道家人物出來，運用道家思想來完成大業的。天下大勢底定之後，他們就禮讓身退了，這就是《老子》的「功成，名遂，身退，天之道也」的思想之實踐。天下太平了，才由儒家人物出來治天下。道家的人真正做到不求名不求利，顯隱無常，讓人覺得親切可愛。這是中國文化的真誠謙虛精神表現，孔子也是非常讚賞的，《論語》十分讚揚吳泰伯、伯夷、叔齊這些道家人物，所以也感嘆「能以禮讓為國」的高風亮節。

南老師還特別指出，《史記》裏的〈伯夷列傳〉很重要，等於是司馬遷的歷史哲學大綱，但很難看得懂。記得我早在臺灣初入南門時，他就要我注意這篇列傳。我當年初看這篇文章，就覺得很奇怪；它的標題既然是〈伯夷列傳〉，但文中只有一段直接講到伯夷叔齊，其他內容卻是東拉西扯，讓人茫然不知重心。不過對於其中一段比較歷史上一些賢德的人卻沒有好報，而如盜拓之流作奸犯科的壞蛋竟可榮華富厚過一生，太史公因而感嘆「余甚惑焉！倘所謂天道，是邪非邪？」我看到這話，亦感嘆不已；所以印象深刻。隨著自己年齡的增長，對這篇文章的認識亦增深，才覺得老師對這篇文字的重視有其道理，茲依我淺見分析如下：

〈伯夷列傳〉篇幅不長，全文不足一千字，依其內容可分為四段。

第一段是說：上古有高人許由、卞隨、務光的傳說，因為文獻不足，難以採信。但吳太伯、伯夷等高士卻有孔子的《論語》等可靠文獻記載，是可信的。這是表示司馬遷撰歷史的一種重要態度：有證有據的為「信史」，證據不足的傳說之類也不予否定，只列入「存疑」。這是司馬遷的歷史哲學，《史記》之所以成為中國第一部權威歷史書，道理亦在此。

第二段記載了伯夷、叔齊兄弟的高風格之一生，最後將餓死在首陽山時還作了一首歌，表達了哲人的最後感嘆。最可注意的是，司馬遷在作此記載之前，先引《論語》述而篇孔子讚美伯夷叔齊的話：「求仁得仁，又何怨？」然後說看到了伯夷臨終的詩歌，甚感悲痛。這種筆法，等於對孔子的「求仁得仁」之言感到疑惑，也就是暗示：孔子的話未必是完全可信的了！

第三段根本就是司馬遷對「好有好報，惡有惡報」的報應論起疑了。他舉伯夷叔齊二人如此積善行仁，卻餓死在首陽山；顏回是孔門最好學的人，卻短命死了；豈非「天不祐善人」？相反的，很多操行不軌、作奸犯科之徒，如歷史上有名的盜拓者，卻能在生時享盡富貴，甚至橫行天下，最後還壽終正寢。在這種比較下，所謂「天道」也好，「報應」也好，到底是真是假？這段話顯然是司馬遷自己心懷怨憤的發洩，因為他的祖先數代當太史官，家學淵源；他也為人端正、才識超群，居然遭受到李陵之禍，忍受宮刑而撰述這部千古名著《史記》，他藉撰〈伯夷列傳〉來發抒塊壘也是自然的了。

第四段藉人的性情不同而有不同的人生目標，來暗示太史公自己的志向就是「君子疾沒世而名不稱焉」，所以作《史記》，這樣不但使自己可留功德於後世，也幫助許多歷史上有功德的人物不致於「湮沒而不稱」。像伯夷、叔齊這般的賢德高節之士，也要因得到孔子的稱讚而能聲名大著；像顏回這麼好學也要依附了孔老師而被後世所知，故有了《史記》自然使許多人物在青史留名了。

綜此四點，可見〈伯夷列傳〉實有很深的涵義，南老師引此文來解釋《論語》里仁篇這段話，自亦有深意了㉘。

二、道家思想

《論語》泰伯篇有道：

子曰：篤信好學，守死善道。危邦不入，亂邦不居。天下有道則見，無道則隱。邦有道，貧且賤焉，恥也。邦無道，富且貴焉，恥也。

南老師認為，「天下有道則見，無道則隱」這兩句話是中國自上古以來即有的隱士思想，他們走的是道家路子。儒家路子與道家路子是中國傳統文化的兩大主流，兩者最大分別在：儒家是「明知其不可為而為之」，知道這個人救不了，在道義上應該救還是要盡力去救；孔子之所以為聖者，他的作風就是如此。道家隱士的態度則不同，這個人既然不能救，就放棄算了。

對于國家大局，兩家的思想也大有分別。老師特以一個有趣的譬喻來說明。道家把時代潮流視為山洪暴發，擋也擋不住，一定要去擋就是傻子，必被大水沖走；如果一定要挽救，先估計好山洪力量大概沖到什麼地方會衰竭，先到那個衰竭的下游，稍加引導，洪水就引進河川中去了。儒家的做法卻不是這樣，對時代大趨勢也視作山洪暴發，擋也擋不住，但要跟著洪水旁邊奔跑，在沿途看到捲入洪流中人，救得一個是一個，如是努力一直到某種平緩形勢，才能把洪水導入河川。

南老師的結論是，儒、道兩種思想都是不錯的，是中國上古文化的主流。孔子對道家的隱士其實很崇敬，從《論語》有關的話可得證明；只是到了後世，許多儒家人士都反對道家的隱士，認為他們雖有好學識、高品行，卻不能「經世致用」，故大加批評。其實，歷代最能影響實際政治的還是隱士思想，最著名的例子便是商山四皓㉙。

三、無末者不成

記得早在臺灣時，南老師就以「無本者不立，無末者不成」這二句話來教導我們；我初聞此言，不禁心頭一凜，所以印象深刻，三十多年來記憶猶新。第一句「無本者不立」，出自《論語》學而篇：「君子務本，本立而道生」。第二句應是根據《大學》所說「物有本末，事有終始，知所先後，則近道矣！」而來。將這兩句話湊在一起來說的，則是道家思想滲在其中了。因為在儒家，只強調個人的「忠孝仁愛信義和平」等基本修養，這些都是「本」；君子只管這個「本」，本好了末自然好，所以不必「務末」了。道家卻不作此想，強調的是對人對事的應世技術性之「末」，因為他們認為即使立了

「本」，若對末節的事不做好還是不可能有什麼成就的。

南老師在《論語別裁》舉出兩個歷史人物做例子，說明通曉道家思想或隱士做法的重要性：一個是五代時的馮道，另一位是南宋時的岳飛。

馮道（882—954），五代時人，曾在後唐、後晉、後漢、後周四個朝代做大臣，歷經十個皇帝，任過六個皇帝的宰相廿多年，活了七十三歲，自號「長樂老」。宋朝歐陽修撰史書，痛斥他喪盡氣節，無恥之至。但老師認為馮道處在那種混亂時代，居然能站得住而不倒，這麼多個胡人皇帝都依賴信任他來治理朝政，顯見他的才能及待人處事的手段十分高明，才會達到他自己的詩所云「但教方寸無諸惡，狼虎叢中也立身」的境界，他是真正做到孔子所說的「邦無道，危行言孫」了。

岳飛（1103—1142）的遭遇則相反。他所處也是個動亂時代，金兵捉了宋朝徽宗、欽宗兩位皇帝押到東北關起來，欽宗的弟弟高宗逃到江南登位是為南宋。岳飛力抗金人，轉戰在華北淮河流域，戰功赫赫！誓言要北伐「迎回二聖」以雪靖康之恥。他的品格行為完全對，正是符合「危言危行」的標準，最後卻被秦檜誣陷為造反，父子二人蒙大冤而遇害了。後人認為，岳飛之死根本就是宋高宗主謀的，因為若由他迎回皇帝父親及哥哥，這個弟弟就沒有皇帝可做了，所以指使秦檜害死了岳飛。南老師也認為，岳飛處在那個戰亂時代，正是孔子所說的「邦無道」，應該「危行言孫」才對，但他卻「危言危行」

而招來大禍，這是缺乏道家工夫之故㉚。

《論語》言及道家隱士的文字不少，下列三段是有關道家待人處世的，宜一併研究。不過，南先生原書已有詳細解說，為免文繁，於此不再一一疏解了。

子謂南容：邦有道，不廢。邦無道，免于刑戮。以其兄之子妻之。（公冶長）

子曰：邦有道，危言危行。邦無道，危行言孫。（憲問）

子曰：賢者辟世，其次辟地，其次辟色，其次辟言。（憲問）

卓見慧解

《論語別裁》一書，除上述的「以經解經」、「經史合參」、「以佛解儒」及「以道解儒」外，還有很多地方的精彩解釋並非依循什麼，純粹出自南懷瑾先生自己的卓見慧解的。本節僅引五項為例。

一、無友不如己者

這句原文是：

子曰：君子不重則不威，學則不固。主忠信、無友不如己者、過則勿憚改。

（學而）

朱熹解釋這句話說：「無、毋通，禁止辭也。友所以輔仁，不如己則無益而有損。」南先生認為此解釋大錯，這是看不起人的勢利眼了！相反的，孔子這句話是教你尊重別人，它的真意是「不要看不起任何人，不要以為別人都不如你自己」。因為世界上的人各有各人的長處，所以古人說「不因人而廢言，不因言而廢人」；某人雖然很多缺點，但說不定他有些話很好。反之，某人雖然一時說錯了什麼話，但切勿把他整個人都看不起了㉛。

我認為，老師這解釋才是對的，如照朱熹的解釋，必將沒有一位朋友可交往的了。因為一般人總是自以為是的，總是覺得別人比不上自己的，照朱熹的講法，那就沒有任何人可交朋友的了。反之，如果一個人總是覺得自己不如別人，那就患上「自閉症」或有嚴重的「自卑感」了，這種心理病態的人當然交不了朋友；別人也不會同他交朋友，因為別人也用朱熹的標準之故。

二、宰予晝寢（公冶長）

這句原文是：

宰予晝寢。子曰：朽木不可雕也，糞土之牆不可杇也。於予與何誅！

傳統解釋是：孔子學生宰予偷懶睡午覺，孔子看到了就罵他；你好像腐爛的木頭不可雕刻了，你好像爛泥巴做的牆壁去粉刷也沒有用了。「誅」應作「求」解，「於予與何誅」就是我也拿他沒辦法的意思。

按宰予是個好學生。在孔門裏有言語、文學、德性、政治四科才能的分類，宰予還是言語科的第一名呢！如他只是睡睡午覺，孔老師怎可能如此罵他？所以歷來就有人懷疑此事。最早是梁武帝提出來，認為「畫」字錯了，應為「畫」，即宰予在寢室的牆上畫圖，老師說這牆是泥巴做的，畫不了圖的。歷代有人接受這講法，近代如著名的康有為、梁啟超也持這看法。以理學家自居的曾國藩最有趣，因為孔子有這句話，竟然終生不敢睡午覺；但忙得太累，只好傍晚小睡一下了。

南老師卻認為古人都曲解了這句話。孔子是說，因為宰予身體很弱，只好讓他午間多睡一會，對他不可過份要求了。這種解釋很有趣，與傳統說法相反了，孔子不是責備宰予不努力，反是愛護他讓他多休息了。南老師說他是從一些學生實際表現中體悟出這種道理的，有幾個學生能力好智慧高，就是身體太弱，常生病，只好任他多休息了㉜。

三、敬鬼神而遠之（雍也篇）

這句原文是：

樊遲問知。子曰：務民之義，敬鬼神而遠之，可謂知矣。

對於《論語》這段話，南老師解說得很精彩：他說，孔子也不排斥宗教鬼神的事，只是認為「天道遠，人道邇」，鬼神是屬於天道的範疇，離我們很遠。我們人活在世上是「人道」問題，「人道邇」是切近我們生活的事，包括政治、經濟、教育、軍事等等都是人道的事，不可以鬼神為主，所以要「敬鬼神而遠之」。

「敬鬼神而遠之」這個原則很重要，是個大問題。試看中國歷史、西方歷史，政治與宗教幾乎沒有分過家。就從中國的秦始皇算起，直到漢高祖、漢武帝、唐太宗、以至宋、元、明、清，幾乎沒有一位皇帝不同宗教發生關係的，不管他是信仰或反對。西方呢，更嚴重了，遠的不說，就從十字軍東征算起，一直就是「宗教戰爭」，為鬼神信仰而打仗。直到現在，西方的宗教衝突還是老樣子。中國民間也有許多宗教動亂，自東漢三國時的黃巾軍，到元朝的白蓮教，近代的如紅燈照，太平天國、義和團等動亂，都同宗教有密切的關係。在中國歷史上，政治如果扯上宗教問題，便非失敗不可。

因此，南先生下結論說：世界人類歷史文化，如果站在宗教立場來看政治，好像每個地區的政權，都不過是由宗教製成的一個作品，如古以色列人自稱是「上帝的選民」的觀念就是這樣。但任何一位純粹的宗教教徒，最好站在政治立場來看宗教，就是孔子這話：「敬鬼神而遠之」，不可把宗教同政治混起來，否則會產生許多危險。

最後，他提出具體的主張：廿一世紀以後，人類所有宗教的外衣都必須脫掉，所有宗教的大門都必須打開；而且各種宗教要聯合起來共同服務，追求人生宇宙的真諦；廿一世紀後的文明，才能建設起來。他作此具體預言，還特別強調：當場在聽的人要記錄下來，將來印證必然如此。反之，各宗教若不此之圖，還是閉關自守，對所有宗教只有八個字的定論：「關門主義，自殺政策」㉝。

四、樂水與樂山

雍也篇接著有段話說：

子曰：知者樂水，仁者樂山。知者動，仁者靜。知者樂，仁者壽。

對前二句的意思，一般人的瞭解是：有智慧的人喜歡水，仁慈的人喜歡山。南老師認為這種解釋大錯！像鰻魚、泥鰍、烏龜等都喜歡水，難道這些水生動物是「智者」嗎？猴子、老虎、山羊等都喜歡山，難道這些山棲動物是「仁者」嗎？這種解釋顯然不通。

他認為，關鍵在這兩語的斷句應為：「智者樂，水」，有智慧的人是快樂的，像會流動的水一樣活活潑潑。「仁者樂，山」，仁德的人是快樂的，像山一樣寧靜、堅固、崇高。老師這解釋是對的，因為後文「知者動，仁者靜」就是很好的注釋。一般人的誤解，是出於「望文生義」而已㉞。

五、束修不是肉乾

述而篇有段這樣的話：

子曰：自行束修以上，吾未嘗無誨焉。

朱熹解釋：「修，脯也。十脡為束。古者相見，必執贄以為禮。束修，其至薄者」。這是說，凡是學生拿了十條（一束）肉乾（臘肉）來當見面禮的，孔子都願收他為學生了。

南老師認為，自古以來把這段這樣解釋，實不合理！孔子有三千位學生，那麼變成送來三萬條臘肉了，放也沒地方存放，孔子豈有如此收禮法？況且像顏回這般窮的學生，他自己連吃飯都成問題，哪來十條臘肉送給老師？但孔子不但教他，還認他是最得意的門生呢！所以，自朱熹以來的解釋是錯的。

他認為關鍵在這個「自行」一詞上。「自行束修」就是自我檢點約束一下自己，來見老師要有禮貌的意思㉟。

宋儒的功過

南先生認為，現代之所以演成「打倒孔家店」，宋明的理學家應負百分之百的責任。甚至明朝之所以滅亡，也是理學的責任。他這一觀點與判斷，牽涉到中華文化今後發展的嚴重問題，我應本於學者良知，在此宜作一較詳細的疏解。

先看南先生一段批判得最嚴重的話：

到了宋代，當時有所謂五大儒者，包括了朱熹等五個人，他們提倡新的觀念，自認為孔孟以後繼承無人，儒家的學問斷了，到他們手裏才接上去。這中間相隔差不多一千多年，不知道他們在哪里碰到孔子和孟子，就一下子得了密傳一樣，把學說接上去了，這是宋儒很奇怪的觀念。然後他們就批評各家都不對，創了所謂理學。不過有一點要注意，我們現在的思想界中，理學仍然非常流行，有一派自稱新理學，講儒學的學問。但很遺憾，他們還不成體系，仍舊不倫不類的。至于宋儒的理學家，專門講心性之學，他們所講的孔孟心性之學，實際是從那裏來的呢？一半是佛家來的，一半是拿道家的東西，換湯不換藥的轉到儒家來的。所以，我不大同意宋儒。對於宋儒的理學，我也曾花了很大的工夫去研究，發現了這一點，就不同意他們。……宋儒借了佛道兩家的學問，來解釋儒家的心性之學，一方面又批駁佛道。其結果不止如此而已，從宋儒一直下來，歷代的這一派理學，弄到後來使孔孟學說被人打倒，受人批評，宋儒真要負百分之百的責任。……尤其到了明朝末年，理學非常盛行，所以滿清入關的時候，很多人對明儒非常憤慨，認為明儒提倡的結果是：「平時靜坐談心性，臨危一死報君王」，指責理學對國家天下一點都沒有用。……不過話說回來，能夠做到「臨危一死報君王」已經很不容易了，但對於真正儒家的為政之道而言，未免太離譜了㊱。

以上一大段話，顯示南先生對中華文化愛之深，才對宋儒乃至理學界人士責之切。但依我淺見，南老師的終生研究的特長在於「致廣大」而不在「盡精微」，他所垂教的方針就像孔門的傳統，重在個人品格學問的養成、實用與普及，並非注重高深理論的探討，故對宋儒乃至現代新儒家的一些擴大性譴責之詞，也是在所難免的。

依我近年辛勤研究所得的管見，對於宋儒理學有關問題，可概括為四點：

1、自宋儒的心性之學（理學）的產生而言，誠如梁啟超所說的「宋儒自稱直接孔孟的心傳，不承認與佛學有關係，而且還排斥佛教。另方面對他們反動的人攻擊他們，以為完全偷竊佛教唾餘，自己沒有東西。其實正反兩方都不對。」㊲宋儒正是受了唐代以後的佛教，尤其是禪宗的刺激而轉向精研傳統的儒家思想。某種思想受了另一種思想的影響而產生了另一種創新性的思想，這是「思想的會通」問題，是很正常的現象，也是人類文化融合的可貴方式；何況，文化學術思想是天下公器，根本談不上誰「偷」

誰的問題。

2、宋儒真正貢獻是建立了一套「心性之學」，也就是西方大哲康德所謂的「道德形上學」（the Metaphysice of Morals）。據現代新儒家代表性大哲牟宗三等人的論斷，中國這套「心性之學」是超越西方道德哲學的，對世界的思想界將有重大的影響。他們如何建立這套精深的學問？主要根據就是孔子的「仁」論與孟子的「人性善」論及「良知」論。所以宋儒自稱「直承孔孟心傳」並無錯誤。

3、現代新儒家代表性的思想界人物，有梁漱溟、馬一浮、熊十力、唐君毅、牟宗三、徐復觀、吳汝鈞，他們的思想成就不但是宋儒的發展，而且多融會了佛家、道家乃至西方哲學思想，成就卓著。其中唐君毅、牟宗三及吳汝鈞的成就特別重要。唐氏的《中國哲學原論》六巨冊，學界公認是「研究中國哲學的大寶山」。又有《哲學概論》及《生命存在與心靈境界》兩大著，把世界各派的哲學思想都作全面而深入的研究，而且把人類心智產出各種學問作了判教式的定位，這些作品都是超越前人的大作。牟宗三的學問特點是「深而密」，他不但對佛教的心性論有突破性研究，而且確立了中國心性哲學超越了西方；這些精深的見解均可在他的《佛性與般若》、《心體與性體》、《中西哲學之會通十四講》、《圓善論》等巨帙著作中見到。最年輕的吳汝鈞更是學貫中西，通曉中、英、德、日、梵、藏、巴利七種語文，近年乃能寫出《佛教的當代判釋》、《純粹力動現象學》、《量論》等巨著。尤其《純粹力動現象學》是空前的「造論」之作，等於把人類全部思想學問融成一個完整的體系了㊳。不過，應注意的是，因為南先生在一九七四年講《論語》時，上述大部分巨著尚未推出，南先生未有機會看到，才有上引「但很遺憾，他們還不成體系」之言。

4、當然，正如所有的學問一樣，有其成就必也有其副作用。歷來對於宋、明朝大哲開出「心性之學」（理學）的批評，認為在經世致用方面有所缺失，我們宜抱著同情理解的態度；但若苛責過甚，乃至對「心性之學」作全盤否定，就不妥當了。尤其站在同世界哲學思想比較的角度，為中國固有的傳統儒家思想建立一種世界獨有的「道德形而上學」，這不但是值得中國人自豪的一件大事，而且在人類文化思想的發展上也有此必要。

綜上所述，自宋儒到現代新儒家諸大哲，他們的成就絕對是巨大的。不過若與南懷瑾先生比較，兩者的路綫完全不同，貢獻也就大異其趣了。南先生走的是普及教育路綫，所以受他接引的人很多。新儒家的理論既深且精，只有積學持久深湛之士才能瞭解，所以他們對後世的思想界才有深遠的影響。但無論路綫如何分歧，大家努力的大目標總是一致的，那就是為了振興中華文化。

第五章 附注

①全文見《論語別裁》附一。此文亦載於《中國文化泛言》增訂本三頁首篇，北京東方出版社二〇一六年一版。

②見《論語別裁》上冊一二五頁，臺北老古文化公司二〇一六年三版四十二刷。

③《論語別裁》在一九七四年四月至一九七五年三月在國民黨中央大陸工作會開講，一面講一面在《青年戰士報》連載，大受社會歡迎；一九七六年五月即結集成書出版。詳情可參南一鵬著《父親南懷瑾》上冊二八三—二八八頁。

④見《史記》末卷〈太史公自序〉。

⑤見註②書五、二〇〇、二四九頁。

⑥同上註書二四九頁。

⑦參考頁碼以上註②書版本為準。在非此版本中，大概可在各篇之前文找到。

⑧參註②書一三、一四、六〇頁。

⑨同前書一六九—一七〇頁。

⑩同前註書一一、一二頁。

⑪以上四點內容，主要參考吳汝鈞《儒家哲學》一一一—一一四頁。臺灣商務印書館一九九八初版二刷。

⑫可參牟宗三《圓善論》一四二頁以下，臺灣學生書局出版一九九六年。唐君毅《中國文化之精神價值》四九頁以下，正中書局一九九四年二版十刷。徐復觀《中國人性論史》八四頁以下，臺灣商務印書館一九九九年一二刷。吳汝鈞前揭一八頁以下。

⑬牟著前揭一四二—一四三頁。

⑭唐著前揭五三頁。

⑮關於〈人文精神〉可參徐復觀〈原人文〉一文，載於氏著《中國思想論集》二三五頁，臺灣學生書局印行二〇〇二年十刷。又：中國與西方的精神文化比較，詳見拙著《現代佛學別裁》三二頁以下。上海古藉出版社版《佛學別裁》七頁以下。

⑯「五利使」詳見拙著前揭臺灣版二七三頁以下，上海版一八六頁以下。

⑰見《論語別裁》附二〈孔學新語發凡〉。

⑱同前書二〇二頁。

⑲同前書三六二頁。

⑳同前書六七一頁。又參考《春秋左傳》莊公九年紀事。

㉑同前書二二七—二二九頁。

㉒此文亦收在拙著《古今法律談》，臺北《民族晚報》印行一九七九年初版，淨名文化中心二〇一三年修訂版。

㉓參《論語別裁》一八七—一九〇頁
㉔同前註四三四—四三六頁。
㉕同前註四八一頁。
㉖關於「三智」，有意深研者可參牟宗三《佛性與般若》一書第一章第二節。臺灣學生書局一九九三年修訂五版。
㉗同註㉓書五四七頁。
㉘同前註書一八四—一八六頁。
㉙同前註書四〇六—四一〇頁。
㉚關於馮道與岳飛，詳見同前註書三八四—三八六，六五三—六五四頁。
㉛同註㉓書三三一—三三五頁。
㉜同前註書二一九頁。
㉝同前註書二九五—二九八頁。
㉞同前註書二九九頁。
㉟同前註書三二四頁。
㊱同前註書一〇五—一〇六頁。
㊲見《梁啟超集》二二〇頁。北京中國社會科學出版社一九九五年一版。

㊳ 關于新儒家人物、思想成就的大概，可參吳汝鈞前揭《儒家哲學》一書。

（附載）

論諡

勞政武 撰

諡是周代以後才有的制度，上古之世無之。例如三代之時，堯是陶唐氏，名「放勳」；舜是有虞氏，名「重華」；禹是夏后氏，名「文命」；而「堯」、「舜」、「禹」此三字雖有人說是他們的「諡」，也有人說是「號」，然而縱使是諡，也正如《太平御覽》卷五六二所說，只是後世追議者，絕非當時的諡。

《通志》諡法序論云：

以諱事神者，周道也。周人卒，哭而諱，將葬而諡。有諱則有諡，無諱則諡不立。蓋名不可名，則後王之語前王，後代之及前代，所以為昭穆之次者，將何以別哉？生有名，死有諡；名乃生者之辨，諡乃死者之辨，初不為善惡也。

又《史記正義》諡法解云：

惟周公旦、太公望，開嗣王業建功於牧野，終將葬乃制諡，遂敘諡法。

根據這兩種說法，合理的解釋應是：「諡」本是周朝人的風俗，因為周人生時雖有名，卒後則諱而不再用，為了辨別計，乃有諡，故諡即死後之稱呼。武王定天下後，周公制禮，乃把諡法列入，而成為定制。自此之後，一直到清朝滅亡為止，諡法施行了三千多年。其間只有秦朝曾廢棄過，但不旋踵間，秦歷二世而亡，漢朝即恢復諡法。兩千年多之間，雖經無數禍亂以及外族入主，諡仍行之不斷，直到民國建立才廢除了。

諡，誠如上引通志所說，原不過是為了「死者之辨」，初無揚善貶惡之意。但經過發展之結果，就變成了大戴禮記上所說的，「諡者，行之跡也」，「聞其諡，知其行」，乃為善善惡惡之具，成為一人「蓋棺論定」的具體表誌。對於這種作用，明人謝文祥的「申明諡法疏」說得頗透徹：

臣聞天道至公，聖人奉天亦至公，公者所以平賞罰而昭勸戒也。故公賞，則賞一人而千萬人勸；公罰，則罰一人而千萬人戒；檢士行、扶世道、固國本，無不於是乎在。然則賞罰嚴也，可警於一時；賞罰重矣，難及於後世。聖人於是復制之諡法，以善善惡惡，所謂是非百年而後定也。

由是可知，諡的功用一如賞罰；賞罰施諸生時，諡則用於死後，兩者固有區別，其為社會之警惕者則一。謝文祥這段話，應為歷代對諡的代表性看法。

自周迄清皆有諡，惟每代之〈諡法〉皆未必相同。據《通志》所載，〈上諡法〉有神、聖、賢、文、武、成、康……等百卌一個字，〈中謚法〉有懷、悼、愍、哀、隱、幽、沖、夷、懼、息、攜、恤、願、儆凡十四個字，〈下謚法〉則有野、夸、躁、伐、荒、煬、戾、剌……等六十五個字。這些謚字均有一定的涵義，例如「民無能名曰神」，「經天緯地曰文」，「慈仁短折曰懷」，「使民悲傷曰愍」，「恭仁短折曰哀」，「華言無實曰夸」，「好變動民曰躁」，「好樂怠政曰荒」，「去禮遠眾曰煬」，「不悔前過曰戾」，「不思忘愛曰剌」等均是。不過應注意者，每個謚字常不止一種意義，例如最有名的「文」字謚，除上述的「經天地緯曰文」外，還有「修德遠來」、「勸學好問」、「道德博聞」、「慈惠愛民」等十種涵義。由是一個受謚的人，只要具備這十一種涵義中的一種德行，就有謚「文」之資格了。這些謚字之涵義解釋，大抵每代相差不遠，但每代實際用字卻不一定相同，歷代學者有關述著中的字數也有差異。北宋蘇洵曾就歷代學者述著加以整理，上述的上、中、下謚共二百一十字，就是他整理出來的。

至於謚的用字數，歷代有變。大抵春秋戰國時皆用一個字。例如周武王的「武」字即係謚，又如魯臣公子彄謚「僖」而被稱為「臧僖伯」，管仲謚「敬」而被稱為「敬仲」等均是。漢以後仍多為一字謚，偶而也有二字謚的。如漢開國功臣曹參謚「懿」，樊噲謚「武」，均屬一字，而張良則謚「文成」二字。又如三國時代，諸葛亮謚「忠武」，法正謚「翼」，費禕謚「敬」，龐統謚「靖」，趙雲謚「順平」，黃忠謚「剛」，馬超謚「威」，張飛謚「桓」，關羽謚「壯繆」，均多為一字，間用二字者。到了唐代，二字謚漸多，例如尉遲恭謚「忠武」，李靖謚「景武」，李績謚「貞武」，均是二字謚；與李世民作對的元吉卻獲惡謚為「剌」。

宋代二字謚已比一字謚多，例如王安石謚「文」，黃庭堅謚「文節」，蘇東坡亦謚「文節」，包拯謚「孝肅」，范仲淹謚「文正」，都是廣為人熟知的。

明清兩代謚字的多寡，法有定制。據《明史》禮志載；親王例用一字，郡王二字，文武大臣同否由皇上裁定，而對皇帝之謚則有用到十七個字之多者。終明之世，獲謚「文成」之大臣僅有劉基和王守仁兩人，謚「文正」則有李東陽、方孝孺等五人，可見明代「文成」兩字最尊，與清代尊「文正」有所不同。清制謚法與明代差不多，據《清史稿》禮志載；親王例用一字，貝勒以下及文武大臣均用二字，郡王多用二字也間有用一字者。

賜謚有一定的程序。清制賜謚，大抵先由侍讀擬定八字或十六字，交給大學士選出其半，最後呈由皇帝裁奪。但有所限制的是：「文正」兩字最崇，臣下不得擬呈，須出自皇上特恩。又武臣非武功彪炳不得擬「襄」字。故曾國藩獲謚「文正」，左宗棠獲謚「文襄」，皆得來匪易。

至於何人可謚，亦代有差異。古禮原為「無爵者無謚」，大抵漢代以前，除君王、后妃，以及皇親國戚外，一般大臣必須生時獲有公、侯、伯、子、男之爵位者方得謚。自唐以後，謚的範圍擴大，不但一般文武大臣得謚，且「養得丘園，聲實名著」的社會賢達也有謚。明制，太祖時文臣不得謚，武臣非有侯伯之爵者亦無謚；成祖以後漸濫，不但謚及文武大臣，甚至有及方士者。清制嘉道以前，謚典甚嚴，往往官至一品依例可謚尚且不謚者。洪楊亂後，因地方官吏死難甚多，封疆大吏上疏請謚，乃較寬。

（登於一九七七．六．六中央日報副刊）

第六章　淨名路線

——南先生的佛家思想與行證

我在《現代佛學別裁》一書的後記中曾指出：「近半個世紀以來，佛教大興於臺灣，宏觀以言，可分為三大流派（宏法路線）：一為純學術路線，代表者就是牟宗三、唐君毅及吳汝鈞等先生所傳承的系統。二為純宗教路線，代表者為「四大山頭」（佛光山、法鼓山、慈濟功德會、中臺山）。三為居士禪路線，代表者即為南懷瑾先生。此三派並非互相排斥，而是各盡所能地分頭宏揚佛法，從而成就現代中國佛教的復興。」本章的內容，就是要闡明南先生在這方面的貢獻。

何謂「淨名路線」

「淨名」是維摩詰（Vimalakīrti）的中譯名，又名維摩、無垢稱等，他也是佛陀的在家弟子（居士）。著名的佛經《維摩經》，就是以他為中心而開展各種深奧義理的經典。可以說，維摩是佛門中最偉大的居士，因為他德行高超、知識廣博、智慧玄遠，連佛陀也常請他幫忙教導其他弟子。因此，最能代表居士佛教思想的，就是這部《維摩經》了。

按在佛陀在世時，信奉佛教的徒眾已有七類（七眾）：比丘、比丘尼、式叉摩尼、沙彌、沙彌尼，優婆塞、優婆夷①；其中前五類為出家人，後二類稱為居士、女居士，就是在家弟子。據經典記載，早在佛陀親自傳教時已有許多居士弟子，第一位居士是長者耶舍子，他的母親則為第一位女居士。但在佛教的初期，大約四百年內，即大乘佛教興起以前，佛門仍是重視出家人的，幾乎所有的經典都是針對出家人而說法，在家人的信仰者只算是陪襯而已。在大乘佛教則相反，強調的是菩薩道，其目標就是盡度世間的有情眾生，這就是從小乘的「出世目標」回到「世間目標」，自然就重視在家人的信仰了。

大乘之所以傾向在家主義，應與其來源有密切關係。大乘原出於「大眾部」，此部本來就是與社會大眾接觸較密切，與「上座部」一味孤高在寺院中修行者不同。又佛滅後約一百五十年，孔雀王朝統一印度，阿育王以世俗的「轉輪王」資格大力推行佛教，在各地建造大量的佛塔，看護佛塔的都是在家居士團體，由是造成佛教深入民間的深遠影響。這種背景下產生的大乘佛教，在家居士的興盛是自然的。

佛教傳來中國後，最初四百年也是以出家人為主，但到了南朝（宋、齊、梁、陳），居士卻極為風行。梁啟超曾列舉當時許多名門貴胄或文名滿天下之士，多為居士者，如：王導、庾亮、謝安、王羲之、習鑿齒、陶潛、昭明太子蕭統、齊竟陵王蕭子良等皆是，而最有名的大居士就是梁武帝。唐朝以後，禪宗流行，禪宗的主張從來就不分出家與在家者，故禪門的居士更多。

現代佛教亦多居士。積極宏揚「白衣佛學」的前賢，如楊文會、歐陽竟無、梁啟超等人皆為居士，固不必說。佛教近半個世紀之所以在臺灣發展以至復興，多半得力於居士。臺灣的在家眾除了參與（皈依）各大小寺廟為信徒外，並有許多居士性質的佛教團體；這些團體通常沒有什麼固定的組織，只是由一位具聲望的師父帶領，不拘形式地吃齋、念佛、打坐禪修或在人群中行善宏法，實際影響力往往很大；故有稱現代是一個「白衣佛教時代」。

但居士皈依的佛教不一定是「淨名路綫」，如現代的兩岸三地（臺灣、大陸、港澳）及海外華人聚居的地區，居士形態的佛教團體很多，其中信仰淨土宗的恐怕占大多數；

屬於禪宗而以《維摩經》為宗依的信徒應該就是南懷瑾先生開創出來的了。

反過來說，同為禪宗的，又不一定是居士佛教。隋唐時，佛門分為很多宗派（通說為八宗：天臺、華嚴、法相、禪、淨土、密、律、三論），這些宗派都是出家人的宗派，不過有許多重要的信徒是當時的達官貴人或名士而已。宋代以後，除了禪宗一枝獨秀、繼續擴大發展外，其他宗派不是消失就是沒落了。其中淨土宗在民間雖依然盛行，但在「禪淨合一」的潮流中也大底可歸入禪宗了。這樣發展到現代，絕大多數的寺院都是禪宗的傳統。例如臺灣最負盛名的佛光山，其開山大和尚星雲大師就是禪宗臨濟宗的第四十八代弟子。

早在一九四〇年代，南先生在四川結識禪宗大師袁煥仙先生，不久即拜他為師，並籌建「維摩精舍」，編撰《維摩精舍叢書》②。他到臺灣以後，即以「淨名盦」署名發表許多著作。二〇〇四年他遷居太湖畔七都鎮廟港，長居的住宅也稱為「淨名蘭若」。凡此足證，南先生對維摩大居士至為崇敬，可以說以《維摩經》義理為宗依的禪法，正是南老師終生宏揚的佛法主調，故我把此主調定位為「淨名路線」，應該沒錯。

宏法的一生

南懷瑾先生自一九四二年九月在四川首次參加袁煥仙大師的禪七，正式皈依了禪門；此後四年間，多數時間都是在努力於精進佛法。一九四九年二月隻身到臺灣，不旋踵間因生意失敗，家庭負擔漸重，生活陷入困境。自幼熟讀儒家經典的南先生，顯然深諳「君子窮而不困」之道，他眼見臺灣這個社會是連一部經書都沒有的文化沙漠，便深感自己的責任重大，於是立即著手宏法的工作。

一、六度波羅密多

何謂「宏法」？大乘菩薩道的宏法，是有固定標準的，那就是「六度波羅密多」：布施、持戒、忍辱、精進、禪定、智慧。無論能為其中之一、或二、或多、乃至全部都是宏法，憑個人力量而為就可以。當然能為越多其福德越大，能為多者是大菩薩，能為小者也是小菩薩；一切在於個人起心動念、量力而為。我細思南老師的一生用捨行藏，實際表現的真是大菩薩，因為他幾乎是全盤做到「六度」了。茲具體言之：

在「布施」方面。包括財布施、法布施。他一生捨財助人無數，我自己就是受惠者；很多受惠者都有文字留下來實證此點，毋待多說。他的法布施最殊勝的就是寫出禪門重要的著作，這事後文再詳談。

在「持戒」方面。我在前文第二章第一節第四項已細加分析過老師的高尚品格，這就是戒行潔淨的結果；尤其他自始就提示和支持我寫出《佛教戒律學》這部博士論文，這不只是「持戒」，而是「宏戒」了；這方面也不必在此贅言。

在「忍辱」方面。老師曾忍過什麼難堪之事，雖然他從不正面吐露出來，但我從種種迹象可以窺見，他在這方面的功力無比深湛。例如我多次聽他每言及受環境所困的事，都用八個字來一語帶過：「無可奈何，只能如此」！這是含有悲涼味道之言，可以從中想像他實際遭遇的一二了。又如在他逝世後，李氏家族居然立即全部侵吞老師在臺灣及在太湖的有形無形資產，還敢同老師的哲嗣對薄公堂，甚至以卑劣手段到處毀壞師門哲嗣的名譽③；這從中華文化角度來衡量，完全是不忠不義的行徑；從佛教角度來衡量，實是犯大戒之妄行非為。以老師的睿智，他在世時豈有不知這家人的心態？無非是「姑且忍辱，以待後效」罷了。一九九四至九六年間，我與鳳儀農場經理曾湘如女士常出入於南師的香港寓所，因此她同李家人也很熟。有幾次她曾對我鄭重地說：「我看李家的人不是真的尊敬老師，不過是想攀著老師的關係去結交北京高層、做大陸生意罷了！」當時我還阻止她不可亂說，事後才證明她的觀察是對的。老師的過人觀察力豈有不如她之理？盡可能容忍是菩薩道而已。

在「精進」方面，我相信老師正如孔子一樣的「好學不厭、誨人不倦」。具體的事證已在前文第二章有專節說過了，於此不贅。

在「禪定」方面，這正是南老師所長，下文將具體說明這個大問題。

在「智慧」方面，有無數的實例可以證明老師的智慧是超越凡人的。我在此只是要指出，南師的智慧不僅是佛教所說的「般若智」（一切皆空之認識），而且包含了儒家贊天地化育的「裁成智」，乃至道家的功成身退的「凌虛智」。這樣全面性的智慧，化成他一生的言默云為，領受者自能了然於胸，於此也不待細說。

至於他一生的具體宏法行動，總體而言，可概括三個重點：佛學著述、教導禪修、演講。這三者又相輔相成，乃形成他的廣大成就。以下各項，就這三點分述之。

二、佛學著述

南懷瑾先生最重要的佛教著述，無疑就是《禪海蠡測》，正如他自己所說的：「我的著作一大堆，真正寫的一本書是《禪海蠡測》……所有的書都不算數，就是這一本。」④這本書何以如此重要？淺見以為有二點原因：

一是代表中國傳統禪宗到臺灣傳道的開端。在一九五〇年代初期，臺灣坊間不但沒有禪宗的書，連一本像樣的佛經也沒有，甚至儒家的四書五經也難見到，這真是「文化沙漠」現象。南老正是為這現象擔心不已，才破除萬難，在完全缺乏參考資料的困境中，以文言文寫成了這本書。一九五五年出版後，有「中國當代四大儒者之一」之譽的張君勱看到了此書，感奮地說：「我們這一代總算對歷史文化沒有交白卷！」⑤自這本書出版後，臺灣才漸漸出現了一些討論禪法的書籍。由此可證，這本書對禪宗在臺灣的承傳，實有劃時代的貢獻。

第二是代表了南先生一生堅決宏法的開端。南老師寫這本書時，蟄居在基隆陋室，來往大陳島的生意剛失敗；且結婚不久，三個孩子已生下來，是全家生活最艱難時期，連吃飯都成問題；正如此書的自序說：「運厄陽九，竄伏海疆，矮屋風檐，塵生釜甑」，在這種惡劣環境下，他真正做到了「君子固窮」的節操，才能寫出這本書。當時只有一部《指月錄》作參考，其他資料全缺，能寫出這本書，也足以證明南老師的才思是何等高超、宏法意志是多麼堅定了。這本書出版後，奠定了後來臺灣社會公認他是「禪宗泰斗」的地位。

嗣後，他陸續出版《楞嚴大義今釋》、《楞伽大義今釋》、《禪與道概論》、《習禪錄影》、《靜坐修道與長生不老》、《道家密宗與東方神秘學》、《準提修法——顯密圓通成佛心要》、《禪觀正脈研究》、《中國佛教發展史略》等述著，對佛法的宏揚起了極大的作用。還有一點值得注意者，南先生終生出版的述著達八十多種，真是「著作等身」了⑥，雖然絕大部分不屬佛教性質的書，但內容大都會涉及佛法；例如前述的

《論語別裁》就有很多內容是「以佛解儒」的。因此，從廣義來看，南先生的其他述著也都起著間接的宏法作用。

三、教導禪修

南老師在臺灣宏法，教人打坐的禪修是最重要的活動，因為這種活動至少有三種作用：第一，對參與這活動的個人而言，這是佛教禪宗的真正實修。一般人，經過這實修就可以進入佛門，今後只要自己精進努力，必能使身心起良性變化，最後可望達到脫離苦海煩惱的佛菩薩境界。第二，對師門而言，受過這種活動訓練的人，大多數會成為真心誠意發展師道的力行者；這些「力行者」多了，師道自然發揚光大。第三，對社會而言，所謂「各人自有一片天」，領受禪修益處多的人必然會自動自發地在他自己的人際關係圈中宣揚，這樣就會帶動社會風氣，產生「蝴蝶效應」。總之，禪修活動對宏法的功效很大，恐怕是其他所有宏法行動無出其右的了。

據我所知，有案可稽的「禪七」活動，南懷瑾先生在臺灣三十年間只舉辦了十八次：⑦

1、一九五四年在臺北縣觀音山淩雲寺辦首次「禪七」。

2、一九五五年，在基隆市七堵法嚴寺。

3、一九六〇年一月廿九日，在臺北市北投居士林。

4、一九六二年二月六日，在臺北市北投居士林。
5、一九六三年一月廿六日，在臺北市北投居士林。
6、一九六五年二月四日，在臺北市北投奇岩精舍。
7、一九八六年一月卅日，在臺北主持「禪七法會」。
8、一九七一年一月廿八日，主持東西精華協會「禪學班」禪七。
9、一九七二年元月一日，東西精華協會舉辦「禪七專修班」。
10、一九七三年二月四日，在臺北市蓮雲禪院辦禪修班。
11、一九七五年一月廿七日，在高雄佛光山大悲殿舉辦「禪七」。
12、一九七九年一月廿九日，東西精華協會舉辦「新正禪七」。
13、一九八〇年一月底，在臺北市辛亥路救國團活動中心舉辦「禪七」。
14、一九八〇年二月七日，東西精華協會舉辦「春節禪修班」。
15、同年十二月廿七日，在臺北十方叢林書院舉辦「禪七」。
16、一九八二年春節，在臺北十方叢林書院舉行「學員新春特別修定班」。
17、一九八四年二月二日，東西精華協會舉辦「精進禪修」，持續六周。
18、一九八五年初，在臺北主持禪修。（同年七月四日離台赴美）

在臺灣舉行「禪七」，南老師是第一位首創者，舉辦多次後逐漸對佛教界文化界及社會產生大影響，尤以第十次在臺北「蓮雲禪院」、第十一次在「佛光山」、第十三次在「救國團活動中心」所舉辦的為最。就在南老師的帶動下，各大山頭寺廟也紛紛舉辦禪修活動，規模逐漸盛大；如臺北的「法鼓山」、台中的「中台禪寺」、高雄的「佛光山」，舉辦禪修活動參與的信徒人數動輒上萬人，真是漪歟盛哉！但南懷瑾先生絕對不走這種「熱鬧禪修」路綫。他每次禪修都是應老朋友堅請才開辦的，除了少數幾次有上百人參加之外，每次都僅二、三十人左右。因為每次禪七，老師都必須整天帶領大家，不但要領大家打坐、行香，還要注意每個人出現的狀態，必須隨時加以指點導正；所以往往一場禪七下來，他都會生大病一場，要自行靜養多天才恢復康健。

有次在香港，恰好我也在南寓晚餐；電視播出臺灣一所寺廟的大規模禪修鏡頭，有上萬人參加，場面極莊嚴盛大！我趁機請問老師，禪修活動搞得如此之盛大對不對？老師嚴肅地說：「當然不對，這是搞反了！」我瞭解他的意思是，禪修是要從煩囂的社會生活回歸到寂靜的境界，這樣對心靈的修煉才有益，如果要搞「群眾運動」式的熱鬧，參與商業、政治、體育、歌唱會等大型活動就好了，何必禪修？當然，大規模的信徒參加，寺廟的香火便鼎盛，收益自然增多，有助於宏法。但無論從佛家義理或儒家思想，必須有「不為利誘，不為勢劫」的節操才是真諦，才能長久；貪圖一時的熱鬧，終究是沒有用的幻影空花而已。試看禪門始初的教訓：北禪神秀貴為武則天皇帝之師，可以出入宮庭，勢盛無比；反觀他當時的師弟慧能蟄居在廣東四會的獵人隊中，要吃素也只能挾「肉邊菜」，正是無比窮困。但慧能最終成為禪宗六祖，枝葉傳播千秋萬世，今天更成為全球性信仰。再回顧神秀雖盛極一時，不到三代便湮沒無聞了。在這種強烈比較下，我更堅定相信，南老師甘於寂寞的宏法路綫才是對的。

四、演講

《詩經》有云：「鶴鳴九皋，聲聞於天」⑧。南懷瑾先生在臺灣居留卅五年，這二句古詩恰是他的際遇最好寫照。最初十來年，他蟄居在窮困的環境中，根本沒有什麼機會去演講。他不管如何困難，一心為挽救文化慧命而埋頭苦幹，終於寫出《禪海蠡測》、《楞嚴大義今釋》、《禪宗叢林制度與中國社會》、《楞伽大義今釋》四部重要述著。所謂「得道多助」，成就這幾本著作還靠楊管北幫助最多。按楊先生是南老師的老友，在上海時已有交情，來台後當立法委員，是南老師這段期間的最得力的護法者。但任何人的幫助，只是增上緣，最根本的主因還是南老師自己，他真正做到「窮而不困，憂而志不衰，先知禍福之終始，而心無惑焉」，故能隱居深念，孤明獨照。十六年後，因為老蔣先生要推行「中華文化復興運動」之故⑨，各界邀南先生演講的簡直應接不暇，南先生的成就真是聲聞於天了。

自一九六三年到輔仁大學演講「禪宗和哲學」起，到一九八五年移居美國為止，廿餘年間南先生受各機關學校邀請的演講不下千次，對宏法事業自是影響深遠。其中有三次演講，應是特別重要的：

首次是一九六六年秋天，南先生師應軍方機關的邀請，到全臺灣的各軍種駐地作巡迴演講，題目是中華文化問題。約在十一月初巡迴到台中清泉崗空軍基地演講時，他同陳立夫一起作先後的演講，蔣介石老先生也秘密在簾後聆聽了。陳先生講題是《中庸》，南先生則泛論中華文化的重要性。南先生在講中特別強調：「如果民族文化亡了，中華民族將萬劫不復！」蔣老先生聽後深為感動，三天后便宣布要推廣「中華文化復興運動」了。此次演講的結果，對日後各機關團體學校爭相邀請老師演講，自有密切的關係。

其次是一九六七年秋至翌年春，在政治大學教育研究所講述「道佛兩家學術思想與中國文化」兩次，隨後將講稿整輯成書，定名為《禪與道概論》，於一九八六年十一月出版。此書特殊之處是在講後不久，部分內容先被臺北《大華晚報》登出，立即引起社會高度注意，各界來函催促發表全文，以便一睹為快。其次，出版這部書的機構是臺北「真善美出版社」，這也特別⑩，因為南先生在臺灣其他的著述都是由老古出版的。此書對我還有特殊意義，如第一章所述，我是一九七九年初首次謁見南先生的，他當時就送了這本書的第三版給我，我回家先在扉頁上注明「是書承南教授所贈，六十八、二、廿二」字樣，這年就是西元一九七九年。觀乎此書的來源，顯見這次演講對當時臺灣知識界的影響深遠。

第三次是一九七四年四月三日始，每週在中國國民黨中央黨部大陸工作會講《論語》，一連講了十一個月。這是非常重要的講課，內容就是南老師代表作《論語別裁》的來源。此事已詳見上章，於此不贅。

南老師在臺灣的演講，對文化界及一般社會大眾的影響當然很大，亦即宏法作用很大，自不待言。除此之外，還有一個外人未瞭解的大功用，那就是很多聽過南老師演講的人都成了南門的信徒；有些精英分子更從此進入了南門，成為南老師的終生忠實助手。最顯著的例子，就我所熟知的，有李淑君、劉雨虹及釋首愚三位。

李淑君小姐，一九四八年生，當時還是臺灣大學經濟系學生，一九六九年間，她因到師範大學聽了一場南懷瑾先生演講「老子」，敬佩不已，很快便成為南門最得力的志工人員。不久成立「東西精華協會」，她裏外張羅，成了南門的主力。自此以後直到南老師遷去美國為止，大約十多年間，南門助手眾多，但李小姐卻是公認的首席。老師還有一首題為《書贈淑君學子》的七言八句律詩，來表達對她辛勞的謝意；大概沒有其他學生能被南老師如此倚重的了。

劉雨虹女士，一九二一年生，比老師才小三歲的她，也是一九六九年間，在臺灣師範大學聽了南先生一場「佛學概論」演講而首次認識。認識詳細過程，在她所著的《禪門內外——南懷瑾先生側記》有詳細的紀述。進入南門之後，以她原是記者出身的特長，一直就是輔助老師有關文字的工作；先是主編《人文世界》雜誌，後來負責「老古出版社」的書藉總編。一九九〇年代以後，南老師的作品開始在大陸出版，她更是貢獻良多。尤其難得者，南師逝世時，她已九十高齡，還能把眾同學寫的文章輯成紀念專集，很有價值。

釋首愚法師，生于一九四七年，俗姓柳。一九七四年十月南老師到高雄佛光山演講「禪宗叢林制度與中國社會」，首愚來聽了，大為感動。過了三個多月後的一九七五年元月廿七日，南老師又到佛光山大悲殿舉行「禪七」，首愚也參加了，受益甚大，於是決心上臺北追隨南老師修行。他曾數次專修「般舟三昧」，這是佛教修行中的最難的法門，有部《般舟三昧經》就是講這種修行的；所以他的修行工夫甚深，在南門中應無人能出其右的了。後來香港的大和尚釋洗塵法師數度來臺灣拜訪南先生，雙方合作在臺灣辦個「十方」禪修事業，又由南老師出面使香港的「能仁書院」取得臺北教育部的認可⑪。這個「十方」事業的實際操作，南老師就交由首愚負責了。三十多年來，首愚法師專心這個事業以宏法，帶領徒眾辛勤修行，至今已蔚然有大成就了。

綜上分析，南老師到臺灣後努力宏法，可以概括為著述、禪修及演講三個重點，但這只是就我淺見所及者而已，並非說他除此之外的言默云為就不是宏法，也不是說其他的宏法行證是不重要的。其實，南老師作為一位融通三教的老師，他一切行為都可以說是在宏法的，大菩薩三千威儀十萬細行隨時隨地都在宏法。

本節仍偏重在我的認知層面作分析，下節即以我個人切身體驗作進一步之闡明。

我的禪修經驗

我在一九七九年初首次謁見南先生之前，可以說對佛教一無所知⑫。當時南先生在社會上已有「禪宗大師」一名號，我常去他的辦公室請益，順便在那裏用餐，聽他說些有趣的故事與詩詞典故，也就不知不覺地接觸到了佛教禪宗。但我接觸多次卻不是產生信仰，而是產生另一種好奇心，很想弄清楚禪宗到底是怎麼一回事。眼光極銳利的南老師立即看出了我的心思，所以常對人笑說：「這個勞政武是來這裏觀光的！」

如前所述，我初見南老師，就蒙他送了一本重要著作《靜坐修道與長生不老》，我看完後立即發生興趣，尤其對其中一句「未有神仙不讀書」很好奇，老是想弄清楚這是怎麼的道理，此事在前文已說過了。不久碰到機會就當面請老師教我打坐。他立即答應教，但先問我要學這個的原因，我說：「看了這本靜坐的書，大概打坐有益吧！」老師笑笑，不再說什麼，就當場教打坐的基本姿態，那就是禪宗的結跏趺坐的七支坐法。嗣後，我不時試著自己打坐，但即使是用單盤腿，不幾分鐘就痛得受不了，只好放棄。

過了大半年之後，即到了一九八〇年初，老師領導的「東西精華協會」要開春節靜修班，我決心參加了二月十七日至廿三日（農曆新正初二—初八）的正式「禪七」訓練，這是我一生唯一的一次由南老師親自教導的七天禪坐班⑬，受益良多。

課程的安排很單純。第一天上午報到，下午才正式開始；第二天以後，每天自上午七時半到晚上九時，主要課程就是：由老師帶領全體「靜坐」約半小時，然後下坐「行香」約廿分鐘。所謂「行香」，就是老師領大家在一場地上繞圈子慢步，有運動作用。「行香」完畢，然後再靜坐、再行香、又靜坐，如是反覆操練……除了中間早午晚用餐及兩次茶點之外，就如此靜坐與行香交替到全天為止。大家靜坐時，老師不時講一些佛理或修道法門，但多數時刻只是沉默禁聲，讓大家靜坐。總之，老師講或不講，講些什麼內容是不一定的，都是看情況應機而為。例如午餐後的靜坐，大家易昏沉，他就講些好聽的故事使大家精神振作一些；行香時看到大家精神不好，他就忽然打拍香板一聲，嚇得大家一跳，這就是禪門傳統的「當頭棒喝」訓練方法。晚飯後的靜坐比較輕鬆，稱為「小參」，就是鼓勵大家發言，說出今日靜坐的心得感受或疑問，老師會針對你的疑問一一作答。

凡此等詳細過程，都在當場錄音，事後由同學翻成文字，老師最後改定成書出版。有一本名著《習禪錄影》就是詳記此七天過程的⑭，讓獨自修行的人受益不淺。

清楚記得這次禪修，我坐到第三天上午，雙腿疼痛麻痹得簡直不堪忍受，竟然行香後臨上坐時看見座位就會懼怕。這種心中的畏懼感，使我想起一九六八年夏天在花蓮服兵役時，有一次部隊要作一週的山地行軍訓練，頭三天背著行軍囊扛著槍上山是很辛苦，但只要調好呼吸與上爬的腳步配合，倒還撐得住。後三天下山可就慘了，膝蓋以下的肌肉筋骨全痛，看見下坡路就心生畏懼，這才領悟到「上山容易下山難」這句老話的真諦。打坐到此，竟然也有同樣的畏懼感！

有些同學打坐到第三天左右，種種狀況也出現了，有忽然狂叫的，有突然大哭的，還有大笑不止的，也有喃喃自語難以自制的，遇到這種情形，帶領的老師過去的經驗就重要了，他會走到那人身邊不知用什麼方法或說什麼話，一一化解這些亂象。我慶幸沒有發生這亂象，腳痛只好強忍了。到了翌日，即是第四天一大早從家裏出發，真是好想到此為止，不去打坐了。但再一想，這樣做未免太沒有勇氣，就咬緊牙關搭車去禪場再試下去吧。這樣一堅持，奇怪的事發生了！上了座雙腳居然比昨天好得多，到了下午竟完全不痛了。我這才領悟到，做任何有益的事必會有段艱苦的歷程；痛苦艱難到最高峰時，不能堅持就失敗了，能經得起這樣的考驗才叫做「鍛練」吧。

「禪七」當然不僅是教我們「練腿功」，更重要的是教我們如何「止觀」，也就是把自己的精神意識「觀照」自己的心思念頭，即學習實踐《金剛經》那句最重要的話：「應無所住而生其心」。在七天全程中，南老師強調這個問題最多，他講許多典故、笑話，乃至引用許多詩詞，主要就是要說明這個義理，可見這才是「禪」的核心節目。

我是第一次參加禪七，聽老師解說都是似懂非懂的。但幾天靜坐下來，忽然悟到：這種「止觀」方法應該對自己的腦筋有正面的鍛練作用，必對身心有益。這只是當時我自發的想法，想不到廿一年後看到報紙報道⑮：美國許多醫院、企業及社區中心這時紛紛開辦打坐課程為病人減壓。因為新的研究顯示，打坐的鎮定功效可在動脈壁及腦部偵測到。美國心臟學會的一份刊物報道，透過冥想打坐的放鬆及減壓，可以減少動脈阻塞及心臟病、中風的機率。當然，這種說法只是從醫學角度所得之實證，坐禪的功能應遠遠超過醫學所證明的功效。據說過去日本軍方很重視禪坐，一個大佐（上校）要升少將必須要經過禪坐訓練才行，所謂「大將軍如鼎之鎮」，將領必須有定力，培養定力的最好方法就是禪坐。

經過這七天，堅定了我繼續研究佛教的意志，漸漸認識到有關禪定幾項重點，更體認了禪坐的好處：

1、「禪七」是踏入禪門的集訓。它好比當軍人首先要受「新兵訓練」三個月，從各項生活細節上加以嚴格訓練，扭轉原有的許多不良習慣，這樣才成其為「軍人」。禪門也一樣，一個人自學打坐很難，由師父帶領經過七天的鍛練才算踏入修禪之門，今後有何成就，那就是「師父帶進門，修行在個人」，靠你自己去實踐和體驗了。

2、禪坐是佛教的最基本工夫。佛門有戒、定、慧三大修道重點，稱為「三學」，這是學佛的實踐綱領。其中「定」又是重點中的重點，因為不能「定」就很難守戒，也不可能發什麼慧。如何「定」？佛門中有許多修定的方法，例如淨土宗的一味念佛號，密宗的念咒，真正作用就是「定」。但比較起來，打坐才是修定的最基本工夫。試看佛陀的坐相必是打坐的姿勢，就足以啟示我們了。因此我可以斷定：如果一個佛教徒不能打坐，可以說他根本不可能進入佛教的堂奧；他只是在門牆之外仰慕遊逛一番而已。

3、練腿功非常重要。人的衰老，始於雙腿，故鍛練腿部對健康十分重要。這種道理，我們見老師時，他常會提到；在他多本著作中也曾提及，例如在《靜坐修道與長生不老》一書中說：「打通兩腿神經下行氣的重要，比起打通任督二脈的重要，只有過之而無不及。」⑯

但怎樣練才有效呢？經過這次「禪七」訓練，如前所述，我的雙腿從麻痹痛楚到不堪，忽然變得好轉，從而使我高度注意自己腿部問題了。後來因忙於雜誌社俗務，未能堅持不懈地打坐鍛練下去，但心中還是記掛著這件事，一有空閒機會還是盤腿坐坐。但這樣一曝十寒式的做法，長期下來功效也不大，依然只能單盤，只是可以漸漸持久一點而已，談不上什麼大進境。直到一九九四年在香港，老師訶責我不會照顧自己身體，我才下定決心作持續的鍛練，大概又配合了每天早上到野外去煉「九如操」⑰，而且雙盤坐姿也輕易做到了。

現在我的年齡已逾七十三歲，身體各機能的狀況都很好，除了有點重聽外，沒有其他毛病；每週堅持有五天到野外去做一小時的「九如操」，然後打坐一會。平時有機會坐下必想盤腿而端坐，不如此就覺得不舒服。這一切的受益，追根究源，就是那次參加「禪七」而來的。

人間的因果很奇妙。我本抱著好奇心去參加，正如老師說我「是來觀光的」，意指我根本不像其他同學是抱著一顆對佛教虔誠的信仰，或對老師懷著真切的崇拜而來的。但有意種花者花未必發，無意插柳柳卻成蔭，初由老師的引度使我踏入禪門，嗣後逐步深入，一九九四年到香港後為了撰寫《佛教戒律學》，我竟然不由自主地窮研佛藏乃至當代名家全部有關著作，如是經過十多年的努力，佛學竟然成為我後半生的專業了。從這種因果發生在我個人身上，也可反印證南懷瑾先生的引領功德有多麼盛大了。

尤有進者。南老師雖然度眾宏法功德如此之大，但他從無宏法功德之想，反而常勸學生不要隨便去學佛；他甚至多次公開說：最討厭那些學了佛教的年輕人，「見人就雙手合十，平日動不動就是低眉垂目，滿口佛話，一臉佛相，全身佛氣；沒有一點活潑天真的樣子！」⑱他常常強調，首先要把人做好，才談得到學佛。他對我的教導也是這樣，初認識，便開列《禮記》等儒家的典籍要我熟習。我追隨他廿多年，從來也沒有要我學佛。他一生常說自己是「一無是處，一無所成」，凡人把這話看作謙虛語，依我看這卻是真正禪宗的語言與胸懷，《金剛經》不云乎？

如是滅度無量無數無邊眾生，實無眾生得滅度者。（第三分）

所謂佛法者，即非佛法。（第八分）

莊嚴佛土者，即非莊嚴，是名莊嚴。（第十分）

佛說般若波羅蜜，即非般若波羅蜜，是名般若波羅蜜。（第十三分）

如來說世界非世界，是名世界。（第十三分）

能參悟這些經文者，就進入南老師此言的境界了。

維摩經探微

如本章開頭所述，南先生師承袁煥仙先生而進入佛門，所遵循的就是「淨名路綫」，也就是與《維摩經》所說的義理有最密切關係。我們如果要究明南先生的佛教思想，就必須從這部佛經入手，方克有濟。

《維摩經》在佛教中數以千計的經典中，既特別又重要。所謂「特別」，是它的義理跟其他經典大不相同，這正是本節將要探究的。所謂「重要」，此經是中國第一位大翻釋家鳩摩羅什所譯⑲，不但文筆優美，而且羅什還親自作注解。尤有甚者，羅什的首席弟子僧肇也為此經作注解，淨土宗創始人慧遠大師、天臺宗智顗大師、三論宗吉藏大師，這些中國佛門頂峰級高僧統統為此經疏解，由此足見此經是何等的重要了。以下分四項說明本經義理之要旨⑳。

一、本經大意

《維摩經》主要內容是說：一位大居士維摩詰（Vimalakīrti），道行極高，為佛陀所敬重，佛陀身邊的弟子也常受他開示教導。他居住在毗耶離城鬧市，也有妻子眷屬，但一切都是為了方便度化人間社會。他甚至入酒肆、賭場、妓院，為的是誘度愚蒙。他交往極廣，上至國王、下至貧民，無不對他敬重有加。他常用「示疾」（宣布自己身體生病了）的方法來度人無數；因為他病了，就有很多人來問安，他便趁機宣說佛法，數以千計的人便因此而得阿耨多羅三藐三菩提（正等正覺）了。

本經主要內容，便是記載一次他刻意向佛門示疾的事。佛陀知他病了，乃連續指派舍利弗、目犍連、須菩提、富樓那、迦旃延、阿那律、優波離、羅睺羅、阿難、彌勒菩薩、光嚴童子、持世菩薩、善德菩薩等十位高足及三位菩薩前往問安。但他們皆表示不能勝任，因為每位都曾聽過維摩居士說法，境界太高了。他們都瞭解，此行並非純粹的請安，而是要同大居士藉機討論高深義理的，他們自忖應對不了。

最後，佛陀指派境界最高的文殊師利菩薩前往。文殊菩薩誠知大居士得道甚深，此行任務艱巨，但還是答應前往了。大群菩薩、小乘修行人、佛門弟子及天人等聽說文殊師利前往問疾，都爭相跟隨，因為想聽聽深湛的佛法。

於是二位佛門修行最高的大士便展開交談，其內容深奧、過程精彩。其中最特別的是關於「不二法門」問題之詮釋。

二、何謂「入不二法門」

本經卷六載有「入不二法門品」，詳細說明「不二法」的義理，以及如何進入「不二法」之門的道理。這是本經的高潮，也是佛教其他經典所沒有的記載，故是本經的最大特色。其內容大要如下：

首先，維摩詰大居士對追隨文殊菩薩來的一大群佛門菩薩、子弟，提出一個重要的問題：什麼叫做「菩薩入不二法門」？請各位隨你自己的想法意願答覆吧。

結果有三十位菩薩逐一回答了這個大問題。例如第一位法自菩薩答覆：「生、滅就是二法，了知法的本身無所謂生，也無所謂滅，這是無生法忍的境界，就是進入了不二法門。」再如第十位師子意菩薩答：「有漏、無漏是二法，若瞭解所有的法都是平等的空性，就不會生起漏或無漏的念頭了，這便是入了不二法之門。」又如第廿八位寶印手菩薩答：「樂涅槃、不樂世間就是二法，如果不樂涅槃也不厭棄世間，就是進入不二法之門了。」

總之，這三十位菩薩的答覆，都是從不同的角度來說明「入不二法門」問題的，維摩大居士對他們的答覆都不予否定，這就表示同意大家從不同角度之解釋了。但他顯然不認為這些解釋是最高境界的，所以接下來他便直接問文殊師利菩薩的看法了。文殊答覆的原文是這樣的：

於一切法無言無說、無示無識、離諸問答，是為入不二法門。

這段話的意思是：對於事物的追究，超越了現象，達到了實相境界；這境界是不能以語言描述的、知識所不達的、不能以問答方式探討的，這樣就是進入了「不二法門」。

然後，文殊菩薩反問維摩詰，引出了一段精彩的經文：

我等各自說已，仁者當說，何等是菩薩入不二法門？時維摩詰默然無言。文殊師利歎曰：善哉，善哉！乃至無有文字語言，是真入不二法門。

（筆者譯）文殊菩薩向維摩詰大居士請教：我們都答覆過了，也請您說說什麼是「不二法門」吧！維摩詰默然不說一句話。文殊立刻悟了這個「聖默然」的深刻玄理，讚嘆地說：好啊！好啊！離開了文字語言，才是真正的「不二法門」境界！

這是著名的「聖默然」玄理。前面文殊菩薩表示過「超越語言文字，才是入不二法門」，但他所謂的「無言」依然是靠語言說出來；故維摩詰的默然才是真正的「無言於無言」，是最高的表示方式。文殊菩薩之所以讚嘆，道理在此。這種玄理境界，佛經常見兩句話加以描述：「言語道斷，心行處滅」——這境界是言語不能描述、思惟所不能觸及的了！

如前所述，《維摩經》是鳩摩羅什大師翻譯，他及其高足僧肇均有注疏。茲再引師徒二人對「不二法」的解釋，應有助讀者更瞭解此深奧問題。

僧肇解釋：

> 言不二者，無異之謂也。即是經中一實義也。一實之理，妙寂離相，如如平等，亡於彼此，故云不二。

（筆者譯）：所謂「不二」是什麼意思呢？就是「沒有分別」的意思，佛經中講的「一實」就是沒有了種種分別思慮的意思。這個「一實」的道理，是離開人所能認識的現象，處在一種玄妙寂靜的境界，它就是「如如」的自身，再沒有「彼、此，長、短，高、低，好、壞……」等相對觀念的分別，所以稱為「不二」。

我們人類為什麼有「二」的觀念?鳩摩羅什大師有這樣的解釋：

什曰：有之緣起，極于二法。二法已廢，則入玄境。

（筆者譯）鳩摩羅什大師說：世間萬事萬物的存在（有）必定基于兩極性的相對觀念，例如「有、無」、「多、少」、「愛、憎」、「上、下」、「前、後」……等就是二法，即兩極——相對的觀念，如果把我們人思想中的相對觀念除去了，就進入到玄妙的境界。

羅什大師這段話，牽涉到極深的哲學觀念；據我研究，宜透過康德（I．kant,1724~1804）的知識論才易理解。康德認為，外界的萬事萬物，之所以能被我們人類認識，是因為我們天賦有「感性」、「知性」二種機能的緣故。「感性」（sensibility）的機能對外界的東西，在時間及空間的條件下，能感覺（直覺）到的，只是「雜多」（所與），即一團不可名狀的東西；而我們的「知性」（understanding）機能天生有十二種範疇（category）（如全稱、特稱、單一性、肯定、否定……等等），一套上感知的「雜多」就成了我們能認識的對象。總之，我們人能感知外界的東西，是感性與知性合作之結果㉑。我們人都以「二法」（如多、少，好、壞，善、惡，有、無，高、低……）的觀念來看待世界萬物，就是我們自身的範疇機能的作用而已，絕非外界存在的「東西」本來就是這樣「二元」的。

據此來理解羅什大師所謂「有之緣起，極于二法」，其深義就是如此，存在（有）的東西，必然有相對的二元性，這「二元性」實在是出自我們人的天然主觀結構（範疇），並非外界存在的東西本來就是二元性的。既然「二元性」（二法）只是來自我們人的主觀結構，我們有此覺悟當然便能除去（廢）去了，就是可以修養到這種「不二」的境界，即進入玄妙之域了。

三、盡無盡解脫法門

《維摩經》卷七「菩薩行品」載此解脫法門，應是本經「入不二法門品」之後的第二特色，但一般論者似乎不大注意。本經之所以稱為「不思議經」，就是因為有此門的內容之故。

所謂「盡、無盡解脫」，是指菩薩應「不盡有為、不住無為」而言。見僧肇疏解原文：

> 有為雖偽，捨之則大業不成；無為雖實，住之則慧心不明。是以菩薩不盡有為，故德無不就；不住無為，故道無不復。至能出生入死，遇物斯乘；在淨而淨，不以為欣；處穢而穢，不以為戚；應彼而動，於我無為。此諸佛平等

不思議之道也㉒。

這段原文字面不難懂，不再逐句翻譯了。茲分析其深義：

1、不盡有為

這個「盡」字，應作「斷絕」解；故所謂「不盡有為」，就是指菩薩的實在作為要適合在這普通人住的世間（有為法），而不是斷絕俗世的。本經為解答這個問題，一一詳細列舉了四十三條實際的修行作為，茲舉數例以明之：

不離大慈，不捨大悲。
教化眾生，終不厭倦。
於諸榮辱，心無憂喜。
不輕未學，敬學如佛。
以智慧劍，破煩惱賊。
行少欲知足，而不捨世法。
不壞威儀，而能隨俗。
善別諸根，斷眾生疑。
心無放逸，不失眾善。

2、不住無為

捨離世間之法就是「無為法」，如佛教修行入「空」、「無相」、「無我」、「無生」等境界就是無為法㉓。菩薩的任務是救世人出苦海，故自己不可以一味耽在無為法的安樂涅槃境界。本經亦列出十五條不可住無為的實際行為，在此亦舉數條以明之：

> 修學空，不以空為證。（為證，指住在涅槃不管世事）。
> 觀世間苦，不惡生死觀。
> 觀於寂滅，而不永寂滅。
> 觀於無漏，而不斷諸漏。
> 觀無所行，而以行法教化眾生。

總括上引各條，可見多有弔詭性的語言的意味（下詳），難怪此經是天臺大師智顗最重視的經典，更難怪南禪諸大師向來多喜引本經的語句以闡明禪的境界了。南懷瑾先生一生許多奇言妙語，也多可從本經找到其義理的根源。

四、吊詭式思惟

「弔詭」一詞出自《莊子》齊物論篇，意思是不可思議之奇異。《維摩經》全經各品都遍布著一些弔詭的語句，故此經文又有《不可思議解脫經》的名稱。所謂「不可思議」，是指這些弔詭的語言不能用平時吾人慣用的思惟邏輯來理解的，這些語言把事物的正反面之特質都合併等同而說，表面看來是有極大的邏輯矛盾，讓常人看來根本是不通、奇怪的說法；其實這些語言內裏藏著深厚的人生智慧、洞見㉔。本經弔詭語言，除上節所引以外，各品尚見下列重要語句：

不斷淫怒痴，亦不與俱。（弟子品）

僧肇解釋：大士觀淫怒痴，即是涅槃，故不斷不俱。

不滅痴愛，起於明脫。（同上）

僧肇解釋：大士觀痴愛，其相即是明脫，故不滅痴愛而起明脫也。

諸煩惱是道場。（菩薩品）

僧肇解釋：煩惱之實性……皆道之所由生也。

若求法者，於一切法應無所求。（不思議品）

僧肇解釋：若欲求者，其唯無求，乃真求耳。

淫怒痴性即是解脫。（觀眾生品）

（筆者釋）這個「即」字，不是「相等」的意思，而是「不離」的意思，這是從修行上來說的；能了悟淫怒痴之性質的，就是有解脫此種煩惱的智慧了。唐君毅先生對此問題有詳論㉕。

若菩薩行於非道，是為通達佛道。（佛道品）

僧肇解釋：處是，無是是之情；乘非，無非非之意；故能美、惡齊觀，履逆常順，和光塵勞，愈晦愈明；斯可謂通達無礙平等佛道乎！

從上列例子可知，所謂弔詭語言，是把兩個相對待性（或相反意義）的觀念併在一起的統觀，這在西洋哲學上稱為「背反」（Antinomie）。對此問題有精深研究的吳汝鈞教授指出，在中國佛教天臺宗的「圓教」義理中，背反觀念的突破是最重要的修行工夫，如智顗大師強調的「一念無明法性心」，「無明」與「法性」（佛性）是相對反的觀念，前者是吾人迷執的根源，後者是吾人覺悟的根源，但兩者一齊存在吾人的一念之中，這就是背反的存在。對於這種存在，智顗大師曾舉出一個著名的竹與火的例子來作譬喻：

竹有可燃性，兩者連在起不能分離，這是「合」；但兩者又有對抗的性質；一旦可燃性變為真實的火，會反過來燒毀竹子，這是「反」。人的道德上的「善、惡」也一樣，兩者總是關連在一起，兩者又互相排斥，惡存在於善的推翻中，善存在於惡的推翻中；但「惡」的本身不能推翻「善」，「善」自身也不能推翻「惡」，因為兩者在「存有論」（ontology）上是對等的，具有相同的力量，吾人不能離開惡去求善，也不能離開善去求惡；因為兩者同時存在吾人生命中，離開任何一方，生命便無從說起。

要拆解這種「背反」，只能訴諸實踐工夫，就是進入「不二法門」，從根本觀念（一念）上突破這個背反，讓善突顯超越出來。智顗大師在其巨著《摩訶止觀》卷五所說原文是這樣的：

凡心一念，即具十界。一一界悉有煩惱性相、惡業性相、苦道性相。若有無明煩惱性相，即是智慧觀照性相。何者？以迷明，故起無明。若解無明，即是於明。大經云：無明轉，即變為明。淨名云：無明即是明。當知：不離無明，而有於明。如冰是水，如水是冰。

（筆者解釋）我們一般凡人的心中，只要起一個念頭，便有生起十種境界的可能性；所謂「十界」是指：欲界六道（地獄、餓鬼、畜牲、阿修羅、人、天）、小乘二道（聲聞、緣覺）、菩薩、佛，總共十種迷悟的境界。每一個境界，都會有煩惱、惡業、苦痛等念頭。如果出現無明煩惱念頭，不要怕！憑著這個不好的念頭就可以用作智慧觀照的對象了。為什麼呢？因為我們的心靈處在「迷」的境界，就成為「無明煩惱」了。用智慧來觀照這「無明」，就像開了亮光去觀照黑暗的房間一樣，黑暗（無明）立即解除，整個房間變成明亮了。《大般涅槃經》說：「把無明（黑暗）翻轉過來，立即就變為光明」。《維摩經》（淨名經）也說過「無明即是明」，這句話是什麼意思呢？我們要知道這個深湛的道理：光明是由黑暗轉出來的，如果沒有「無明」也就是沒有「明」。就好比水和冰的關係，水會結成冰，冰也會化成水，故兩者是二而一、一而二的「不二關係」。

深察上述的「不二法門」義理及弔詭式思惟，我們就能領悟到，天臺宗的智者大師為何這般重視《維摩經》了；我們也能瞭解到，南老師的「淨名路綫」之思想根源了，他為何常說「不二法門」的原因了。

禪宗義理大意

我們既然把南懷瑾先生定位在走「淨名路線」的禪宗大師，《維摩經》的大概義理既如上節所述，在本節就必須略說禪宗的有關義理；蓋如是，方能有助於全面究明他的佛教思想。

禪宗既不重義理又重義理。何以言之？所謂「不重義理」，因為禪宗著重在開悟工夫的教法，禪師以各種靈活的「因機施教」以接引門徒，使人直接「自悟本心」，故禪宗在實際的工夫上不重佛教義理的知解。但禪宗依然是佛教，所重的「工夫」或「施教」背後有一定的道理，絕非隨意亂來的；這些道理便是佛教的各派義理。職是之故，禪宗自古有誠言：「通宗不通教，開口便亂道。通教不通宗，猶如獨眼龍」，通宗就是指禪門的工夫，通教則為佛教的義理；必須兩者兼顧，方可有成。亦職是之故，本節專就義理方面立言。

一、瞭解佛經義理的方法

佛教典籍逾萬卷，真是汗牛充棟！一個人若皓首窮經地鑽研，恐怕歷數世也看不完，看完也不一定瞭解它的真正意義，更不要妄想記住其全部內容了。據我一輩子的讀書經驗，有個解決的竅門，就是先從弄清楚佛經義理的系統入手。

如何弄清楚其「系統」（System）？

若直接去看佛經很難卒讀，則應先找名家有關著作來看，而且要儘量多找幾家著作來比較。雖然名家著作的內容也不一定可靠，但借助他們的研究成果，就很容易掌握其中的系統要領了。

其實所謂「知識學問」，就是對其系統的掌握而已。這種道理，是從我早年的法律專業悟得的。試想，一個國家從中央到地方的法規數以千計，每種法律又有許多條文，那能記得住每條條文？但法律是有嚴格清楚系統的，如憲法系統、民法系統、刑法系統、程序法系統、行政法系統、商事法系統、軍法系統……等等。經過大學四年掌握了各系統的要領，遇到什麼實際案件，如某人殺了人，馬上就知道這是刑事案件；又如某人欠債不還錢，馬上知道這是民事案件；前者應到刑法系統的法律裏去找尋詳細的解答，後者應到民法系統去弄清楚。又如某個公務員不請假外出用公款喝花酒還酒醉打人，馬上就知道此案牽涉到行政法中的公務員服務法（不假外出喝花酒）、刑事法的貪污（用公款）及傷害（打人）等等法律了。法律實際用法，詳見拙著《古今法律談》。在法律這一知識領域是如此，其他如醫學、工程、化學……等知識領域也一樣，就算無所不包的哲學也有其系統可循；佛學當然更是如此了。

南老師曾引明末清初大儒顧炎武的話：「佛教如兩桶水，倒來倒去而已。」這話的意思是說，佛教的經典雖然很多，但所說的義理很少，每部經典的內容大多是重複的。淺見以為，亭林先生此言未盡對，應改成「佛教如三桶水，倒來倒去」才是。因為佛教的義理很多，小乘與密宗且不說，在印度的大乘佛教傳來中國已是三大系統：空宗、有宗、如來藏；這三大系統的義理相互「倒來倒去」，那就變成無窮多了，如俗言「三三不盡，九九無窮」是也。

佛經雖然如此浩繁，只要依上述方法先究明其系統，並不難讀懂。唐君毅先生對此問題有心得，他曾比較儒、道、佛三者的經典何者更難讀，結論是：佛教經典雖然很多，涉及的名相（專有名詞）很繁，表面看似乎極端難讀，但如果能循著次序逐步去瞭解，其實並不難。相反的，中國的儒、道家經典，文辭雖簡約得多，涉及詞語也少得多，表面上似乎很易讀懂，其實不然，正因為文辭太簡約，除非你玩熟了這些語句，並加以前後文乃至同其他經典對照參考，否則不可能瞭解其真義；所以不能像讀佛經那樣，只要耐心循序漸進就能讀懂的㉖。由唐氏此言，也可覆按南老師的《論語別裁》用「以經解經」、「經史合參」的方法，確是成一家之言的卓見了。

二、大乘三系義理與中國佛教

大乘經論雖多，若從義理上分別，可分成三大系統：

1、空宗：《般若》類經論，如《心經》、《金剛經》、龍樹的《中論》等均屬之。所謂「空」指宇宙萬事萬物無「自性」（沒有有永恒不變而又特殊的本體）。空的義理源自佛陀的「緣起」論，所以此宗實是全面發揮佛陀的思想，故為佛門普遍而根本的義理。

2、有宗：《解深密經》、《攝大乘論》、《唯識三十頌》等唯識經典均屬之。須注意者，有宗與空宗並非相反的義理，其分別在於：空宗強調萬事萬物的自性為「空」，有宗也承認此觀點，但其強調的卻是「萬法唯識、一切唯心」，一切東西都是心識變現出來的，事物存在的根源是在我們人的「心識」中。總之，空、有二宗基本立場是一致的，都是以「空、無自性」義理來發揮佛教的緣起思想，但二者強調的重點卻有分別：空宗強調「空」義理，有宗卻強調「心識變現萬物」的義理㉗。

3、如來藏：《勝鬘經》、《楞伽經》及後來的《大乘起信論》等經典均屬之。又《涅槃經》中的「佛性論」亦屬此系統的思想義理。此系思想主要認為：有一客觀存在的「如來藏」（清淨心、佛性），這是吾人可以修道成佛的形而上基礎（超越根據）。此宗雖亦出自印度，但並不如前二宗的興旺。傳來中國後，卻大受歡迎。為什麼中國人喜歡這系統的義理？原來它與儒家「人人可以為堯舜」及「人性善」思想相符順之故。

上面大乘三系義理的佛經傳來中國之後，逐漸形成了中國佛教特有的「宗派」㉘。最重視義理思想研究的有三派：天臺宗、華嚴宗、法相宗。天臺宗為智顗大師所創，他以《法華經》等經典為根據（宗依），創造出中國佛教登峰造極的「圓教」理論。華嚴宗則由賢首（法藏）、澄觀、宗密諸大師所創，此派以《華嚴經》為宗依，並取《大乘起信論》的義理接通之。按《華嚴經》在印度原屬有宗系統，為唯識宗的「六經十一論」中的一經。賢首大師深研這系統的經典，創造出「法界緣起」的龐大理論體系。至於法相宗，即印度原來的「有宗」所移植，中國傳承創始人為玄奘大師及其徒窺基。只因唯識義理重心識百法的細密分析，又重邏輯推演，中國人傳統心靈素喜「大而化之」的境界，故厭此宗思想太煩瑣，此派卒至傳不了三代便湮沒了。到了宋代以後，中國的唯識經典竟然也多不留存了。直到清朝末年，才由楊仁山居士等人從日本請回很多唯識經典。近百年來，此宗竟然有了驚人的發展：在國際上有俄國著名佛教學者舍爾巴斯基（F.I.Stcherbasky 1866—1942）著作了《佛教邏輯》等有關唯識思想的大作。在中國有熊十力的《新唯識論》、《佛家名相通釋》大著行世，近年更有吳汝鈞的貫通東西方知識論的《量論》一系列大作出版㉙。

三、禪宗的義理

現存有關禪宗義理的最早文獻是唐代宗密的《禪源諸詮集都序》㉚，其內容就是禪門所依據的各派教理者，這篇文字很重要。因為禪宗的性質本來就是與天臺、華嚴、法相等教派大不相同，但它仍然是佛教，故如何把各教派的思想義理接通到禪宗去，這就是「教、宗相通」問題，所以宗密這文獻十分重要，凡深研禪門義理者莫不以此文為最主要的根據。以下就是簡述其內容。

宗密分析當時（唐代）的修禪者有四個從淺到深的不同層次：

外道禪：此種禪的特徵是「帶異計之欣上厭下而修行者」，即在修行人心中先有一計慮想像的境界（如天國世界），並欽羨之，而對世間產生厭棄之想者。

凡夫禪：此種禪雖然沒有上述的「異計」，而且對因果報應也有正確的信仰，但其修禪善行正是為了獲得好報。這樣希望好報而行善，等於使自心分歧為二截，自不能真正定心在善行上了。一般凡夫正是這樣。

小乘禪：雖已悟得「我空」，但未悟得「法空」，這是偏空（法有我無），不是真空。

大乘禪：能悟得「我、法皆空」這道理者，才是大乘菩薩禪。此種禪又分為三個層次，而分別與上述大乘三系義理思想相對應者：

1、息妄修心宗：此宗所依的教門義理主要是上述的「有宗」，即唯識法相思想；

宗密稱為「密意依性說相教」。

2、泯絕無寄宗：此宗所依的教門義理主要是上述的「空宗」，即般若系統的思想；宗密稱為「密意破相顯性教」。

3、直顯心性宗：此宗所依的教門義理主要是上述的「如來藏」，即佛性、如來藏清淨心思想；宗密稱為「顯示真心即性教」。他並說這種禪才是「最上乘禪」，其實因他也是華嚴宗的五祖，這種禪即以華嚴宗思想為義理依據了。

牟宗三先生融會宗密及天臺宗法登的觀點，對於各教派的義理如何應接禪宗各派問題，有獨到的卓見㉛。他認為，慧能所創造的南禪並不屬於宗密所列的三種大乘禪之內，如是成為大乘四種禪宗了，各自接通不同的教理思想：

1、密意依性說相教（即天臺宗判教中的始別教，以唯識義理為主），應與息妄修心宗相配。這種禪，即北宗的神秀禪。

2、密意破相顯性教（即天臺宗判教中的通教，以般若義理為主），應與泯絕無寄宗相配。這種禪即牛頭法融禪。

3、顯示真心即性教（即天臺宗判教中的終別教，以華嚴宗義理為主），應與直顯心性宗相配。這種禪即神會禪。

4、天臺圓教（即天臺宗判教中的最高圓教），應與慧能之南禪相配。這種禪即圓悟禪，或圓禪、圓頓禪。

最末第四種「圓頓禪」，也就是從慧能一直傳到現代南懷瑾先生所宏揚的禪法。

我為什麼要費這麼多工夫來說明，自唐朝到現代禪門各宗義理的根據？因為這個問題非常重要，絕大多數的修禪人根本不瞭解「教」，開口便「亂道」了，如是貽誤眾生不淺！禪宗以不受一切經教義理束縛為標榜，所重的是應機工夫性質的修行；但只要有助於修行開悟的，卻也可隨便引用所有的經教，如此一來，一些淺見之人就很易墮入「狂禪、野狐禪、枯禪、魔禪」中去了。因此，究明本宗各派所依的經教是很重要的。

誠如牟先生指出，禪宗向來自稱「教外別傳」，常遭人誤解，以為禪宗是在「佛教之外」可成之者。此言的正確說法應是「教內的教外別傳」，禪宗仍然是佛教，其義理都有經典之根據的。「教外別傳」這句話只是表示不像其他教派注意在義理的推演，卻重在工夫的實踐而已。馮友蘭其人品如何姑不具論，他對「教外別傳」之言也有卓見，他說禪法仍是佛法，不過是「形而上學負的方法」，故不是「教外」別傳，而是「教上」別傳，即禪宗仍立在佛教義理的基礎上來談修行者也[32]。

四、南禪的特質

南禪就是上述由慧能祖師所創的圓禪，這是中國千多年來禪宗的主流，也是自宋代以來中國佛教的主流，近代且風行到全世界。誠如唐君毅先生所說的，禪宗六祖慧能在佛教義理上，是創造性「新的綜合」——把印度原有的「般若精神」（即以龍樹為代表的空宗思想）、當時中土創立的宗派（天臺、華嚴宗）義理，以及中國傳統儒、道兩家均重視的「人的本心」精義，融合在一起。慧能所開創的禪門，日後成為中國佛學的主流，絕非偶然幸致的㉝。

那麼慧能六祖所創的圓禪特質是什麼？依我的淺見，簡析如下：

1、圓禪的主旨是：直接從一切法的本源——我們普通人的「心」入手，去求解脫；所謂「直指人心，見性成佛」，故禪宗又名為「心宗」。所謂「一切法」，就是我們人心所認識、所感知、所想像、乃至所期望的一切東西，也稱為宇宙萬物（物質的）萬事（非物質的）。這一切東西是離不開人心的㉞。尤其人的痛苦、快樂，更明顯是吾人心中的感受，完全不離人心。禪宗就是教人直接從我們的「心」下功夫，能了悟而且把握得住心中不被一切法羈絆纏縛的「性」（又稱自性、本性），就是達到修行目標（成佛）了。這種工夫，稱為「明心見性」。

2、所謂「心」，是指一般的人心，不是指「清淨心」，否則就變成上述的神會禪了。

這種心就是天臺宗說的「一念三千」或「一念無明法性心」的凡人一念心。

3、所謂「性」（又稱自性、本性），是指吾人心靈的一種空靈境界，即契入「無善無惡、無淨無染」的心境，即超越攀緣任何東西的境界，即「不二法門」。《金剛經》所謂「應無所住而生其心」，就是這境界。這種境界是吾人的心體最上乘性質，就是「畢竟空」之境。

4、問題是，偶爾或短時「見性」，並不難；如何把握得住心中的「性」，長時都「無所住」，這是很不容易的事；因為吾人的心是一刻不停地攀緣著各種境界在動的，這就是所謂心念（念頭），即使是睡眠時也是動個不停的（做夢也是心念）。據《仁王經》載：人的心一念有九十剎那，一剎那有九百生滅；即一念有八萬一千生滅了。由此可知，心念變化是不可捉摸的，欲把握住「性」的境界真是何等困難！南禪工夫便針對這裏而著力了。

5、慧能祖師教人的工夫詳見《壇經》，其要旨可概括為「三無」（無念為宗、無相為體、無住為本），以及於一切法不取不捨的遊戲三昧。對此問題，吳汝鈞教授的專書有詳說，可供參考。他特別指出「遊戲三昧」在慧能禪的重要性；這是一種整全的「禪實踐」的精神活動，不能截然地把「遊戲」與「三昧」分成兩段來理解；遊戲是指禪的動感，三昧是指禪的靜感。「遊戲」是禪修者在世間進行自在無礙的教化、轉化工夫，

「三昧」則是遊戲的基礎，即以專一的堅強意志，把遊戲貞定下來，不使之泛濫；亦即在禪修人的「遊戲」中，「三昧」早已隱伏在其精神內，發揮著它的殊勝力量了。㉟

6、「遊戲三昧」就是實踐不取不捨的「見性」的最重要工夫性的概念。《壇經》有段話詳細解釋此事：

若悟自性，亦不立菩提涅槃，亦不立解脫知見，無一法可得，方能建立萬法。若解此意，亦名佛身，亦名菩提涅槃，亦名解脫知見。見性之人，立亦得，不立亦得；去來自由，無滯無礙；應用隨作，應語隨答；普見化身，不離自性；即得自在神通，遊戲三昧，是名見性。（頓漸品第八）

7、正因為針對這「平常心」來下功夫，而每個人的性情稟賦見識都是不同的，所以施教的方式方法均不能相同；所謂「應機發藥、法無定法」，就是此意。換言之，禪宗的施教修行方式極靈活，可應用一切方法，又不受一切束縛；對「明心見性」有幫助的，什麼方式都可用，如打手勢、鬥機鋒、參話頭，乃至棒喝等；對「明心見性」無幫助的，均可擺脫，如誦經、拜佛、打坐等均可拋棄，後世禪師甚至主張可以訶佛罵祖。

8、禪宗以「不立文字」標榜，其實有關本宗的文字最多。具有代表性著作為北宋延壽禪師的《宗鏡錄》一百卷，此書宗旨標榜「舉一心為宗，照萬法如鏡」，引用各種經論達三百部，取各宗各派的精義，來證明「心」的問題。後代大禪師有關導引弟子的

「公案」等著作更多了。尤有進者，慧能祖師也從未提倡「不立文字」，他甚至訶責這種主張與「謗經」罪障相同（見《壇經・付囑品》）由此可見，禪宗不是不講經論，更不是「無法可講」，只是不受任何經典法門的纏縛拘束；所謂「道須通流，心不住法；心若住法，名為自縛」（見《壇經・定慧品》）是也！

五、結語

禪宗雖然只著重在「因機施教」的工夫，但仍然是佛教，因禪門各派的不同而依的理論又有不同，所以是很複雜的，要弄清楚有關聯的理論（教門的思想義理）很不容易。是以本節不憚繁難，從佛教的三個系統義理說起，到傳來中國後形成的各教派（天臺、華嚴、法相），到當時禪門與各派教義想融接的大概，最後才簡要地闡明慧能祖師所創的圓禪的義理。我是希望，如此能有助於讀者清楚瞭解禪門義理的來龍去脉，當然更是為了確證南懷瑾先生的佛法思想是有堅實基礎的。

最後我還要說說「遊戲三昧」，因為這是禪門工夫的核心問題。我想起當年在南老師身邊，常聽他說什麼「玩玩」的話，例如興建金溫鐵路有關地方民生福利那麼大的事，他也說過「玩玩」，創辦兒童讀經班這般有深遠意義的事，他也說是「玩玩」；其他的小事，如教學生打坐、做生意等等，他更常說那是「玩玩」的了。當初我聽此言，莫名所以，正正經經的事豈可「玩玩」？很久以後我才悟得，他所說的「玩玩」正是遊戲三昧，正是慧能祖師的「不捨不取」圓禪工夫之真傳！

第六章　附注

①這佛門七眾是以受不同的戒而定的，詳見拙著《佛教戒律學》〈臺灣版戒律學原理〉第七、八章。

②此書於一九四四年在成都刻成，一九七〇年在臺灣初版，老古出版社出版。

③詳情見二〇一六年九月廿三日《中國時報》A1版登〈南國熙嚴正聲明〉，痛斥李傳洪污衊之事。

④南一鵬前揭《父親南懷瑾》第一八七頁。

⑤張君勱（一八八七—一九六九）是現代新儒家重要人物，與梁漱溟、熊十力、馬一浮同被徐復觀稱為「中國當代四大儒者，代表著中國文化活的精神」。見《爾雅台答問》代序。臺北廣文書局一九七九年再版。又有關張君勱的思想著作，可參《二十世紀中華學案》哲學卷四，北京圖書館出版社出版。

⑥南老師全部著述目錄，可參南一鵬前揭下冊書末的〈附錄二〉。

⑦ 主要參自南一鵬前揭書末〈附錄一：南懷瑾先生大事年表〉，又據我所藏資料及《東西精華協會中國總會紀要》補充。此《紀要》於一九七八年編訂。

⑧ 這詩句的意思是，仙鶴雖隱身在水澤深處，但鳴聲可以達到既高且遠。《韓詩外傳》卷七及《說苑》卷十七均有精彩的故事闡明此句詩意。

⑨「中華文化復興運動」，詳見前文第四章〈在臺灣的風格〉節。

⑩ 原來辦「真善美出版社」的人是宋今人，在成都時已是南先生的朋友。參南懷瑾口述《對日抗戰的點點滴滴》三七頁。南懷瑾文化公司二〇一五年出版。

⑪ 關于洗塵法師的事，可參劉雨虹《禪門內外——南懷瑾先生側記》二三七頁以下。臺北老古文化公司一九九九年初版。

⑫ 我早在一九七八年二月發表過一篇《我國固有法律對佛道二教之管理初探》論文，登在《政大法學評論》第十七期，其內容不過是從法律觀點去看歷代對佛道二教的管理，對佛教本身的義理並無研究。又在見南老師之前，我雖看過他的大著《論語別裁》，書中有一些內容談到佛家的故事，我也不過當作有趣的故事來看而已，對佛教自身的義理依然茫然無知。

⑬ 當時的報名資料，我一直保存到現在，所以記得如此清楚。

⑭ 此書早在一九七六年初版，後來又多次刷。臺北老古出版社。

⑮ 見臺北《聯合報》二〇〇〇年七月廿八日第三十四版。

⑯ 該書一三二頁。臺北老古公司二〇一六年五十六刷版本。

⑰「九如操」，詳見下章〈附載〉。

⑱ 南一鵬前揭三六一。

⑲ 鳩摩羅什（343 — 413），詳見拙著《現代佛學別裁》三四五頁以下，臺北老古文化公司發行。上海古籍出版社《佛學別裁》二四一頁。

⑳ 所據版本是鳩摩羅什譯《維摩詰所說經注》單行本，臺北新文豐出版公司印行。一九九八年初版三刷。

㉑ 關于感性與知性義理，可參牟宗三著《中西哲學之會通十四講》第十一講以下。臺灣學生書局一九九六年初版二刷。

㉒ 參注⑳書二九七頁僧肇注文。

㉓「無為法」詳見拙著《現代佛學別裁》第三章〈大乘百法〉節。（上海版《佛學別裁》同）。

㉔ 詳見吳汝鈞著《佛教的當代判釋》四五七頁以下。臺灣學生書局印行二〇一一年三月初版。

㉕ 參唐君毅《中國哲學原論》〈原道篇〉卷三，三九四頁。臺灣學生書局二〇〇〇年三版。

㉖ 見唐君毅前揭書〈原性篇〉，二〇〇頁。

㉗ 熊十力認為，空宗與有宗最根本的差別，在於雙方對「依他起性」的說法是相反的。空宗認為，事物的「依他起性」即為緣起義，此義即為「空」，這是遮詮（否定）的說法。有

宗則反是，認為「依他起性」在於成立法相，而不是為了否定法相。故其「種子」理論成了構造論，而不是對事物的遮詮。熊氏此説，甚值參考。見《新唯識論》上冊二三四頁以下。臺北文明書局一九九一年版。

㉘ 關於中國佛教宗派問題，詳見前揭拙著第十章。

㉙ 舍爾巴茨基《佛教邏輯》中譯本，北京中國社會科學出版社二〇〇九年出版。吳汝鈞有關著作，近年多由臺北學生書局出版。

㉚ 宗密（780—841），華嚴宗第五祖，又師承禪宗神會，是跨兩宗的高僧。他見禪門之徒互相詆毀，乃撰《禪源諸詮集》一百卷，正文已迭，現僅存序文〈都序〉。此文收在大正藏四十八冊三九七頁以下。

㉛ 參牟宗三《佛性與般若》下冊一〇三九頁以下。一九九三年五刷。臺灣學生局出版。

㉜ 見馮友蘭《貞元六書》下冊九四六頁以下。華東師大出版社一九九六年一版。

㉝ 唐君毅前揭書原理篇，三〇四頁。

㉞ 以為山河大地等一切客觀事物是與人心無關的，這是常識觀點；佛教則認這是錯誤的倒見。要通透領會這問題並不容易，如具康德哲學基礎知識，當有大幫助。

㉟ 吳汝鈞著《遊戲三昧：禪的實踐與終極關懷》，臺灣學生書局一九九三年初版。又參《禪的存在體驗與對話詮釋》六七頁，臺灣學生書局二〇一〇年初版。

第七章　功成身退

——南先生的道家思想與行持

南懷瑾先生在他的代表作《論語別裁》學而第一篇開頭便指出：儒、釋、道在中華文化裏，好比三個大店：

佛學像百貨店，裏面百貨雜陳，樣樣俱全，有錢有時間，就可去逛逛。逛了買東西也可，不買東西也可，根本不去逛也可以，但社會需要它。

道家則像藥店，不生病可以不去，生了病非去不可。生病就可比變亂時期，要想撥亂反正，就非研究道家不可。道家思想，包括了兵家、縱橫家的思想，乃至天文、地理、醫藥等等無所不包，所以一個國家民族生病，非去這個藥店不可。

儒家的孔孟思想則是糧食店，是天天要吃的。「五四運動」的時候，藥店不打，百貨店不打，偏要把糧食店打倒。打倒了糧食店，我們中國人不吃飯，只吃洋麵包，這是我們不習慣的，吃久了胃會出毛病。

他的觀點，是從國家社會的需要而出發，當然可以如是說，亦成一家之言。我經長期研究，如果從三家本身的性質來立論，似宜調整為：佛家是藥店，道家才是百貨店。至於儒家像糧食店，是沒有問題的。何以言之？

三家店的性質

佛教的本旨很單純，就是解脫眾生的苦痛；從這基本宗旨出發，佛陀甚至有「大醫王」之稱。佛陀在世時，有人問了關於世界有盡或無盡的十四個問題，佛陀默然不予答覆，這就是佛門有名的「十四難不答」。為什麼不答？因為這種問題與佛教的「解脫」本旨無關。這同孔子不答覆人死後有無鬼神問題的道理一樣，因為這問題與儒家要建立一個「禮義之邦」本旨無關。

怎樣為眾生解脫苦痛？佛教的路數與西方耶教完全不同。耶教是要人信仰耶穌，耶穌會幫你解脫一切苦痛，所以說「信耶穌得永生」。佛教只是教導人怎樣用自己的力量來解脫苦痛，我們凡人怎會有力量來解脫自己終生的苦痛呢？佛陀於是說出了種種道理來證明你自己確有這力量，又提出了種種解脫的方法。這些道理及方法很繁複，佛陀把它歸納為四條真理綱領（四聖諦）：「苦、集、滅、道」，只要你真心照佛陀的教導去實踐，就成了①。我的意思是說，「四聖諦」所統攝的義理很複雜，闡明這些義理的佛教經典逾萬卷，就此而觀，是像個百貨店，什麼都有得賣；但若就佛教全體義理都是指向同一個「解脫」目標而言，說它是「藥店」較妥當。

儒家的本旨就是要建立並維持一個有道德、重禮義的社會。因為一個這樣的社會，任何正常的人都是嚮往的；人類所有的社會，小至家庭，大至國家，甚至擴充到國際，都需要有道德、重禮義之品質。故南老師將儒家比作糧食店，洵屬貼切，在此毋待贅言。

道家的問題卻複雜了。以老莊為代表的道家初旨，誠如牟宗三先生所說②，原與儒家思想一樣，就是針對當時的「周文疲弊」而起的，但兩者卻走了相反的道路。按周武王滅紂建立周朝之後，所行的治國路綫不再是殷代的崇尚鬼神信仰，而改採人文主義，周公制訂了完整的禮法；所以孔子說：「郁郁乎文哉！吾從周」（八佾）。但到了孔子的時代（春秋末期），距周公時代已超過了五百年，禮法精神崩壞，已漸漸變成形式主義了。孔子有鑒於此，才提出「仁」道精神，主張復興周公的禮制。道家的方向卻相反，他們雖然也瞭解周公的禮法很多已成了虛文，但反對再受這些虛文的束縛，莫如追求個人的自由自在的心靈解放為妙，故主張「逍遙」、「齊物」、「無待」地生活在世上。

由是可知，道家初旨也是很單純的，但演變到後來就複雜了，到戰國、秦、漢，民間的神鬼傳說、神仙方術、巫術等民俗雜說因素都傳了進來，比較正規的圖讖、陰陽五行理論、黃老之學、河上公注《老子》等等，都成了道家的內容。東漢末年出現的《太平經》，正如《後漢書》作者范曄（398 — 445）所說的「其言以陰陽五行為家，而多巫覡雜語」，此書直接影響了道教創始人張道陵，現存他所著的《老子想爾注》，可清楚地看出張道陵不僅吸收了《太平經》及河上公的思想，又兼取了戰國時代的神仙方術、養生術、房中術、陰陽五行學說、吐納引導術等內容，乃使此書成為道教創立的要典。由此可知，道家的內容簡直無所不包；這使人想起七、八十年代臺灣一些大百貨公司，賣的日用百貨、食品、家具什麼都有，還有專供小孩玩的奇幻屋、遊樂場，甚至有嚇人的鬼屋，等等。因此，我說道家像百貨店才是。

有一點還應注意的，就是「道家」與「道教」兩個名詞的分際要弄清楚。如依現代學術界通行的說法，「道家」只是指以老莊為代表的思想，是與「儒家」、「佛學」相對的名詞，這是狹義的講法。而「道教」則指自張道陵開創的宗教，這宗教演變到後世有許多派，如天師道、茅山宗、丹鼎派、全真派……等等，統統屬於「道教」。但有很多書對「道教」則採廣義的說法，兼指學術性的「道家」及宗教性的「道教」而言，南老師很多時就是採廣義的說法。本書則不拘狹義或廣義，只是「隨文設語」，這是為了保持靈活性；讀者從上下文的文意，便可瞭解所指的確義。

南先生的道家背景

回顧南先生一生，拜過的老師超過八十位；其中絕大多數的老師應該都是道家人物。以下依可靠的史料，作一概述。

一、杭州習武大開眼界

一九三五年夏天，南先生年方十七歲，首次遠離家鄉，到杭州的「浙江省國術館」學習武藝③。按中國傳統的武藝，除了標榜佛教的少林派之外，大都有很深的道家色彩；再加上當時流行的《蜀山劍俠傳》等武俠小說，對青少年的影響無以倫比，少年的南先生也是最愛看這類武俠小說的，後來他多次去尋訪「劍仙」，也就是受這種小說的深刻影響所致。總而言之，南先生赴杭州習武兩年，等於接通了他進入道家之門，奠定了今後的事業基礎。

按南先生到杭州的半年前（一九三四年冬天），國民政府正展開如火如荼的「新生活運動」，以「三化」（生活藝術化、生活生產化、生活軍事化）為綱領，以達全民「生活合理化」之目的。其中的「生活軍事化」綱領便是積極提倡「文武合一」的教育，南老師進入這所公立的「浙江省國術館」，當然同此目標相結合，應該就是受當時最有權力的組織「復興社」系統所指揮的。南老師後來與戴笠、葛武棨等國民黨中央要人成為好朋友，而且到了成都不久即能挂上個「軍校教官」名義，在軍校教武術，應與此有密切的關係④。

二、杭州訪道尋仙

南先生在杭州期間，除了努力學習武功之外，便是熱衷於訪道尋仙；這種活動到了四川還是一樣，一九四二年正式拜袁煥仙為師皈入禪門才停止。本項略述他在杭州約三年間的尋仙有趣活動。

1、訪道不成初結佛緣

杭州廟宇眾多，傳說有不少高士神仙藏身其中。「浙江省國術館」附近就有一名勝「葛嶺」，傳說東晉時廣東羅浮山仙人葛洪曾落腳在此修道煉丹；嶺上還有「抱朴道院」，遺有煉丹台、煉丹井、初陽臺等道教古蹟。年少的南先生一心慕道求仙，希望在嶺上能遇到高人指點，練出天下無敵的本領，可以濟世救民；結果多次上山，都是乘興而去、失望而回。有一次上山回來不久，在西湖邊練拳，有位戴著眼鏡的僧人經過，見這位少年人的拳打得虎虎生風，便好奇地問：「你練的是什麼拳？」南先生於是停下同他談起來，談得投機之餘，僧人請他到廟裏去坐下再暢談。廟子在裏西湖「閑地庵」，好個清淨幽雅之所！自此之後，南先生常到這裏來同僧人聊天，還開玩笑喊他「四眼和尚」，教他打拳、練劍。和尚則給吃喝的，並借佛書給南先生看，兩人成了知己好友。和尚送了《金剛經》及一套禪宗的《指月錄》給南先生，並教他看《金剛經》要一字字地念，不可浮面看過就算了。南先生回去後，果然照著做，頗有心得感悟。

南懷瑾先生這是第一次接觸到佛書。世事真奇妙！他本意訪道求仙，卻結了佛緣。

2、史量才的道書

南先生同「四眼和尚」相識之後，還有更大的收穫。原來這個「閑地庵」不是什麼名山古剎，只是上海名人史量才的家廟。廟裏的隔壁是「秋水山莊」，這是史量才為他的二房夫人沈秋水建的別墅。史量才（1880—1934），南京人，是上海《申報》的老闆；這張報紙是當時全中國發行量最大的報業，影響力很大。只是史量才的政治立場怪異，交往分子背景甚複雜，而且敢於公開反對當時最高當局的「安內」政策，竟於半年前（一九三四年十一月十三日）遭人暗殺了。

史量才不但學識淵博，有財有勢，而且在道家方面也有造詣，他的師父就是道家人物。他的家廟藏書很多，尤其道家典籍很多，而且秘本不少。南懷瑾先生常到這裏閱讀大量的道家書籍，簡直是天賜良緣了。他還說過：「史量才大概沒有想到，他收集這些道家書籍，等於為我準備的了！」南先生的道家知識根基，就是由此而建成的。

南老師終生有一種簡單而有效的眼神保養方法，我親聽他對同學們說過多次，單獨對我也說過；原來是從杭州城隍廟一位老道士學來的。

3、學仙不成學會養眼

那時，南先生一心想學劍仙，到處尋訪師父。聽人說杭州城隍廟住了一位老道士，滿清貴族出身，有劍仙的本領；二指一比，一道白毫光便射出，遠遠可取人首級！南先生想盡辦法，終於見到這位仙風道骨的老道，立即跪下，懇請收自己為徒。老道士婉拒當師父，卻被這位少年的誠懇態度所感動，主動說要教他如何看花、以作回報。南先生心想，誰不會看花？這種事還用教嗎？

老道卻說：「一般人看花，或看任何東西，都是聚精會神地盯著看，這樣把自己的精氣神都傾瀉到花上去了。這是大錯！應該讓花來看你。」

南先生從未聽過如是說，便問：「怎樣叫花來看我？」

「會看花的人，只是半覷著眼，模模糊糊地一瞥，這樣就把花的精神吸過來了。不是用我的精神去注視花，而是把花的精神吸過來在我的心中。」老道說。

南先生聽此言，如墜霧中，不知如何答覆，只有聽下去。後來他才悟出，所謂「花看我」，是一種眼睛視力的保養方法。老師也多次教我們同學用這方法去看東西。尤其是看現代三C產品，電視、電腦、手機等，要十分注意自己的視力不快速損壞。老師常拿照相鏡頭對焦的道理做比喻：「人的眼球就像鏡頭，不可把它調得太清晰銳利，只是矇矇矓矓地一掃，就看到電視了，這樣才能保護視力。」南老師自己的視力就這樣保持的，到八、九十歲都不用戴眼鏡。他是最愛看書的人，就靠此功夫保持下來；這都是得自那位老道士的「叫花來看我」的教導。

隨後，南先生還堅持請老道士教劍法，老道勸他還是多讀書為妙，「這個時代，你劍法再高，人家一顆子彈就解決了，學劍法有何用？」南先生不為所動，堅持要學劍法，老道士只好告訴他：「你在小說上看的劍仙，口吐飛劍，白光一道，取人首級，這種事不會有。劍仙雖有，但不是小說上所寫的那樣。如果你一定要學，自己先在晚上把房門緊閉，不可點燈，只燃一柱香在這漆黑的房間中；你用劍試劈香頭，劈時只靠手腕用力，雙臂不動；這樣對準香火劈下去、不斷地練，練到你能一劍劈開香頭成兩半就成了，這是第一步。接下來是練劈黃豆，一把黃豆抓在左手裏，右手拿劍；拋一顆黃豆到空中，用劍對準一劈，到你能憑空準確地劈開黃豆後，再劈綠豆，綠豆也練成了，再來這裏教你學劍仙吧！」南先生心想這種練法要多少年才練好？一味劈豆子還有濟世救人的時間嗎？這才明白練劍這條路走不通了⑤。

三、四川訪道尋仙

一九三七年夏，即在「七七抗戰」開始的前夕，年甫弱冠的南懷瑾先生自杭州到了四川成都，開始了他的文化基礎養成的最重要階段。這階段到抗戰勝利後他在一九四七年回故鄉為止，長達十年之久。

初到四川，訪道學劍的強烈願望並未停止；尤其到峨嵋山去尋找劍仙更是夢寐以求的事，他之所以有如此願望，顯然是受當時流行的還珠樓主所著《蜀山劍俠傳》、《青城十九俠》等武俠小說的深刻影響。以下是他為學劍仙所遭遇的事⑥：

1、青城派道士王青風

南先生聽人說成都附近的鵠鳴山住著一位王青風道士，是青城派劍仙，道行甚高，於是決心上山去尋找。幾次上山而不遇，最後終于見到了這位高人，並表達想學「金光一道」飛劍的願望。王道士告訴他，世上並無「飛劍」的事，那只是小說的瞎說，但能「以神禦劍」這種功夫卻是有的，劍也是一種氣功。兩人認識之後交談愉快；南先生多次上山向他討教，關係也密切了。

有一次南先生大膽請他表演「劍氣」，王道士竟也不推辭，帶了他的徒弟一同站在山頭上表演起來了。道士舉手一指，數公尺外的一顆松樹竟應指而倒了。童心未泯的南先生驚奇之餘，還問他「為什麼沒有光？」道士說：「我早就說過，根本沒有金光一道這回事。」接著請徒弟表演，只見他用鼻孔吼氣，站立周圍的地上塵土竟然飛揚起來！

經過這次表演，南先生確信中華武術神秘莫測，真的可以練到出神入化之境。不過，同王道士深交之後，南先生也漸漸領悟到，任何功夫都要長期修練才有成功的可能；如果想練成「劍仙」或「劍氣」，恐怕要花一輩子的時間！何況在這科技昌明時代，任何傳統武術也抵擋不了槍炮子彈。如果練功只是為了鍛練體魄，自己所知的也就夠了。從此，南先生決定放棄做「劍仙」了。

2、武當派輕功

南先生在四川拜見的第二位奇人是一位武當派的老先生。他是著名的「厚黑教主」李宗吾介紹的。按李宗吾著有《厚黑學》一書，極盡嘻笑怒罵諷刺之能事，風行一時，流傳至今；當時他已在花甲之年，卻喜同這位南老弟為忘年之交。他是四川南部自流井人，經他介紹當地有位武當派的老先生，八十多歲了，盡得武當真傳，輕功尤其了得，已到了「踏雪無痕」之境界。原來老先生也是浙江人，正希望把功夫傳給同鄉子弟。於是，老少二人一見如故，十分投緣。南先生直接問他有無「踏雪無痕」這樣的輕功？老先生立刻證實給他看。那時正好雨後初晴，外面道路仍泥濘不堪，老先生以輕功到路上疾行了一里回來，腳上穿的一雙白底新靴，靴底竟然一點都沒有沾上泥濘！南先生由是拜服極了。老先生說，這種功夫並不難，只有七十二訣，歸納為七十二個字，一字一姿勢，循序漸進，如願在這裏住三年，即可學成；問他想不想學。

南先生雖然很想學這種武當輕功，但怕在這個戰亂時代，何能有三年時間？自己不能專心，到頭來反而一事無成，只好婉拒了。一心想傳道的老先生頗為失望，就此拜別了。南先生從此也打消了做「劍仙」的念頭。不過後來每當想起那位同鄉老先生，總覺得有點歉意。

3、畫符騙子

在成都時，南先生聽人說有位會畫靈符的道長，便興致勃勃地去拜訪了。見了面，開門見山地請道長能否實際地展示一下符的功力。道長沒拒絕，只是要他先到城北的一家布店，買多少丈的黑布，尺寸要齊足，回來才好作法。南先生照做了，把布匹交給道長，並約好一個日子時辰，道長要表演神通。

是日時辰將到，南先生照約前往作法道場，已有許多人來坐著參觀了。只見場的四周，幾枝長竹竿高高掛起了那天買的黑布，中央擺個祭壇，燃著香烟蠟燭繚繞。道長腳踏七星，手持法器鏗鏘作響，口中念念有辭；如是幾番來回，他以朱砂筆劃了一張大符紙，用桃木劍穿著，飛舞幾回在香燭上點燃，口中大喝一聲「急急如律令」！剎時著火的符紙點燃了四周高掛的黑布，熊熊烈烈火燒著的四面黑布忽然出現了有如金筆龍蛇的符字，在四周空中飛舞，實在嚇人！許多在場的鄉民個個臉色如土，紛紛跪下，叩頭如搗蒜，參拜道長不已。南先生看到此，一言不發，起身頭也不回就走了。

南先生為什麼如此？原來他一看便心知肚明，這是一場騙局，道長指定店裏購買的那些黑布，預先用明礬或其他什麼藥物製作好的，遇到火會立即出現短暫的符字。那間布店同道長根本是一個騙子團體。這種伎倆只能哄倒無知的鄉巴佬，豈能瞞得過南先生？到臺灣以後，他常引這個騙人把戲為例，告誡同學們：江湖騙術很多，尤其打著宗教名號的騙術，大家要有智慧才不會上當。如何才有智慧？根基就是行正路，多讀書。

以上所述在杭州及四川的六個故事，除了史量才的藏書以外，其他都是有關道術的。南老師一生愛學道，無論是以老莊為代表的道學思想，或是江湖道術，統統愛學；因此，他接觸過的道術無計其數，以上幾個故事，不過是例舉性質而已。其他道術故事，散見老師數十部述著的有關內容之中，人人都可以看到。老師的著作之所以吸引社會大眾，以他親歷有趣故事來解說嚴肅的義理，也是重要原因之一。

四、來台拜胡庸為師

南先生之所以有大成就，除了天賦聰敏之外，就是他做到「見師就拜，逢人就學」的勤奮好學而獲致的。他自從追隨禪宗大師袁煥仙之後，就不再對一般的道術有興趣了，但對於有真才實學之士，只要他聽人說到便積極追求不已。他來到臺灣以後，最著名的例子就是拜胡庸為師。

胡庸，字玉書，湖北黃陂人，書香門弟出身。弱冠參加辛亥革命，曾任孫中山大元帥府宿衛；歷經北伐、抗戰，官至少將旅長。為人淡泊名利，擅長《易經》術數、堪輿絕學，當代鮮有人能望其項背。一九四九年來臺灣退役，獨身蟄居在基隆陋室，靠卜卦為生，境遇清苦。南先生聽人說了他的情況，立即前往拜訪，相談之後，一見如故，並待之以師禮。後來，南先生同張禮文醫生、畫家夏荊山三人，依古禮正式拜胡先生為師父，並接來臺北居住；向他學《易經》術數、堪輿，足足有三年。張、夏二人後來移居美國，成了當地著名的堪輿專家。一九六〇年間，胡庸年屆古稀，作了四首七言律詩以自壽，並寄給南先生欣賞。南先生讚嘆不已，以原韵和了七律四首，並贈以厚禮賀壽。以下僅錄南先生其中的第三首，即可窺見對胡老師的道德才能是多麼敬重了：

用捨行藏總是仁，天留絕學寄閑身；
陰陽象外疑無數，日月壺中別有春。
黑白楸枰都了了，縱橫朝市看人人；
謾言今昔高軒客，多少亡秦不帝秦。⑦

關於南先生拜胡庸為師的事，我早年略有所聞。有一位曾任教台大等校的劉孚坤教授，大約在一九八〇年代，曾對我談起南先生，說他這個人「莫明其妙！居然跪在基隆碼頭向一位老先生叩頭。」後來我才知道，他說的這位先生就是胡庸。當時我聽了劉教授這話，也不好回應什麼，但心裏直覺到，「莫明其妙」的人恐怕是劉教授你自己吧？南先生恭敬對人叩頭有何不對？原來這位劉教授是曹敏先生所主持的「心廬」成員，這是專門研究政治作戰的一個機構，受王昇的領導。那時我在辦政論雜誌《龍旗》，所以同他們常有來往。我慢慢對劉孚坤有所瞭解，才知他是哲學家方東美的弟子，但性情太剛執，往往不究明事情的底蘊便下情緒化的結論；這種性格的人只會害了他自己；終其一生，沒有成家；雖然能在台大等大學教哲學、邏輯，但都是兼任的，終生連個講師資格都沒有。當時憑著他同當權者的良好關係，什麼資格都能取得，但他最後變得一無所有，年老了連退休金也沒有，生活常成問題。據一位他的好友承錫康先生⑧告訴我，曹敏、王昇等人都很想照顧他，曾透過教育部主動要他把一些著作送上去，通過審查程序，好辦個正式教授資格。結果他反而勃然大怒：「我的著作，誰有資格來審查？」想幫忙的人也只能順其自然了。那時老師常說一個做人的哲理：「性格決定命運」，真是一點也沒錯！不過劉先生對我倒是很好的，大約一九九七年間，他把方東美所著的佛學書（華嚴宗哲學、中國大乘佛學、生生之德等）整套送了給我，對我研究佛學頗有助益，直到今天我還是感謝他。

我為什麼要說劉孚坤先生的事呢？近年我研讀道家的典籍多了，乃瞭解道家有個極重要的長處，就是教人如何適應環境、與人善處。因此，我常常想到，這位劉先生的為人處世恰好就是道家的「圓融」反面教材，希望後世有才華而亢直之士以他為鑒。

宏揚道家的述著

若從廣義來說，南懷瑾先生幾十本述著都可以說是宏揚道家的，因為他的述著特色就是把儒、釋、道三大教融為一體了。若從述著的名稱與其內容所表達的重點來說，則不宜採如此廣義的觀點。管見以為，下列述著才算是他宏揚道家的：

1、《禪與道概論》

此書早在一九八六年底即由「真善美出版社」印行。如上章第一節所述，此書是南先生應政大教育研究之邀講「道佛兩家學術思想與中國文化」二次，後將講稿整理而成的。在成書之前，先在臺北的《大華晚報》發表，讀者反應很熱烈。此書名雖以「禪」和「道」並列，實際內容仍以講道家的較多。

2、《靜坐修道與長生不老》

早在一九七三年初版，翻成多國文字，在台即印行了近六十刷。如第五章前言所述，這本書是南先生三部代表作之一，對全世界求道修禪的讀者影響很大。此書的內容雖以禪門的「七支坐法」為經，卻是以道教的修煉觀念為緯，故也算是對道法的闡揚。

3、《道家密宗與東方神秘學》

一九八五年出版，每年連續加印，十年間印行了十多版。此書內容仍以道家義理與修煉方法為主，談到西藏佛教密宗的只是小部分。本書內容還有一大特色，就是道家易經與中醫醫理相結合的研究，南先生以此為專題講了九講，占的篇幅也不少。

4、《易經雜說》

一九八七年出版。此書內容可以說純屬道教的，涉及易象、易數許多實際操演。前文說到南先生曾拜胡庸為師的事，胡先生正是長於此種術數的人，故本書的內容可能就是從胡庸那裡學得的成果。

5、《老子他說》

包括上集及續集，這是南先生解說《老子》的全文，篇幅相當大。觀其內容，大抵近似《論語別裁》，以「經史合參」及「以經解經」的解說方式行之。此書可說是南老師的道家思想之代表作，卻有曲折而漫長的成書過程；早在一九八七年出版上集，遲至二〇〇九年才出版續集，何以如此？編者劉雨虹在續集的「出版說明」有清楚交代。應一提者，此書的上集有「附錄一」，載了一九七三年在湖南長沙馬王堆出土的《帛書老子》甲、乙本全文與古本《老子》的對照表，有助於進一步研究。「附錄二」載了「歷代學者對老子研究書籍目錄」三六〇條之多，亦可供參考。

6、《中國道教發展史略述》

一九八七年出版。本書主要是介紹道教的發展，以及道教複雜的派系。書末有一篇南先生親撰的「推介中國傳統文化主流之一的《道藏》緣啟」，對於有意作深入研究者，不失為有益之指引。

7、《我說參同契》

此書源自一九八三年南先生在臺北「十方書院」講課錄音，輾轉於美國、香港、江蘇太湖，於二〇〇九年簡體本方出版，二〇一六年在臺灣出版正體本時，南老師已逝世了。此書是道教重要典籍，是丹道書的鼻祖，內容以修外丹功原理與方法為主，部分內容亦涉及內丹（氣功）的修法。歷代注疏此書的人不少，南先生是依據清朝康熙年間的朱雲陽（元育）《參同契闡幽》版本講述，再加上自己見解以發揮。發揮的方式，仍與《老子他說》或《論語別裁》相同，即旁徵博引許多有趣的故事或詩詞，以作解說，如此提高了其可讀性。

8、《列子臆說》

此書也是源自一九八二年在臺北「十方書院」講課的錄音，直到廿七年後的二〇〇九年才在江蘇「太湖大學堂」補講《列子》全文，次年推出大陸版。

按《列子》一書，在唐玄宗時代被尊為重要的道家經典，且改名為《沖虛真經》。到了北宋景德年間，加封為《沖虛至德真經》，明朝編修的《正統道藏》即以此名收入。此書的內容很有趣，透過約一百個故事來闡明道家的高深思想，有些故事早已成為人人皆知的文學名句，例如「愚公移山」、「杞人憂天」、「歧路亡羊」、「夸父追日」等是。南先生無論講課或述著，最擅長的就是以許多歷史典故來說深刻的儒、釋、道義理，所以他闡釋《列子》當然是最精彩的了。

9、《太極拳與靜坐》

此書是二〇一四年南師的門人在他逝世後，整理遺稿，而出版的小冊子。內容記述當年南先生在杭州及四川練武、訪道、尋仙的大要，對各種功夫的道理解釋得相當曉暢。

南師特重的問題

上節所列九部述著，除了《中國道教發展史略述》偏重於歷史敘述外，《老子他說》

及《列子臆說》兩部則著重在道家思想的內容，其餘六部均重在實際修煉之工夫；本章副題為「南先生的道家思想與行持」，無論想瞭解其思想或欲究明其修行工夫，均可在這些述著中獲得圓滿的解答，毋待我在此贅言了。但有幾個特別重要的問題，是南老師的述著中常提到的，或是我在他身邊常聽到的，在這裏應提出來，以供讀者作進一步的瞭解。

一、亂世重道家的原因

南懷瑾先生在很多述著裏都強調，中國歷史上每逢變亂的時代，能夠撥亂反正的，都是道家思想之功，都是道家的人出而救世的。等到天下太平了，才是儒家思想經世致用之時。他並多次強調，這是中國歷史的關鍵，也是一個不易的法則，作為中國知識分子都要瞭解這一點。他並舉出許多實例，如商湯時的伊尹、傅說，周朝開國大臣姜尚，春秋時的范蠡，漢開國謀臣張良、陳平，三國時的諸葛亮，唐代的魏徵，明代的劉伯溫，清代的范文程等等，都是道家人物，在亂世時出來平定天下，天下太平了就「功成、名遂、身退」。

問題是，南老師只是指出這個歷史關鍵或法則，卻從未見他談到形成這個關鍵法則的原因何在⑨。長久以來，我思索這個問題亦不得恰當之解釋。近年勤看牟宗三、唐君毅、徐復觀及吳汝鈞等名家大作，對此問題方有所悟解。

道家的「道」是什麼東西？唐君毅先生解釋它有六種意義之多（詳見氏著《中國哲學原論》導論篇十一章），在此不能詳說。以下只是說說牟宗三先生的見解。

依牟宗三先生的說法，道家思想主要是通過「無」來瞭解「道」、來規定「道」之涵義的，所以這個「無」是道家思想的關鍵點，我們必須要先瞭解這一點。其次，再進一步瞭解，「無」又是什麼意思？這是一個人生實踐上的觀念，也就是要去掉一切人為的造作的東西，這些東西包括三個層次：第一是我們自然生命的紛馳，如七情六欲時刻困住我們的心靈，就是「生命的紛馳」。第二是我們心裏的情緒，如人的喜怒無常等情緒就是。第三層最嚴重，就是我們意念思想上的造作，現在稱為「意識型態」，佛教稱為「見取見」就是，人受這種思想系統的束縛不知造成多少歷史災難，是最難解決的東西。道家的「無」就是要把這三層束縛我們心靈的東西統統去掉，這樣才達到一個自由自在的「虛靜」境界。

再進而瞭解，我們人處在這「虛靜」境界，不是一直虛靜下去什麼都不做，而是自然會起「妙用無方」的作用。這種作用靈活地施展到各方面，就是不凡的智慧表現了。所以道家主張「無為」必定連著「無不為」——起著無限的妙用，才能應付千差萬別的世俗。在社會大動亂時代，唯有具備這種「妙用無方」智慧的人，才能做出撥亂反正的大事，才堪當「王者師」。道家思想之所以稱為「帝王之學」，關鍵在此⑩！

牟先生認為，歷代最堪稱「王者師」的人就是輔助劉邦打成天下、又助他避免了許多治國險路的張良（子房）。張良自得道家老師黃石公教誨之後，能夠「沈潛從容，靈府獨運」，他外表像柔弱女子，實則「靜如處子，動若脫兔，乃能運斯世於掌」；靜如處子就是「無為」，動如脫兔就是「無不為」，運斯世於掌就是具有把世事看得一清二楚的智慧而能「妙用無方」了。更難得的是，張子房立了如此大功，隨後真正做到了「功成身退」，只想過自己愛好的修道歲月，絕不貪戀名位⑪。

黃石公《素書》有段話，正是這些道家卓越之士的用捨行藏的最佳寫照：

賢人君子，明於盛衰之道，通乎成敗之數，審乎治亂之勢，達乎去就之理。若時至而行，則能極人臣之位；得機而動，則能成絕代之功。如其不遇，沒身而已。是以其道足高，而名重於後代。

總之，我引上面的材料，即是證明：南懷瑾先生的「亂世重道家」之論斷是對的，而且有哲學的根據。

二、反者道之動

「反者道之動」是出自《老子》第四十章的名句。這是道家思想的深刻啟示，在西方黑格爾辯證哲學也有類似的思想。南老師在世時常同我們提到這句話，在很多著述中也提到，可見他很重視這種思想。

欲悟解老子這句話的深刻原理，應參考《陰符經》。此書是一千五百年前南北朝時代的一位隱士所作，全文只有四百餘字（一種版本只有三百字），主要內容就是把老子「反者道之動」觀念加以發揮。此書文約義深，概括性很強，自唐代以來就有百多家的注疏。注疏者往往從自己的專長來判定此書的性質；兵家說它是權謀之書，儒家說它是性理之書，道家說它是玄理之書，道教則把它列為內丹修煉的基本經典，可見此書的奇妙性了。

此書最突出之處，乃從事物的「反面」去闡明深刻的道理。例如它把「金、木、水、火、土」不稱為「五行」，卻從它們（相生）的反面（相剋）去稱為「五賊」：

天有五賊，見之者昌。五賊在心，施行於天。

又如一般經典稱「天、地、人」為「三才」，此書卻稱為「三盜」：

天生天殺，道之理也。天地，萬物之盜。萬物，人之盜。人，萬物之盜。三盜既宜，三才既安。

南懷瑾先生在世時常喜引用《陰符經》中的一段話：

瞽者善聽，聾者善視。絕利一源，用師十倍；三反晝夜，用師萬倍。

這是說，瞎子的聽力會特別好，耳聾的人視力會特別強。人的某個功能失去了，其他功能卻可能發揮出比常人大十倍的功力。對一個問題反覆思考三天三夜，可收到比常人多萬倍的效果。

除此之外，南先生又常喜引用唐朝趙蕤所著《長短經》第十三章「反經」，說明事物相反的道理，如：

仁者，所以博施於物，亦所以生偏私。
義者，所以立節行，亦所以成華偽。
禮者，所以行敬謹，亦所以生惰慢。
樂者，所以和情志，亦所以生淫放。
名者，所以正尊卑，亦所以生矜篡。
法者，所以齊眾異，亦所以生乖分。
刑者，所以威不服，亦所以生凌暴。
賞者，所以效忠能，亦所以生鄙爭。

仁、義、禮、樂、名、法、刑、賞等本是正面的事物，但用之不得其當，常常會發展到它的反面去了。對於這種辯證原理，有道之士必須要瞭解，這才是道家的圓融智慧。

南老師最重視這種智慧，所以常常提到這些經典。他也常警告我們同學：學儒家的人易流為拘謹迂腐，學佛家的人易流為自高自大，學道家的人易流為怪誕詭異，千萬不可走到反面去了。

三、討厭邪門迷信

道家的內容龐雜無比，我在本章的開始時已說過了。因此南懷瑾先生認為，道家的流弊也很大，畫符念咒、吞刀吐火之術，都變成了道家文化。更且陰陽、風水、算命、扶箕、養生、醫藥、房中術等等民間俗信，幾乎都算是道家的內容，如果不注意分辨取捨，問題就嚴重了⑫。所以，雖說南先生非常重視道家，但他重視的是老莊的玄遠高潔思想；他也重視道教，但他重視的是正派道術，如唐宋間鍾離權、呂洞賓、陳摶系統的道術，乃至元代以後的全真內丹派道教等是。

相反的，對於邪門左道，南老師不但分辨力極強，而且十分討厭他們。我住香港幾年間，在他身邊曾親見多次這種實例。很多遠從臺灣慕名想拜訪南先生的道教徒，經通報是某某門派的，南先生必婉拒見面。有時由某位老師所熟知學生未經通報便帶了幾個這種人來見面，老師一看便知這些人是邪門的，但礙於情面，當場不便峻拒，只好敷衍幾句，想辦法快速送客。那位未經允許便遽然帶人來的同學，事後必被老師告誡一番。

有一次我大膽請問老師：「為什麼您一眼就能看出這個人是修旁門左道的？」他說：「你沒見到他的眼神是在亂飄的，他的臉色不對，他全身在顫抖的嗎？」我實在是無所見，只有驚嘆老師的洞察力真是出神入化了。後來我依理分析，老師的觀人力，尤其是觀察修道者，必然是極強的，因為他早年學道，拜過近百位道家師父，什麼人沒見過？這方面的洞察力超乎常人是必然的！

魯迅曾說過，「中國根柢全在道教，儒家在中國號稱主流文化，其實影響面很小，只能左右一部分知識份子。中國文化的主要構成元素、影響一般社會最大的，應該是道教。至於佛教則根本談不上，僅有些浮面的光影而已」。原來魯迅這種觀點，並非恭維之辭，而是把中國社會之所以愚昧落伍，歸咎於道教；他認為道教那一套裝神弄鬼、煉丹畫符等迷信，若不全部全部掃除，中國便無強盛的希望⑬。與南懷瑾先生觀點對照起來，魯迅的說法顯屬偏頗了。道教固有迷信成份摻雜在內，但更多的正當而優越的思想，豈可一棍子全部打翻！何況，如果說中國民間受道教影響是既深且廣，若全盤否定道教豈不是全盤否定了全中國的民間基層精神生活？須知，即使是鬼神安信，對社會人心也有穩定作用，試問世界上何種宗教不是有「鬼神」信仰的因素在其中？一個社會如果人人不信鬼神只信現實利害或「科學」，這種社會才是危險的！至於中國自清季以來積弱不振，因素很多，未可約化為一種，尤不能全般歸咎於道教。由此觀之，魯迅之觀點實不如南先生合理、圓融。

淺見以為，我們應從正面來看道教。至於其中一些民俗迷信成份，只要不造成害人害己的後果，不妨用佛教「方便法門」的觀點來看待，因為即使是妄信，對愚夫愚婦也有正面的作用。能持如此寬容的態度，才是中華文化精神。

四、功成身退天之道

《老子》第九章有道：「功成身退，天之道」（另有版本寫作「功成、名遂、身退、天之道」，還有古本寫作「功遂身退，天之道」，意義不殊），這種人格修養，是南老師最重視的，他在很多述著中都提過這句話⑭。其實，南先生本人就是這種精神的忠實貫徹者。如前文第四章最末節所述，自一九八八年到二〇一二年他逝世為止，南懷瑾先生為了民族文化的復興、國家的強盛，盡一己之一切努力，牽成了「兩岸密使」的會談，完成了「金溫鐵路」的建設，促成了「兒童讀經」在全大陸的推廣，更有數十種深入淺出的著述為復興中華文化奠定了深厚的基礎。凡此貢獻之大，應是很少人能相比的了；但他絕對不居功，一九九四年他以一首詩的「此生猶似巢空鳥，只合穿雲望眼看」妙語來明志，婉拒了江澤民總書記的誠懇相邀。二〇〇四年以後，為了加強宏揚中華文化的力道，不顧年紀已近九十，不惜眉毛掃地，還到江蘇太湖畔創立「太湖大學堂」。雖然如此，直到去世，仍不肯上北京同當道相聚。南先生這一切實際的做法，完全證明了他真是一位「功成、名遂、身退」的實踐者。

「功成身退」這句話，現在已變成人人會說的成語，也是一些人自命清高的口頭禪。其實，這句話所指的義理很深，沒有極高的精神修養根本就做不到的。何以見得？且從儒家及佛家思想來作印證，應有助於分曉。

《論語》季氏篇說：

孔子曰：君子有三戒：少之時，血氣未定，戒之在色。及其壯也，血氣方剛，戒之在鬥。及其老也，血氣既衰，戒之在得。

「戒之在色」及「戒之在鬥」文義很明，又與本題無關，在此不談。何謂「戒之在得」？指執著而不捨也。大凡一個人年老了，對自己花了一生所「得」的東西看得越來越嚴重、看不開。南先生曾引小說《官場現形記》的一個挖苦太執著的故事：一位官員年老退休下來了，但他的官癮卻越來越大，隨時耍威風，好像他仍然是做官似的。直到他臨死躺在床上，已進入彌留狀態，依然自以為仍在做官，不肯瞌眼。於是由兩個副官站在房門邊，拿出舊名片來唱名；一個副官念道：「某某大員駕到！」另一副官唱道：「老爺欠安，擋駕！」如是他聽了很過癮，才甘心閉眼去了。小說寫的並非誇張，很多有點成就的老人實情就是如此。南先生還舉出一個實例，臺灣有位老先生很有錢，存了很多美鈔；每天臨睡前，他一定要把保險箱裏的美鈔拿出來數一遍，然後才能安眠。又有一位老先生很有錢，但仍熱心他的建築事業；有人問他，年紀這麼大了，還拼命賺錢幹什麼？老先生卻說：正因為年紀大了才要拼命賺錢，如果不努力去賺，將來沒有機會了！南先生舉了這二個例子，感嘆說：「這是什麼人生哲學呢？」⑮

我也親知一位國民黨大員谷正綱先生，他年紀大時患了老人痴呆症，但每天總不忘上班辦公事；他創辦的救濟總會只好布置一個辦公室，每天由他批一些不是真的「公文」，這樣維持了一段時間，到他逝世為止。由此可證，孔子所說的「戒得」太重要了，如果一位老年人真瞭解老子這句「功成名遂身退，天之道」，就真能「戒得」了。也由此可證，儒道兩家在這種精神上是相通的。

佛家的「四無量心」（慈、悲、喜、捨）精神，也是同道家相通的，不過其相通的義理比較曲折，一般人不易瞭解。南傳佛教有部著名的經典《清淨道論》，記載一個這樣的故事來說明「四無量心」⑯：一位母親生有四個兒子：最小的是還在襁褓中的嬰兒，次小的是體弱多病的幼兒，上去的是已精壯的青年次子，最大的是已能自力謀生的長子。佛陀教這位母親應以四種不同的態度對待他們：1、多照顧嬰兒，讓他穩妥地長大，這便是「慈」。2、多幫助幼兒，讓他解除病痛，平安成長，這便是「悲」。3、多祝福次子，希望他永遠保持精壯，這便是「喜」。4、對長子不必再關心什麼，更不抱著望他有所孝順回報之想，這便是「捨」。最後這個「捨」的精神就同道家的「功成身退」或孔子所說的「戒之在得」相通了。事實上，佛家所說的「捨」最難，因為一般人捨得錢財、名位，還不算難；若要連親情都捨得，那就太不容易了。佛家原本理念就是捨割親情而出家的，所以難度最高。

南老師早年以詩自述「不二門中我亦僧」（全詩見前文第四章第三節），他具有佛家的「空」解脫精神，所以能完全做到老子這句「功成、名遂、身退，天之道」。因而他對這句特別重視，也是自然的了。

道家幾個重點問題

二〇〇二年初，有一次我到香港南寓向老師請教佛學一些問題，在餐桌上，他拿出一本題為《仙宗性命圭旨》（性命圭旨）的書，提示大家應該看看。後來我到臺北購賣了一本，勉強看了一遍，似懂非懂的。原來這是道教的書，有什麼鼎爐、鉛汞、坎離、降龍、伏虎、玄關、日烏、月兔、火候、黃婆、真土、嬰兒、魂魄……等等一大堆奇怪名詞，也有佛教的「性空」及儒家的「仁道」思想。此書還附有多張古人畫的圖，其中第一張叫做「三聖圖」，畫的是太上老君（老子）、釋迦牟尼（文佛）及大成至聖文宣王（孔子），圖中有副對聯：

具大總持門若儒道釋之度我度他皆從這裏

能知真實際而天地人之自造自化只在此中

並有大段題為「大道說」的解說文字，文中有道：

儒家之教，教人順性命以還造化，其道公。禪宗之教，教人幻性命以超大覺，其義高。老氏之教，教人修性命而得長生，其旨切。教雖分三，其道一也。

顯見此書是明朝以後所流行的「儒、道、釋」三教合一之作，不過其主要義理仍是道教的。

我當時也像其他哲學愛好者一樣，對於道家的措意，僅止於以老莊為代表的道家思想而已，對道教的經典是不去理會的。如世界著名的中國哲學家陳榮捷（1901—1994）即曾說過：「道教事實上已經死了，沒什麼好研究了！」⑰這是學術界最激越之言。一般學者雖未如此說，但覺得道教典籍不屑理會，倒是普遍性的態度。如果當年不是南老師提示要我們看看《性命圭旨》，我應該一輩子也不會去碰道教典籍了。

就是這段南老師提示的因緣，此後斷斷續續看了一些道教的書，但也未能潛心去作有系統的研究。直到最近五年我定居到臺灣桃園楊梅，生活較安定，計畫寫一本有關各種「修定」的書，才發心對道教的重要經典作全面性的詳研；詳研結果，才領會到，無論道家或道教，確有其不可取代的價值在；以下分三項說明之。

一、道家的藝術精神

牟宗三先生認為，道家思想如當作智慧看，它是人生的大智慧，平常可以在自己的實際生活上受用。如把它當作一種學問看，那麼它是一種「境界形態的形而上學」，這種形而上學與儒家、佛家，乃至西洋哲學均不相同。所謂「境界形態」，相對的就是「實有形態」；西洋哲學都是從實有的存在（物）來立論的，當然不是「境界形態」。儒、佛兩家有境界形態性質，但不完全是；儒家追求的是道德，佛家追求的是解脫，「道德」與「解脫」仍屬實體目標之故。道家呢，根本就無所謂「目標」，只是追求「逍遙」、「自然」、「灑脫」、「無為」等等，這些詞語只是意指吾人心靈的一種境界，所以稱之為「境界形態的形而上學」。道家這種學問或智慧很特別，它的價值也就在這裏⑱；有志於研究中華文化的人應特別注意這一點。

徐復觀先生對此問題尤有進一步的卓見。他認為，老莊思想實際是一種最高的藝術精神，尤其莊子更是如此。他說：

若不順著他到達的人生境界去看，而只從他們由修養的工夫所到達的人生境界去看，則他們所用的工夫，乃是一個偉大藝術家的修養工夫；他們由工夫所達到的人生境界，本無心於藝術，卻不期而然地會歸於今日之所謂藝術精神之上。也可以這樣的說，當莊子從觀念上去描述他之所謂道，而我們也只從觀念上去加以把握時，這道便是思辨的形而上的性格。但當莊子把它當作人生的體驗而加以陳述，我們應對於這種人生體驗而得到了悟時，這便是徹頭徹尾的藝術精神。並且對中國藝術的發展，於不識不知之中，曾經發生了某種程度的影響。

徐先生這段話，我認為不但諦當，而且有多方面的實證。試看中國式的庭園建築布局、山水畫、音樂、戲劇，其高雅奇趣在在都顯出道家的高尚藝術精神。就我個人較熟悉的國樂來說，「高山流水」、「平湖秋月」、「霓裳曲」、「魚游春水」、「雨打芭蕉」、「陽春白雪」、「流水行雲」、「彩雲追月」、「漁舟唱晚」、「梅花三弄」、「廣陵散」……等等曲牌，其平緩節奏，令人聽起來心曠神怡的韵律，就是道家人生境界的寫照；單看這些曲牌的名字本身，就含有道家的返照自然的美妙風味了。此事還應反過來說，若一位藝術界人士，無論其為建築師、畫家、書法家、音樂家，如果他具備道家思想，特別是《莊子》的境界，必可提升他的藝術精神。

南懷瑾先生的道家工夫甚深，道家的境界也自然而然地表現在他的詩作中，惜乎他從未明白道及有關藝術精神問題。用特提出本項來以作補充，亦忝為繼先師之志述諦當之事也。

二、道教影響力的普及性

如前所述，魯迅把中國之所以愚昧落伍，完全歸咎於道教，固然是偏頗之論，但他認為「中國的根柢全在道教」卻是近乎諦當的。其實南懷瑾先生也作過類似的論斷，他引證了清朝大臣紀曉嵐（1724—1805）對道家的評語：「綜羅百代，廣博精微」，來說明道家思想包括了中國上下五千年的整個文化，「廣博」是包羅極為廣泛，「精微」是精細到極點，微妙到不可思議的境界⑲。

其實，要闡明道教的影響力是如何普及，用不著說些高深理論，只有檢視一番影響中國社會大眾最大的幾部小說就清楚了。這些小說主要是：《封神演義》、《西遊記》、《水滸傳》、《聊齋》四大古典名著。茲略分析如下：

《封神演義》俗稱《封神榜》，成書於明朝萬曆年間（1574—1619），其作者是何人，有多種說法，通說是道教人士陸西星。此書是宏揚道教的最重要小說，對中國民間俗信影響甚大，其影響力的深遠應超過《西遊記》。全書共一百回，天上眾仙、各界妖魔、凡間真實歷史人物大合奏式的演出，形成一齣龐大的神話浪漫戲劇。故事由商紂王（歷史真實人物）題詩調戲女媧娘娘（煉石補天的大神）開始，千年狐狸精（妖怪）奉命下凡化作蘇妲己，進宮媚惑紂王，作惡多端。於是以姜子牙輔佐周武王（歷史人物）伐紂的史實為背景，各路神仙、妖怪、鬼怪紛紛參與戰爭而鬥法，由是演變得虛實交錯、奇幻瑰麗，對兒童有極大吸引力。這部長篇小說還創造出許多形象鮮明的神仙人物，如三太子哪吒、雷震子、土行孫、楊戩、元始天尊、鴻鈞老祖、太上老君、妲己、聞太師、申公豹……等等，都是民間婦孺熟悉的故事。書的結局是周武王大勝，姜子牙奉命對有功者封了三六五位正神。而姜子牙自己卻沒有神位，由周武王封為齊國諸候（史實）。

《西遊記》成書於十六世紀的明朝中葉，一般認其作者為吳承恩。此書是根據宋、元流行的取經故事，揉合了佛經故事及中國道教有關神仙妖魔傳說，匯成了這部千古名著。舉凡《封神榜》上的重要理念、人物（太上老君、玉帝天尊、天王李靖、哪吒、二郎神楊戩、四大天王、廿八宿等等），乃至佛經故事及佛教義理都被編排成為有系統的內容，使得此書成為瑰麗奇趣無比；裏面許多有趣故事，是社會大眾人人耳熟能詳的。然而，此書的性質為何？因為隱涵的意義深遠，所以歷來有許多說法。古代的說法姑且勿論，現代有胡適，把它定性為「現世主義詼諧小說」。魯迅的觀點也差不多，認為它只是「神魔小說」⑳。胡適、魯迅二人可能不懂佛理之故，才有如此的浮面之見。我的看法是，這部書是以「三教合一」為內容固然不錯，但它偏重在佛、道二教的較量，儒家思想只是輕輕帶過而已。書中所有的神仙妖魔鬼怪，全屬道教的，這包括最高統治者玉皇上帝、王母娘娘、太上老君，到天庭眾仙、凡間妖魔、四海龍王、陰間地府等等，這個系統全是道教性質的族群。主角孫悟空出身原是一個妖猴，也屬此族群；竟練出超級本領大鬧天宮，所有天將天兵都莫奈他何，連法力最厲害的太上老君、王母娘娘、二郎神、四大天王都不是他的敵手。最後只有法力無邊的佛陀才把他壓在五指山下。這段故事豈不表明，道教對這個愛搗亂的同道妖猴全無辦法，最後只靠佛法才能制伏得了？尤有進者，因為佛是慈悲的，所以五百年後派觀世音菩薩來救出這猴子，並度他入佛門成為玄奘法師的弟子。他保護唐僧往西天取經，沿路遇到九九八十一災難，都是什麼「洞」呀、什麼「山」呀的妖怪造成的，這些專門搗亂的妖魔也都是道教的屬類。最後取到了佛經，妖猴也修成了正果；所謂「正果」就是佛教的品位，不是道教的仙人品位。由此可證，《西遊記》這部小說的性質實以佛、道二家作全面的較量，最後佛教取得勝利。但我在此強調的，倒不是佛、道二教的勝敗問題，而只是要說明，因為這部書全面寫了道家的人物等情節，也就等於宏揚道教普及於社會大眾了。

《水滸傳》，此書定型於明朝，一般認為是施耐庵所作。在中國古典名著中，《水滸傳》最擅長於人物的刻劃及市井庶民生活的描述，主要人物都描繪得個性鮮明，各有特色。從整部書的結構內容來看，完全是籠罩在道教的「天機定數」中；一開始是說，道教的張天師冒失揭開了一塊鎮魔的石碑，一股黑氣沖到空中，一〇八位魔君分別降生到各地去了。後來因宋徽宗這位道君皇帝信寵奸臣高俅，使得天下動亂，百姓艱困，魔君們以不同的因緣，聚會到了水泊梁山。宋江乃建「羅天大醮」祭神，由道士公孫勝主持。一夕三更，天門忽開，一團火光墜落壇前土地裡。宋江命人掘出一塊石碣，刻有不可識的天書；請道士何玄通譯出，原來是記錄了卅六天罡、七十二地煞的名次！由是一〇八位弟兄依天書所定的次序，正式聚義立寨了。在聚義廳外升起一面書寫「替天行道」的杏黃旗，以作對外號召的精神指標。原來這個精神指標不是隨便起的，是九天玄女授了宋江三卷天書，要他聚合一〇八位英雄好漢「替天行道」。《水滸傳》這種情節特色，顯然可以追溯到東漢末年的黃巾軍；其所循的道教思想，更可溯至東漢的《太平經》㉑。水泊梁山是道教本質的、在王法之外所建立的強人世界。這種模式被後世洪門、清幫等秘密會黨所遵循仿效，對社會大眾尤有深刻的影響。

《聊齋志異》，清康熙十九年（一六八〇）成書，蒲松齡著。由四九一篇短篇故事構成，多屬人與花妖、狐魅的戀愛故事。也有其他題材，如寫惡鬼害人的「畫皮」、好逸惡勞的「勞山道士」、兄弟之愛的「張誠」、朋友之義的「嬌娜」、仗義行為的「仇大娘」、風水迷信的「堪輿」、鬥蟋蟀悲喜劇的「促織」……等等。作者的好友王士禎甚喜愛此書，曾題了一首名詩作序：

姑妄言之姑聽之，豆棚瓜架雨如絲。
料應厭作人間語，愛聽秋墳鬼唱詩。

此書各篇情節曲折，人物鮮活可愛，寓有高度藝術的浪漫色彩。清朝文學家紀曉嵐就說：「留仙之才，余誠莫逮其萬一」。此書描寫鬼、狐、精、怪，自是道教的根柢，因其文筆極佳、說理醇正，情節感人，人物可愛，所以對世俗影響很大。在清朝當時已很風行，而且帶動了撰寫這類鬼怪狐魅小說的風氣，例如：沈起鳳的《諧鐸》、袁枚的《子不語》、紀曉嵐的《閱微草堂筆記》、宣鼎的《夜雨秋燈錄》、閑齋氏的《夜譚隨錄》、長白浩歌子的《螢窗異草》等均是被影響而寫的。此書在近代影響更廣泛，有英、法、德、俄、西等文譯本流傳全世界，又有許多戲劇、電影傳播更廣了。據說毛澤東、鄧小平都愛看聊齋，而且從中取得靈感以解決政治大事㉒。毛氏在一九五八年金門炮戰時，提出「不怕鬼」表示不懼美國鬼子來干涉，此理論的靈感即出自此書的「狂生夜坐」敢同鬼對抗的故事。而鄧小平主張改革開放的名言「不管白貓黑貓，捉到老鼠就是好貓」，靈感也是來自此書的「驅怪」篇所說的句子：「黃狸黑狸，得鼠者雄」。按古人稱貓為狸。

以上略述四部主要的古典著作，吾人當可明瞭，道教藉這些小說，對社會大眾的影響是多麼大了！其他有關道教的小說很多，如《平妖傳》、《鏡花緣》、《白蛇傳》等等都是，在此不必詳列了。

三、養生的哲理與實踐

道家思想的核心，就是要人擺脫外在的一切名、利、權、聲、色等欲望乃至社會的禮法規範的束縛，如是就可過著自然的恬愉境界之生活。這種境界，唐君毅先生稱之為「求自返於生命之核」㉓。他的意思是，吾人的生命可以不必依其他理由（如追求道德的完成、追求符合上帝的意旨、追求極樂世界的安逸、追求俗世的榮華富貴……等等）而顯出其價值或意義，因為「生命存在」的本身就是價值，這個生命自己就能肯定這種核心價值的。這也就是人為什麼會「好生惡死」的真正理由所在。其實不只是人，所謂「螻蟻尚且貪生」，任何動物都一樣，其生命的存在就是核心的價值了。人能體驗這種價值，事實上就會進入一種超越現實俗世的恬愉境界。何謂「恬愉」？脫出了俗世生活的種種困擾與煩惱，是為「恬靜」；使人悟得「天地與我並生，萬物與我為一」（莊子・齊物論），是為「愉悅」。

記得一九九五年有一晚在香港，聽南懷瑾老師講佛學，有位同學問到老師「人生有何意義」的問題。老師說，你這個問題首先要弄清楚，「人生」是指「生命」還是「生活」？如果是指「生命」，那就沒有什麼意義不意義了，因為「生命」的本身就是意義，生命就是為了生命，不能再有別的說法。如果是指「生活」，當然有「意義」的問題，比如你今天來這裏研究學問，沒有白過這日子，就是今天生活得有意義了。反之，你若整天無所事事、言不及義，就是活得沒意義了。老師這說法，所謂「生命的意義就是生命的本身」，與唐先生所的「生命存在本身就是價值」其實意思沒有什麼分別的。

「求自返生命之核」，即是重視自己的生命，可以說是道家思想的核心哲理。這種哲理不是那位哲人思辨出來的虛構理論，而是確有實證基礎的，因為任何精神正常的人皆珍視自己的生命。這就像孟子所肯定人有「良知」（人性善）一樣，是有「四端」實證基礎得出的結論，不是純由孟子思辨出來的理論。吾人如何發揮自己固有的「良知」？這就牽涉到層層的工夫問題了。道家的如何「求自返生命之核」也一樣，也是實踐工夫的問題。如何實踐？這就是道教之所以產生及其之所以成為中國一個大宗教的理由所在了。在這種「求自返生命之核」的哲理主宰下的道教，重視養生，甚至力求個人練成「長生久視」的神仙亦屬必然了。至於如何養生、如何煉成神仙？這是煉丹、導引等修練工夫的問題。歷代道教典籍無不以各種修煉工夫為主要內容，道理亦在此。

談到煉丹、養生等問題，牽涉複雜，欲詳究需另作專書，在此自無法細說。以下只提出三個重點，以供有志修煉者參考。

1、外丹與內丹

所謂「外丹功」，就是以鉛、汞、雄黃、白礬等礦物，放在爐火中燒煉，企圖煉成「仙丹」，人服用了便能飛升成神仙。這種修煉法起源很古，春秋戰國時代的方士就這樣做了。東漢末年（西元一四二）張道陵創立了道教，煉丹成仙就成了本教的主要節目；但直到唐朝，經過了五百年之久，從未見有成仙的實例。即使如此，西晉時代深明事理的葛洪（282—363），在他的傑作《抱朴子》中仍堅信煉丹成仙是可能的。到了唐朝，煉外丹企求長生不死的風氣反而興盛起來，包括太宗、憲宗、穆宗、敬宗、武宗、宣宗六位皇帝在內的許多名人，竟因服金丹中毒而死了！其中最受後人譏諷的是太宗皇帝，他明白地說過：「神仙事，本是虛妄，空有其名」㉔可是他自己晚年也迷信「長生藥」而服用，結果喪命。由此亦足證，「長生不老」的渴望是何等深植於人的心靈！直到五代末，道教內部才真正覺悟到「服金丹能長生」的想法是不對的，由是轉到「內丹功」的路上。轉變的關鍵人物就是鍾離權（八仙中的漢鍾離）、呂洞賓及陳摶（希夷先生）。發展到後來，宋、元道教的主流為「全真道」，分南北二宗：北宗為王重陽，南宗張伯端（紫陽真人）都是繼承了「內丹功」的路向。一直到現代，道教除了一些旁門左道之外，沒有不修「內丹」的了。

其實，「內丹」早在漢代以前即有，如《參同契》雖以外丹為主要內容，也談及導引、呼吸等內丹工夫，不過一直到宋朝以後，道教全面放棄了「外丹」，才是專重內丹而已。更重要的是，宋朝以後的「內丹」已不盡是道教過去傳統的理念與工夫，而是全面吸收了佛家、尤其是禪宗的靜坐修練工夫，再有在處世上又吸收了儒家、尤其是宋代新儒家（理學）的思想，這樣便走上了「三教合一」之路。前文所述及的《性命圭旨》，就是三教合一首出的代表作品。

2、內丹名詞

應特別注意的是，「內丹功」依然援用了「外丹功」很多的原有名詞，如不先弄清楚，看道教的書會莫名其妙。例如：將人的身體叫做「鼎爐」，人的「精、氣」為「藥物」，用「神」（意念）運行呼吸（氣）叫做「燒煉」，猛烈地呼吸是「武火」，柔和自然地呼吸為「文火」；「鉛坎」屬水，指腎的功能；「汞離」屬火，指心念或心臟功能，以意念使水火相交就是「結丹」。如此之類的借用名詞或譬喻言語，必須先弄清楚，否則必使人目炫心迷，因不知其所云而看不下去了。

茲舉《樂育堂語錄》先天水火章以明之：

> 修煉之道，莫要於水火……火何在？心中之性，性即火也。然性有二：有氣性，有真性；氣性不除，則真性不見，仍不免事物之應酬，一時煩惱心起，化為凡火，熱灼一身，而真性為之消滅焉。故煉丹者，第一在凝神。凝神無他，只是除凡火，純是一團無思無慮、安然自在之火，方可化凡氣而為真氣

也。諸子打坐，務將那凡火一一消停下去，然後慢慢的凝神。……至於水何在？腎中之情，情即水也。然有妄情，有真情；二者不明，丹必不就。苟妄情不除，則水經濫行，勢必流蕩而為淫欲。學者欲制妄情，離不得元神返觀內照，時時檢點，自然淫心邪念一絲不起，始是真情。……此水火二者，為人生身之本，成仙作聖之根，切忽混淆而用，不分清濁也。

3、重點在養生

內丹道強調的是「性命雙修」，所謂「性」既指禪宗的「自性」，有時也指儒家的道德義理本體的「性」；所謂「命」指的單純是自然生命的身體（形）。總之，內丹道強調以「性功」來煉心，以「命功」來煉形，等於把儒佛兩家有關「性」的義理收為己用，再加上道家歷來獨特的修命工夫，這就是「三教合一」的做法。

所謂「修命」，就是養生。因而可以肯定地說，內丹道的重點在養生，與其他宗教最大不同之處也是養生，今天道家的真正價值也是養生。故如前面提到的陳榮捷說：「道教事實上已經死了，沒什麼好研究了」！他顯然是不懂養生的，才會說出這樣武斷的話。

在前文（第一章二節）提到，因南老師嚴責我不會照顧自己的身體，以致常常生病，故從一九九六年夏天起，我長期做一套「九如操」，身體漸漸好起來，原有的痛風等疾病統統消失了。近年看了許多丹道之書，瞭解到「吐納」、「導引」、「六種氣」、「打通任督」等工夫，並試著融會到「九如操」有關操節中去，結果自己感覺到越來越舒泰了。我更體會到一個最重要之點，就是無論什麼工夫，對養生都可能有益的，但需自己試驗，試驗效果好則要有恒鍛練下去，這樣才真會收到「養生」的真實效果。（附載「九如操」功法於本章之後，以供讀者參考）

道教經典問題

一、道書的辨別

早在唐玄宗時代，已有仿效佛教《大藏經》的體例，彙集天下道書而成為《道藏》。此後一直到明代，歷朝都有增修或重編。現存最古的是明朝萬曆年間所編的《萬曆續道藏》共收入道書一四七六種，編為五四八五卷。一九九七年，臺北「中國道教協會」以明代的《道藏》為底本，並增補了遺漏的及近代才出土的經典（黃老帛書、敦煌寫本等），重修點校，出版了《中華道藏》，共收入道書一千五百多種，分為四十九冊，每冊約一百五十萬字。

《中華道藏》是現存最完整的道家大藏經，也沿襲傳統的編排法，仿效佛經（分為經、律、論三大藏）的體例，卻稱為「三洞」（洞真部、洞玄部、洞神部）及「四輔」（太玄、太平、太清、正一）。而具體的內容又分為十二「類」：本文、神符、玉訣、靈圖、譜錄、戒律、威儀、方法、眾術、記傳、贊頌、章表。這樣的分類顯然也是仿效了佛經的「十二分教」（長行、應頌、諷頌、因緣、本事、本生、神力、譬喻、論議、自說、方廣、授記）而來的。由此可知，道教的典籍真是包羅萬象，十分龐大，一個人若不加選擇，一輩子也看不完了；縱使看完，也根本難明所以的。

近年有大陸學者指出㉕，綜觀各種有關丹道經典，可分為三類：一是通靈型丹經，是由扶乩、降神等特異狀態下所出的經典，都是各類「神仙降筆」，間中雖有說到玄理真知，但常是邏輯紛亂，可說是雜而多端。二是學者型丹經，是由道教學者或論師所創作出來的各類丹經或注疏，雖然其思想一貫，有理論上的系統，只多於思辨玄談及名詞術語，流為紙上談兵，於實用無補。三是悟道型丹經，是得道高真著述或記錄其講道所成的作品，其文常為義理深微，前後一貫，句句自心中流出，堪為修道者的實際指南。知此三類道書的不同，自有助於辨別與選擇。

二、重要道書十種

據我近年研究，下列十本丹道之書是最重要的，欲瞭解道教必讀。

1、《太平經》

相傳為東漢于吉所作，經後人補充而成。此「于吉」應該不是三國時遭孫策誅殺的妖道于吉。此書內容很龐雜，它上承老子遺教，又有當時圖讖、神仙方術。

此書有許多奇特之說。如所謂「承負」論，為什麼人有力行善事反而得到惡果？是他承負了先人作惡而流積下來的緣故。反之，有人為惡卻得善果，是他承負了先人行善的流積之故。這種理論幾近佛教的「業力報應」論了。又如所謂「思善近生」論，人若思神則致神，思真則致真，思仙則致仙，思道則致道，思智則致智。這近似佛教天臺宗的「一念三千」的念力論了（參該書卷十八—三四）。在道術方面，此書已提出「精氣神」論，人欲長壽，應當「愛氣、尊神、重精」（卷一五四—一七〇令人壽治平法），這是道門自古到今仍主張的核心理論。其他涉及政治、人生、一夫應多妻等奇異理論很多，在此不能細舉了。總之，此書就是現存道教典籍之最古的，有甚大的研究價值㉖。

2、《老子想爾注》

道教創始人張道陵所作，並經張修、張魯等人增修。原書已佚，現存殘本是敦煌莫高窟所出的古寫本，原本藏在大英博物館。張道陵於東漢順帝漢安元年（西元一四二）創立道教於四川鶴鳴山，隨後張魯在巴蜀建立政教合一的政權長達三十年之久，乃使日後的「天師道」恒久發展到今天，所以這部經典是很重要的。

本書首創以宗教立場來解釋《老子》，內容十分龐雜，不僅吸收了《老子河上公注》

及《太平經》思想，而且兼攝了神仙方術、養生術、房中術、陰陽五行、吐納導引等等內容。有趣的是，它把這種思想稱為「真道藏」，卻把儒家的五經說成「半邪」，其他書籍則是「全邪」。由此內容，就可知道教自始就是包羅萬象的宗教了[27]。

3、《周易參同契》

東漢桓帝時魏伯陽所作。內容融合了周易、黃老思想、丹道爐火（外丹法則）三者，故稱為「參同契」，是丹道之書的鼻祖。南懷瑾先生近年已分別在大陸及臺灣出版《我說參同契》，又有劉國樑注譯的臺北三民書局版本，均可參看。

惟筆者的看法是，外丹功法早在宋朝已不再提倡，而此書大部分內容正是外丹功法，且用易經、五行等理論解釋外丹功法，顯得曲折深微不易究明，如鑽研進去就不易出來了。除非志在研究，如為實用，這部分應略過才是；既已無實用價值、則不必浪費精力了。

4、《黃庭經》

西晉魏華存夫人（252—324）輯成，又稱《黃庭內景經》。本書奠定她為道教「上清派」第一代宗師的地位，《太平廣記》卷五十八有詳細傳記。此書是道教內丹理論的重要經典，唐宋以來所有內丹道書的根源都出於此書。魏夫人逝世後，由他人收集編成

《外景經》及《中景經》，內容與本書差不多。

本書揉合了古醫學及道家的養生知識，內容很有趣。尤其人體「三丹田」、「三黃庭」以及「人體有萬神」等理論，成為後世「存思諸神」及「服氣積精」等修道工夫之根源，故本書是道教重要的古經典。

5、《抱朴子》內篇

西晉葛洪（282—363）著。葛洪，字積川，號抱朴子，江蘇丹陽人，三國時東吳官宦之家出身，自幼愛讀書，儒道經典無不嫻熟。中年以後，欲往越南取丹砂，經過廣東惠州羅浮山，乃自此隱居於此煉丹及著作。他有多種富麗著作，《列仙傳》、醫書《肘後備急方》等。《抱朴子》內外篇是他最重要的代表作，一直留存到今天，仍為道門要典。外篇是依儒家思想路，廣論治國平天下之事。內篇內容則為純粹道教的，誠如他在自敘中說：「神仙方藥、思怪變化、養生延年、禳邪卻禍之事，屬道家。」由此可見，他應是第一位儒道兼修的人物，與張道陵把儒家經書斥為「半妖」，完全不同路數。

《抱朴子》內篇是一部集漢、晉神仙思想、道教義理、養生方術之大成的重要著作，對後世道教有巨大影響。尤其他堅持「神仙實存」的思想，值得探討。他一方面以許多論據企圖證明神仙確實是存在的，同時又認為人是可以修成久視不死神仙的；但他另方面又以更多的篇幅來說明人要修成仙極難：第一要積聚極大的功德，同時還要有許多條件。在修德方面，他說：「人欲地仙，當立三百善。欲天仙，立千二百善。若有一千一百九十九善，而忽復中行一惡，則盡失前善，乃當復更起善耳。……積善事未滿，雖服仙藥亦無益也。」（卷三對俗）。然則「仙藥」如何煉得？他說「事大費重，未可卒辦」（卷六微旨），煉仙丹的事牽涉很大，費用甚貴，不可以隨便去煉的！更嚴重的是，煉丹還要有近乎做不到的種種苛刻條件禁忌：「無神仙之骨，亦不可見此道也。合丹當於名山之中、無人之地；結伴不過三人，先齋百日、沐浴五香，致加精潔；勿近穢污及與俗人來往。又不信者知之，謗毀神藥，藥不成矣！」（卷四金丹）這就是說，煉仙丹才能成為飛升不死的神仙，除了道德高尚之外，既要有「仙骨」的宿命，還要有巨大的資金，又要入深山，更要遵守很多戒條，當然最後要有一位真會煉丹的師父主持，才可望煉得仙丹！這就等於說：拘於個人的條件不可能完滿具備這些要求，所以仙丹根本就是不可能煉成的了！

我深究抱朴子的用意，顯然這是他極聰明的做法；因為成為長生不死的神仙，是人情最深層的渴望，就連做了皇帝還如此企求，所以這是不宜抹殺的理想或夢想；人有此最高目標的夢想，才會努力精進。其實任何宗教，都要有個「終極理想」讓人去追求，在追求的過程中就達到了善化風俗、美化人生之作用。全面觀察葛洪的著作，顯見他是一位絕頂聰明而學養宏通精湛之士，他之所以堅持「神仙存在」的說法，不可能出自愚昧迷信，他以此深意望能維持道教的崇高特色，又能實際化度信眾，其良苦用心是理所當然的了。

6、《養性延命錄》

南朝陶弘景（456—536）著。他是齊梁間高道，曾任齊朝官職，後隱居在江蘇句曲山（茅山）修道。梁武帝即位後對他極尊崇，常諮政事，至有「山中宰相」之稱。陶的學問十分淵博，舉凡天文、地理、文學、藝術、醫藥等，都有精深的研究；一生著作八十多種，可惜保存下來的很少，《養性延命錄》是重要的存本。

本書是道教重要的養生著作，是葛洪之後的代表作。其內容主要以北魏張湛的《養生要集》為基礎，並輯錄自上古到魏晉的養生言論，加以刪繁撮要，善加編次為上下二卷六篇（教誡、食誡、雜誡、服氣、導引按摩、御女），書前並有序文；內容豐富而實用。其主要思想仍為繼承道家自古以來的「我命在我不在天」信念，故到現代仍有實用的價值。

7、《坐忘論》

唐朝司馬承禎（647—753）著。他是道教茅山派第十二代宗師，兼為佛教天臺宗南岳派創始人，自號「天臺白雲子」，一生受武則天、睿宗、玄宗皇帝的敬重。他擅長詩、書法，與當時名士李白、孟浩然、陳子昂、宋之問、王維、王適、盧藏用、畢構、賀知章交情密切，號稱「仙宗十友」。其中的盧藏用因他而隱居終南山，後做了大官，這便是「終南捷徑」成語的來源。司馬承禎終年八十九歲，玄宗頒詔書以表彰其行。他除本書外，尚有《修真秘旨》、《天隱子》等多本著作行世。

所謂「坐忘」，語出於《莊子》大宗師篇。司馬承禎依據其旨發展出修道的實踐工夫，分為七階次：敬信、斷緣、收心、簡易、真觀、泰定、得道。依這七個階次來修仙，簡單易行，故為後世道教所重視。如前所述，道教的「外丹」在唐朝仍流行，司馬承禎此書幾乎全談「內丹」，所謂「坐忘」不過是自我心靈的調整修煉，故此書是道教從「外丹」過度到「內丹」的重要典籍。

8、《悟真篇》

北宋張伯端（983 — 1082）著，浙江天臺人，為道教內丹派南宗之祖（北宗之祖為王重陽）。清雍正皇帝敕封他為「大慈圓通神仙紫陽真人」，從這封號便可看出他是一位禪道合璧的大師級人物。

本書主要內容在於闡明如何「養命固形」（鍛煉吾人有形的軀體）的內丹術，同時也涉及禪宗的「修性」工夫，又牽涉到當時新儒家（理學）的義理，所以其性質正是道、禪、儒三教融和之作品。本書的文體很特別，主要內容由八十一首詩組成，所以它也是一本高水準的文學作品。因為內丹沿襲了外丹的各種易經、五行、爐火等名詞，一般碩學之士本來就不易看得懂了，而這樣難懂的義理又以講究「意境」的詩來作載體，這就等於難上加難。所以此書遽讀很美，卻不易了解。今有北京道學專家劉國樑、連遙二人作了詳細的注釋，有助於現代解讀。

9、《性命圭旨》

作者不詳，僅載為「尹真人弟子」所著，應為明朝作品。本書是儒、釋、道「三教合一」的代表作，但以道家的內丹學為主，重點在闡明「性命雙修」。繪有各種圖說來闡明修煉的工夫，是本書一大特色。

如前所述，當年南懷瑾先生向我們同學推薦此書，才是我接觸道教典籍的緣起，故此書對我個人有特別的意義。

10、《樂育堂語錄》

作者黃元吉，江西豐城人，生卒年不詳。清朝道光、咸豐年間，他曾在四川自貢設館授徒十餘年，門人將講道內容錄集成本書。作者深研經史，學問淹貫，是清代著名的養生家、內丹功宗師。

此書可以說是內丹功集大成之作，對每種具體工夫都有妥當而曉暢的解說，更有許多獨到的見解是其他道書所沒有的。有志修道之士，宜細讀此書。

以上十書，是我近年研究了道教數十種經典中精選出來的。其排列是按成書的時間，由古到今的次序。其實內容的難易也是呈現在這次序中，即越靠現代的越易讀。故有志丹道之士，應從最近的一本《樂育堂語錄》往上溯而閱之，這樣應較易於融會貫通道教的精義。

所謂「未有神仙不讀書」，欲修道的人若不讀書，必易走入旁門左道的路子去了。但讀道書要有方法，否則走入迷途也難有收穫了。

三、道教的價值

正如一位日本道教學者所說的，「在地球上可以使人的肉體生命無限延長，甚至延長成為神仙，這是道教同其他宗教不同的獨特之處，這種思想在其他國家是沒有的」㉘，成為長生不老的神仙，這個最高的目標雖然已證明為不可能，且宋朝以後興起的「內丹道」自己也放棄了此目標，但依然無損於道教是一個獨特而偉大的宗教。因為任何偉大宗的終極目標其實並不重要，重要的是朝向此目標的努力修行過程。如大乘佛教之最高目標是妙覺地（成佛），但有何人修證到成了佛？這不過懸一個高超的精神目標讓人去努力而已，人生努力的過程中就是行走在真空妙有的菩薩道路上了。西方基督教也一樣，最高目標是「得永生」、「與上帝同在」，這也是一種精神的至高目標，但在信仰的過程中使人得到種種生活上的安寧怡悅，這才是真正價值所在。原始道教所說的神仙雖不能實現，但內丹真正精彩之處就是「性命雙修」的養生，這倒是真能給修煉者帶來極大益處的，而且這種益處是獨特於其他宗教的，所以我說無損其為偉大宗教。

人類文明發展到今天，我們綜合各種知識已瞭解到，生活在時空所限的環境中的我們，雖然不能去改變環境，但可以通過宗教的修煉、修行或修養來改變我們自己的精神狀態；所謂「三界唯心，一切唯識」，我們的精神心識改變了，客觀環境對我們的意義也就改變了。反過來說，一個社會大多數人的心識變善良了，這個客觀的社會環境也就變得美好了。這就是一切宗教信仰的真正價值所在。

第七章 附注

① 拙著《現代佛學別裁》（上海版：佛學別裁）的義理篇內容，就是以「苦、集、滅、道」四綱領寫的。

② 見牟宗三著《中國哲學十九講》第三講及第五講。臺灣學生書局一九九七年第七刷。

③ 見南一鵬著《父親南懷瑾》六六頁。

④ 一九三四年冬推行的「新生活運動」，詳情見《從抗日到反獨——滕傑口述歷史》第五、

六章。臺灣桃園楊梅「淨名文化中心」二〇一六年再版。

⑤見南一鵬前揭七三—七八頁。

⑥以下三個故事，參南一鵬前揭九二—九五頁。

⑦胡庸事蹟，可參南一鵬前揭一七三—一七六頁。南先生此詩涵意，可參林曦注釋《金粟軒紀年詩》一三九頁，南懷瑾文化事業公司二〇一六年二版一刷。

⑧承錫康先生，江蘇無錫人，抗戰末期參加青年軍，後入蔣經國在四川辦的「戰幹團」。來台後任職國民黨臺北市黨部，同馬英九之父馬鶴齡有深交。一九七〇年代他住臺北市吳興街，是我鄰居；我辦《疾風》及《龍旗》雜志十多年間，常得他熱心幫助，劉孚坤教授也是他介紹的。

⑨見前揭《論語別裁》五頁，《老子他説》上冊前言六頁。

⑩參牟宗三前揭八九—九九頁。

⑪詳見牟宗三著《歷史哲學》一四九—一五七頁。臺灣學生書局一九八八年七版。

⑫參南著《老子他説》（上）五頁，二〇一六年台卅八刷。

⑬採自龔鵬程著《道教新論》二七頁。臺北學生書局一九九一年，初版一刷。

⑭見前揭《老子他説》一四三—一五六頁。惟南先生在此段解説中，謂張良是「受呂后的飲食毒害而歿」的，易引致誤會。依《史記．留侯世家》載，張良在劉邦崩駕後，即學道

家的「辟穀、導引」之術，呂后不忍張良如此吃苦，乃勉強要張良進食，張只好聽命，這樣過了八年才逝世了。

⑮ 前揭《論語別裁》七九五—七九六頁。

⑯ 見《清淨道論》第九「說梵住品」。詳見前揭註①拙著第五章二節三項「佛陀的涅槃觀」。

⑰ 此言採自龔鵬程前揭書，二八頁。按陳榮捷是廣東開平人，曾任美國夏威夷大學、哥倫比亞大學等著名院校教授，英文著作等身，是西方學界的中國哲學權威。他的《中國哲學文獻選編》中譯本一九九三年由臺北巨流圖書公司出版，對瞭解其學術思想有參考價值。

⑱ 參註②牟著一〇二—一〇九頁。

⑲ 同註⑫。

⑳ 參電腦網絡《維基百科》「西遊記．主題」條。

㉑ 參龔鵬程前揭七九—八二頁。

㉒ 同註⑳網絡「聊齋——毛澤東鄧小平都愛看的一部小說」頁。

㉓ 唐君毅：《中國哲學原論——原性篇》一一九頁以下。臺灣學生書局一九九一年全集校訂版。

㉔ 見《貞觀政要》第六章〈慎所好〉節，貞觀二年事。臺北河洛圖書出版社一九七五年初版。

㉕ 參戈國龍註譯《樂育堂語錄》導讀三頁。臺北三民書局二〇一二年初版三刷。

㉖ 根據王明編《太平經合校本》上、下冊。北京中華書局一九九七年五刷。
㉗ 顧寶田、張忠利註譯《新譯老子想爾注》本，臺北三民書局二〇〇八年二版一刷。
㉘ 採自劉國樑註譯《周易參同契》一一五頁，臺北三民書局二〇一四年二版五刷。

（附載）九如操簡介

余如雲 2002.5.H.K 二〇一三、九、一修正

「九如操」是什麼？

它是一种綜合了體操、氣功和禪功的全面性強身運動。全程只有九個動作，在半小時內可以做完。練習九如操，不拘年齡、性別、人數與場所，簡單易行。

大凡健身運動，貴在有恆。然而，能「有恆」真是談何容易！有恆雖然是個人主觀意志能否堅持的問題，但與客觀條件也有密切的關係。如果一套運動很繁難，所需外在環境條件太多，任何人都很難不間斷地練下去了。「九如操」幾乎不需任何外在條件的配合，在室外可以，在室內也可以，亦不受時間與天氣限制，所以極簡單易行。只要稍有決心，人人皆可有恆地練習它，達到體魄強健，內心怡悅之目的。

「九如操」的來源為：以武漢吳氏祖傳的八項柔軟體操為主軸，再揉合道家的一些吐納氣功的工夫，佛家的禪定義理，經過香港余如雲居士長達廿多年的實踐驗證，才宣告完成；

所以此種體操雖然表面簡單，實寓有至深的義理與實證的效用。

※練習通則

運動場地：最佳為田野山林間，其次在公園，不得已在室內亦可。空氣渾濁處所則不宜。

運動時間：全程約半小時。晨間最佳，白天亦可，晚上則不宜。

呼吸問題：如何呼吸，在練習中很重要！必須切實照各式注明的法則去做。如未注明，則照自然呼吸法。

運動次數：各式動作，除特別注明者外，均以廿四次為原則。若個人身體未能勝任，則略減少亦可，總之以不勉強為原則。

靜止姿勢：各式動作前後靜止時，雙足應分立（以同肩寬為原則），全身平直放鬆，雙臂自然下垂，雙眼向前遠方（如有綠色植物最佳）平視，但不宜用力凝望。

動作要領：所有動作，均以沉穩緩慢為原則。

※各式動作

第一式　雙臂上舉運動

1、雙臂自然地垂在身前，雙手手指互叉，手心向上放在丹田部位。

2、雙臂慢慢往上推，並吸氣（上推時手心自然外轉）。

3、雙臂向頭頂推到盡時，亦為吸氣最足時；略停五秒鐘，然後緩緩將臂放下，並呼氣。
4、恢復到 1 的位置，暫停五秒鐘，重復往上吸氣的動作。
5、做以上動作時，注意雙目保持向前遠方看的姿勢。
6、上下往復為一次，共做廿四次。

第二式　單臂上舉運動

1、此為第一式的分解性運動。
2、右臂高舉用力往上頂（如單手舉物狀），左臂則下垂，同時向後方用力划（如划船漿一般）。
3、在（上頂後划）二相反方向用力時，應呼氣（吸氣則任其自然不必著意）。
4、右臂在上的動作廿四次，換左臂上頂、右臂往後划，亦為廿四次。

第三式　擴胸運動

1、從靜止式開始，雙臂環抱胸前，雙手並作抱拳姿勢，右足稍內收，同時吸滿氣在胸中，暫停約三秒鐘。
2、左足向左前踏出一小步，雙臂同時快速張開，為擴胸姿勢，並同時快速呼出積在胸中之氣。
3、上述動作之後，換右足做同樣的動作，並略轉身向右。

4、上述動作，左、右各做廿四次。

（進階）此運動練熟後，再配上道家自古治病強身的六種氣（吹、呼、嘻、呵、噓、唏），對內臟（心、肝、脾、肺、腎、三焦）極有益處，但應經明師指導方作此進階性修持。

第四式　扭腰運動

1、在靜止態中，雙手叉腰，臀部稍下沉。

2、作腰部之扭動，扭動的方式為：以臀部移動線所成的圓周的軌跡與地面平行，其直徑愈大愈好。

3、先順時針方向扭廿四次，再反時針方向扭廿四次。

4、扭的速度要緩慢，眼睛看前看近均可。

第五式　甩腰運動

1、稍用力轉動腰部而扭動上身，如是產生離心力，使雙臂向外方自然地甩出，甩出時半握拳。

2、借半握拳方法甩出的力量，以手背部擊在腰的兩側（盆骨上界的軟肉部位）。

3、擊腰時，因上半身是轉到側後的，此時頸部亦應跟著轉，眼睛應望向後的景物。

（此式運動很少人會做，對腎臟、眼球的益處很大）。

第六式　前彎運動

1、照第一式1、2姿勢及吸氣。
2、向前彎腰，雙手盡量往地面探下，並呼氣。
3、氣呼完後，身體回復直立，雙臂跟著從下拉上重復第一動作。
4、腰彎往返上下（上吸氣、下呼氣）共廿四次。如不能，可減少。

第七式　眼、頸運動（此式包含四項動作，第一項為主，其餘為輔）

（七之一：轉頸）

1、雙手叉腰，頸部向後轉（先左或先右方均可），轉到不能轉為止。動作切忌快速，越慢越好，注意盡量不要轉動腰部及腳部。
2、轉時，眼睛向前遠方平看，並跟著頸轉而遠視。
3、向左及向右各轉十二次，共廿四次。

（七之二：頭部垂仰）

1、頭部前垂，直至下巴碰到身體為止。然後把頭拉起慢慢往後仰，至不能再後為止。如此垂仰為一次，共計六次。
2、此動作切忌快速，不可用頸力，以頭的重量自然下傾為原則。

（七之三：傾頭）

1、頭部向左邊（先右邊亦可）傾側，至耳朵觸到肩部為止，然後回復並傾向另一邊。如此往復左右為一次，共做六次。

2、此動作切忌快速。

（七之四：眼球大圓周）

1、雙手叉腰，頭向前垂，眼望足前。

2、頭漸上抬，目光跟著移動，從腳前看到正前的上方（如有樹梢，山的陵線為目標最佳）。

3、頭向左方，漸轉到左後方↓正後方↓右後方↓右前方↓正前上方↓回復到第 1、動作（眼望前足前），然後再重復 1—3 的動作，如此向兩方各轉六次。

4、做第 3 動作開始時（方向左或右轉），身體要跟著轉的需要而往後仰，腰部也要配合扭動。

5、眼光要跟著頭的轉動而繞著身體的上方大圓一周，此眼球繞大圓運動甚有益於視力的健康。

6、此動作越慢越好，如能看正後方時停留十秒鐘更佳。

第八式　蹲下運動

1、屈膝下蹲，要蹲到底（不可半蹲），再起來。如此上下一次共廿四次（如體力不足可減少）。

2、下蹲時吸氣，回復起來時呼氣。

3、下蹲時，雙臂乘勢往後擺，起來時往前擺，使雙足借力較易起來。

4、此運動不宜太急，但也不宜太慢，要注意自巳的心臟承受能力。

第九式　下腹內功

1、此種內功對腹腔機能，尤其對直腸，生殖器官機能有大效，因屬密法，須面授其詳。

2、練此功，須由明師指導，並在前八式運動練純熟而且有堅持力（最少三個月）後，方可研習。

3、練此功前，須先練好丹田呼吸法。

※收功式

1、雙掌互搓十數下，使之發熱，然後從下巴開始，往上以雙掌稍用力作單向的擦臉動作，直到髮頂，從後腦，經耳後，後頸，回復下巴。如此動作往復十數次，此動作對容顏大有益。

2、亦可加上按摩眼眶及耳垂動作，對視力及一些臟器有助益。

從「九如」到「十如」

「九如」的名稱，採自《法華經‧方便品》：

唯佛與佛乃能究盡諸法實相，所謂諸法：如是相、如是性、如是體、如是力、如是作、如是因、如是緣、如是果、如是報、如是本末究竟等。

前面九個「如是」（性、相、體、力、作、因、緣、果、報），可說是針對宇宙萬事萬物而講的世間範疇（Category），第十個「如是」（本末究竟等），講的是萬法一切平等的勝義諦（實相空相）。

人體好比一個精密的小宇宙，自然適用「九如」世間範疇。綜觀上列九式運動，第一—三式以胸部為重點，第四—五式以腰部為重點，第六式以腹部為重點，第七式以頸部及眼睛為重點，第八式以腿足為重點，第九式以腹腔器官為重點，其功能實已涵蓋了全身，與「九如」相應。所以這種運動，亦以「九如」為名。

練習「九如操」純熟之後，再進一步去學習第十「如是」，即透過禪定（靜坐、冥想）的修持，去悟得宇宙的實相，那就達到圓滿的境界了。

如欲修持第十個「如是」，宜先將「九如操」練習三個月，使之純熟，且有一定的身心良好反應，然後請明師指導方可。在練習本操期間，如能閱讀，不妨先看有關書籍（最好先詳閱南懷瑾先生《靜坐修道與長生不老》一書，台北老古公司及上海復旦大學均印行），俾

南懷瑾研究

便順利入門。

聯絡處：臺灣桃園市楊梅區青山五街四號　電話（03）4962335
廣東開平市月山鎮水井區鳳儀農場 電話15975475882

第八章　面向世界　以建大同

以上各章，分別從各個角度來闡明南懷瑾先生的思想與實踐；尤其第五、六、七章，是從中國本位文化的儒、釋、道三教的義理來作進一步的分析。但南先生一生的奮鬥目標除了宏揚中華傳統文化之外，還要面向全世界；主張把全世界的精華文化吸收進來以壯大中華文化，把中華文化的精華推向全世界，最終達成《禮記》所說的「大同世界」。這也是百多年來中國的主流思想，也是今天中國和平崛起後要完成的「中國夢」。本章就是闡明這世界性的大目標。

東西精華協會

早在上個世紀六十年代末期，南先生便感到復興中華文化並與西方文化接軌的重要性。他劍及履及地採取了各種實際行動，除了密集地到各機關學校演講之外，最受時人矚目的就是不顧一切阻力，成立了「東西精華協會」。

按當時臺灣在戒嚴時期，對民間組織團體管制得頗嚴。為了減少阻力，南先生首先透過在美國的弟子，於一九六九年八月先在美國加州成立「東西精華協會國際總會」（East — West essence society），然後透過美國官方向臺北通告，這樣免掉了許多麻煩。半年後（一九七〇年三月廿二日），便在臺北順利成立了「東西精華協會中國總會」，南先生自任會長，政府要員及許多中外文化著名人士都共襄盛舉。

會章第四條明定了這個團體的性質及宗旨：

本會為不參與或干預任何政治活動之非營利團體。其宗旨如次：
一、復興並闡揚中華文化，促進東西方文化精粹之交流。
二、謀求端正世道人心，安定社會，並積極籌辦社會慈善福利事業。

第二項是有關社會福利的具體操作，於此不必申述。第一項才是這個團體的主要宗旨。具體的做法，則由第五條規定了六款的具體任務：

1、協助國際總會籌建國際文哲學院，分別設立儒學、禪學、道學、西洋哲學及醫學中心。

2、鼓勵並輔導國內外學術團體及專家學者對中華文化學術之研究，設立專業機構。

3、協助有關東西文化精華之著述、翻譯及出版。

4、謀求推動東西方文化精華之溝通與交流，並促進有關教授與學生之交換。

5、主辦社會講學，及對海外之旅行演說，以宣揚中華文化。

6、其他有關文化學術事業之創辦。

在成立大會上，主管機關（內政部）派了官員譚貞禧來致詞。他明白指出：當時在臺灣成立的國際性民間團體已有近四百個，可是有真正活動而對社會有影響力的少之又少，只有「扶輪社」、「獅子會」及「國際青商會」幾個而已。而且這幾個團體的性質只是以做社會慈善事業為主的，而以宏揚孫中山的「大同社會」文化思想為宗旨的，可以說沒有第二個。所以他說，「這個團體與其說是一個團體，無寧說是一種運動」，今天成立了這個團體，大家就會有具體行動來推動文化復興的理想。這位主管官員，能體認到此團體是一種「運動」，可謂難得的真知灼見了①。

後來，南先生又親撰〈我們要擔起挽救狂瀾的工作〉一文，闡明該會的緣起與目標：

> 今天的世界，普遍陷在迷惘中，是非缺乏標準，善惡沒有界限。它的遠因近果，實由於物質文明高度發達的反映，人們但知追求物欲而忽略了精神上的修養，於是變得沒有理想，沒有目標，混混噩噩，茫然而無所措、無所從。人心如此，國際如此，整個世界人類何嘗不如此？危機重重、人類再不回頭，終將走入沒頂的深淵。
>
> 東西精華協會便是在這種情況下誕生的。實在說：這個協會的誕生，乃是基於現代的需要。中、美兩國有心之士，發起這個組織的宗旨，正如本協會的名稱所揭示的，要從東方文化中和西方文化中摘「精」取「華」，身體力行之，發揚光大之，挽救思想文化之狂瀾於將傾，導引人類走向「老有所終，壯有所用，幼有所長」的和平安樂大同境界②。

這個團體成立後，直到南老師離開臺灣為止，十五年間，積極依原定計畫展開各項活動，包括各種儒、釋、道的「文化講座」、禪修班等等，影響日益擴大，大約屆滿十年時，已到了高峰期。最足以顯示這高峰的就是在前文第一章說過的「特別班」，包括當時黨、政、軍、財經、文化界的當權人物都成了南先生的門下士。不料卻招致當局的疑懼，造出「搞新政學系」的流言，南老師見機不妙，只好遠走美國了。但無論如何，南先生以他一人之力能在臺灣開風氣之先，造成大影響，有益於中華文化復興，實在是功不唐捐了。

中國發展的四指標

上述的「東西精華協會」，已說明了南懷瑾先生早在一九七〇年代即以具體行動來融合東方與西方的文化菁華，即是證明了他的眼光不止在復興中華本位的傳統文化，而是面向全人類的文化。還有一個更切近而具體的事證，那就是一九八八年南老師到了香港不久，同北京高層人士有所接觸，即向他們提出了四項指標，作為中國努力的大方向：

共產主義的理想
社會主義的福利
資本主義的管理
中華文化的精神

一九九三年初，我到香港見了八年未見的老師，他就對我說出這四項指標。我一聽心中不禁為之一震！因為我有辦政論刊物近廿年的根柢，故能立即領悟到：這是融和了古今中外最高理想和有效的實踐，將之結合在一起可成顛撲不破的真理，正是當前中國發展的最妥當指導思想。何以言之？ 分析如下：

一、共產主義的理想

這種理想的最高境界就是，人人都大公無私，做到「各盡所能，各取所需」。當然，因為人有七情六欲的「氣質之性」③，故障蔽了良知，所以一般社會大眾不可能達到這種境界。雖然如此，這個理想仍需堅持，這有二個理由。一個是哲學性的，另個是現實性的。就前者而言，因為人是「理想性動物」，這也是跟禽獸最大分歧之點。佛教認為人必須要有「四食」（段食、觸食、思食、識食）才能生存下去，其中的「思食」指人必須有希望，一個人若無希望就會自殺了④。社會若無共同希望，這個社會必會崩潰。國家民族的理想就是社會的共同希望，能使多少人落實去做那是另一個問題。因此，任何宗教或高級思想體系，均有理想。例如儒家的「大同世界」，道家的「神仙」、佛家的「成佛」，基督教的「天國」，都是社會大眾不可能達至、只有極少數聖哲才可仰及的。少數聖哲追求理想，帶動了社會大眾朝著理想前進，這也就是《易經》所說「雲從龍，風從虎，聖人作而萬物睹」（乾卦九五爻辭）的道理。「龍虎」譬喻為理想而努力的聖哲，「風雲」譬喻社會大眾；大眾雖無遠大的能力，但會跟隨聖哲走的，如是整個社會就穩定健康了。就後者而言，因為中共當初的革命是靠這個理想起家的，為了當前的內部穩定，此理想自未能放棄。以上理由，老師雖未曾詳細解說，但我深知他的意思就是如此，所以他才會把此理想列為首項。

二、社會主義的福利

社會主義（Socialism）一詞雖是來自十九世紀的西方政治學說，其實中國自古以來的「民本」思想就是一種實際的社會主義；孟子說：「民為貴，社稷次之，君為輕。」（盡心下）是民本思想的最佳描述。尤值得注意者，中國傳統的社會主義，不止像西方的只是一種思想理論而已，而是貫徹到社會實際運作上去的，這從歷代的「禮」及「法」的內容可得大量的印證。例如，現代西方法制（包括英美法、歐陸法）均淵源於羅馬法，這是「以權利為本位」的法制，而中國傳統法制卻是「以義務為本位」的，兩者精神完全不同；「以權利為本位」偏重個人權益的保護，「以義務為本位」偏重社會整體利益的維持。不過，現代西方法學思想也漸漸朝社會整體利益方向修正了，如強調個人或企業對社會的責任、自然環境保護觀念、社會保險觀念等等，在傳統中國法制中早已有此等觀念了⑤。南老師把這個「社會主義的福利」列為指標，太高明了，不特符順現代法學趨勢，更契合中華傳統文化。

三、資本主義的管理

現代資本主義社會（如美國及歐洲德英法諸國）的管理成果無疑是很優越的，恰好作中國傳統農業社會的懶散效率低的借鑒。原來，西方企業管理之所以有高效率，源自三個要素：一個是「人性惡」的理念，這是來自基督教的哲學思想，認為人是有「原罪」的，不可盡信，故要設計一套制度來抑制人的根本惡性，這就是「制衡」機制的根源思想，與中國傳統的（人性善）說法是完全不同的。其次是科學的管理制度，西方傳統的企業好像一部精密的機器，有其客觀合理的運作模式，這與中國傳統社會的散漫自由風氣截然不同。最後是私人所有權，因為企業是個人的，它的興衰就是個人的福禍，所以「人的積極性」完全自動地激發起來了，這與中國大陸過去「大鍋飯」的作風完全相反。中國之所以能長存於世界，就是巨大的包容力，所以南老師認為，現代中國要復興就只能吸收資本主義的長處。今天中國之所以能和平崛起，正是這三十多年吸收了世界所長而發奮努力之故。

四、中華文化的精神

南懷瑾先生早在四川時，年紀也不過廿多歲，就體會到中國文化衰落的憂慮。到臺灣以後，更親身見到日本統治五十年後此地變成「文化沙漠」的實況，因而發出「國家不怕亡，亡了還有辦法復國。如果文化亡了，則從此永不翻身」的深沉喟嘆，所謂「天下興亡，匹夫有責」自此他決心要盡一己之力來繼承發揚中華文化的慧命；可以說，他一生做的就是這件事。

綜合上述，第一點是源自西方文化，第二點也有一半來自西方文化，第三點當然也是西方的制度了。因此，南先生提出這四點，實際就是吸收西方文化來達成中華文化的復興目標；此目標的達成就是實現如今所流行的「中華民族偉大復興的中國夢」了。

南先生這種思路，顯然不是出自他個人的偏好，更不是出自一位讀書人即興式的浪漫，實在是出自深沉的睿智，且有其歷史客觀性根源者。早在一九八〇年間，他在臺北講《老子》時已指出：

照歷史法則的推演，應該是丁卯年（一九八七）以後，我們的民族氣運與國運，正好回轉走向康熙、乾隆那樣的盛世，而且可以持續兩三百年之久。⑥

這段話是南先生深沉睿智的最有力證明。試想，他下這斷論時，距鄧小平宣告「改革開放」政策不過一年多，根本談不上成效，當時國際諸多領袖人物對之且不看好，此時南先生便作此斷論，若說他沒有推演歷史的睿智，曷克臻此！大局發展了近四十年後的今天，中國大陸昂然成了富強之邦，當年瞧不起中國的列強現在都刮目相看了！這就更證實了南先生確有先見之明。

依我看，中華民族如今正力求復興傳統文化，必將「以人文化成天下」，中國夢之實現就不止是「漢唐盛世」或「康乾盛世」，而是以全球為範域的「周朝模式」，也是大有可能實現的了。所謂「周朝模式」，就是以中國現有領土版圖為京畿，在保持世界各國各民族原有的特色、尊重其本有的權利之原則下，以文化的同化力去融和世界各國，以經濟力去幫助全人類，由是自然形成類似周天子與各國諸侯的關係。這是「王道」精神使世界走上「大同」之路了。當然此事牽涉極多問題，將來有機會再以專文詳研。但我確信，這是中國有識之士的思想主流（詳見下文）；盱衡當前大勢，這理想的實現是大有可能的。

中國現代化思想主流

融合東方與西方文化的精華，以充實壯大我中華文化，以使中國復興；這種思路正是民國初年的「文化運動」以來的主流思想，南先生的思路也是屬於這主流的，他依這思路而努力了一生，他的真實貢獻就是把這主流思想普及化了。這也就是我在前面所謂的「歷史客觀性根源」。

原來，中國自古以來就是「天朝上國」，在漢、唐最強盛時代不用說是世界的獨強，周邊乃遠方國家不過都是「蠻夷之邦」而已。須知中國這種優越地位不是靠武力掠奪他人得來的，而是基於優秀的傳統文化獲致的，故又稱為「禮義之邦」。直到清朝的康乾盛世（一六六二—一七九五），西方的英國雖已因工業革命而崛起，美國在這段期間始獨立建國，但中國仍強盛，依然以「天朝上國」自居。只是到了一八四〇年代鴉片戰爭以後，以英國為首的西方列強以「船堅炮利」之武力及洋教來欺淩中國，不斷要求簽下各種不平等條約。這時朝廷好比一個嬌生慣養的富家子弟，對此「千古未有之奇變」根本無能力應付。只是朝野有識之士，對這種武力加宗教文化的「西風」之挑戰，才逐漸感到事態嚴重了。

具有爆炸性的發展是一八九四年發生了中日「甲午戰爭」，小小的日本居然打敗了中國！一八九五年李鴻章簽訂「馬關條約」，不但割讓臺灣、澎湖及附屬島嶼，還要賠償巨款（二億三千萬兩白銀）；中國不但要承認朝鮮獨立（朝鮮自古以來是中國的屬國），好讓它變成日本的殖民地，而且還要任日本輪船到內陸口岸（杭州、蘇州、沙市、重慶等）自由航行、貿易免稅。這才真正驚醒了中國的社會大眾！凡有良知的中國知識分子，莫不群起思考或參與救亡圖存的民族運動。

在這種民族巨大恥辱的激發下，自然產生了各種各樣的思潮，如「國故派」、「西化派」、「虛無主義派」……等等，這些思潮相互激盪下，到了「五四運動」時，竟變為「打倒孔家店」口號。更有激烈人士說出「漢字不亡。中國必亡」的話⑦。把一切國家民族的屈辱歸咎于中華文化，而中華文化不行就是中國的象形文字不如洋文來得簡便「科學」之故。幸而在這種混亂思潮之中，仍有一條理性的中庸思緒在隱然成形之中，隨著歲月的變遷、歷史的磨煉，這思緒逐漸壯大成為復興中華的主流思想。

代表這條思想主流的第一人就是孫中山先生。孫先生最大的功德是推翻二千多年的帝制，當然是一位「革命先行者」——偉大的革命家。但他憑什麼能革命成功？無他，就是靠他的思想來作宣傳，由是「鼓動風潮，造成時勢」。所以，孫中山不僅是一位革命家，也是一位卓越的思想宣傳家。為何說孫先生的思想是主流？關鍵就是他能融合中外文化於一爐，並要「超越西化而前進」，這是為中華民族開闢一條自己該走的康莊大道。蔣經國先生的文膽蔣廉儒先生在卅多年前描述得最恰當：孫中山先生給中國人樹立了一個人格的榜樣，那就是「自尊不自盲」——中國人絕不可失去信心，但也不盲目地夜郎自大；「自知而不自卑」——我們虛心反省自己的缺點，力求改進，但絕不自卑⑧。

正是孫中山這種人格感召，才有許多後繼的英雄豪傑、仁人志士，紛紛起而採取各種行動，以達雪恥救國之目的。其中佼佼者如毛澤東、鄧小平等中共的創建者，如蔣介石等國民黨的領導者，他們以畢生之力就是要做振興民族之事。他們彼此之間的主張及路綫容有不同，但終極的目標是一樣的；我曾稱之為「兄弟登山，各自努力」，雖然個人造化或命運不同，致有成功登上山頂的，也有中道崩殂的，但沒有關係，一人或一黨一派的成功就是全民族的成功，即是中國人大家的成功。為闡明此理，我早在二〇〇四年底應河北石家莊一位郭先生之邀，撰了一文〈一個國民黨人看毛澤東〉。按郭先生是我在香港南寓相識，他與毛澤東之媳邵華女士相熟，說是承她的意思，要我撰一文以紀念毛先生百十一歲誕辰云云。（全文見本章附載）

接著發展這條主流思想的學術界重要人物就是：梁漱溟、熊十力、馬一浮、張君勱、方東美、牟宗三、唐君毅、徐復觀八位學者。今天學術界稱他們是「現代新儒家」的八大家，其中頭三位梁、熊、馬且有「新儒家三聖」之譽。不過，我認為這名稱值得商榷：一者他們皆主張復興儒家思想，反對「打倒孔家店」都沒有問題，但是否都可稱為「新儒家」？如梁漱溟、熊十力二人都是精通儒、佛兩家的義理者，但他們都「由佛入儒」，認為最後就歸宿於儒家思想，故稱他們為「新儒學」也沒有錯。馬一浮是純粹的儒家思想，從他《復性書院講錄》、《爾雅台答問》等著作可以確證⑨。張君勱早在一九五七年以英文在美國出版了《新儒家思想》，這是中國人以英文撰寫新儒家（宋明理學）思想的第一部巨著，對儒家思想世界化的影響甚大，說他也是新儒家，也沒有問題。方東美長於西洋哲學，又精研大乘佛學，尤其是華嚴宗思想。還有，他極喜愛中國的詩詞，又兼及希臘悲劇。所以把他列為新儒家似未盡妥洽。徐復觀專研中國藝術精神、中國思想史及中國人性史，也未盡可列入「新儒家」之中。牟宗三與唐君毅一樣，學養既廣且深，是引領當代的文化思想的真正大宗師人物。牟氏學通西方哲學，尤其康德哲學及羅輯，並圓融中國的儒、釋、道乃至諸子百家，是學術界公認的大「智者」。唐氏的著作被一流學者稱為「寶山」，東西方最深奧的思想統統包含在其中；尤其他晚年巨著《生命存在與心靈境界》，等於把人類所有的思想作一個「大判教」，判為三進九重層級；其學養之廣大深湛，令人驚嘆！據此而論，這八位大宗師級人物所成就的正是中國現代的哲學主流思想之內容；把他們只列為「新儒學」，未免以門戶之見而窄化了他們的形象⑩。

最後，錢穆、馮友蘭、吳汝鈞及南懷瑾未列入前述的八位宗師級人物之中，在此應略予討論。

錢穆先生對現代文化貢獻甚多，是當代大儒之一；只是他的學問重心在史學，並非哲學思想性的，故不列入。

馮友蘭先生早在一九三四年出版的《中國哲學史》，又譯成英文在美國出版，已公認對中國傳統儒學的闡述有很大的成就。後來又推出《貞元六書》（新理學、新事論、新原人、新世訓、新原道、新知言），內容有許多卓見，故被學術界推崇為「當代新儒家」代表人物之一。但因他撰書的立場數度改變，有失中國傳統儒家「言行一致」的風格，有代表性的學術界人士多不承認他有此地位，故不列入上文八位之中⑪。

新起之秀吳汝鈞先生，原是牟宗三、唐君毅的弟子，通曉七種（中、英、日、德、梵、巴利、藏）語文，精研東西方哲學。近年推出《純粹力動現象學》、《佛教當代判釋》、《量論》等巨著，不但涵括了中國的儒、釋、道，乃至印度及西藏的佛學、西方各派的哲學，而且成為現代中國首位「造論」的大師。所謂造論，就是他創造一套「純粹力動現象學」理論體系，把人類所有知識學問納入一個終極原理之內而得到「言之成理」的解決。因此我認為，吳汝鈞實已超越「新儒家」，他的成就將會列入「中國現代哲學主流思想」的代表者。

至於南懷瑾先生，他常說自己「不預入學術之流」；而一些學院派人士也多說南先生的著述「沒有學術價值」的。我對此說不以為然。蓋南先生之言，既是自謙也是自信；他尚在臺北時，有許多學者如牟宗三、殷海光就曾見南先生請教禪宗問題，南先生一再對他們說：「我走的路子跟你們不同！」此言表現出他對自己之努力方向有十足的自信。

再說所謂「學術價值」問題。現代學術界所持的學術標準，實是著重在研究的方法與論文表述的形式，這些都是從西方而來的習慣；中國傳統學術並非如此。具體言之，現代學者所寫的論文必須要有的形式是：內容層次要邏輯分明，所持的觀點必須有依據，並應以注解說明其出處，等等；若不具備這等形式，便是沒有「學術價值」了！如依此西方標準，孔子的《論語》、老子的五千言、乃至佛陀的原始經典（如四阿含經）等人類文化最重要的書，都是沒有「學術價值」的了！豈不荒謬？其實，真正價值不在書本的形式與方法，而在其思想內容有無原創性、對人有無啟發性、對社會有無饒益性。由此可知，一些學院派人士以西方論文的形式標準來指責南先生的著述，十足是「現代書呆子」之見也！

其實，判斷南先生的著述有沒有「學術價值」，並不重要；重要的是，他的著述幾十年來確實對社會有普及性的影響，他帶動無數的人重新認識中華文化、恢復了民族自信心，這才是真正的價值。因此，吾人可以肯定，南懷瑾先生確屬現代中國主流文化中的一位重要人物，因為他的實際貢獻絕不會少於上列九位專精之士。南先生的「高明廣大」普及路線雖與九位專精之士的「高明精微」路線不同，但目標是一致的，這也是思想學問範疇的「兄弟登山」；其中沒有成敗或優劣問題，只有相互激盪、相輔相成的作用。凡熱愛民族文化的睿智之士，應作如是觀。

世界的光明前途

早在一九五八年元旦，牟宗三、唐君毅、張君勱、徐復觀四位大哲聯名發表了《為中國文化敬告世界人士宣言——我們對中國學術研究及中國文化與世界文化之共同認識》⑫。這篇長達四萬字的大作，在中華文化的發展史上，其重要性可與唐代李翺的《復性書》相提並論。

按全人類文化可概括為四條主線：以蘇格拉底為代表的希臘文化、以耶穌基督為代表的希伯來文化、以釋迦牟尼為代表的印度文化，及以孔子為代表的中華文化。蘇、耶、釋、孔四人亦因此而成為現代世界公認的「軸心聖哲」。在四條文化主綫中，中華文化特有最強的包容力，從它數千年的發展史上可分為三個大放異彩的「融合期」是最佳的印證，即：首先是春秋戰國時代諸子百家學說並起，形成中華原本文化的多彩多姿特質。其次是隋唐時代全面吸收了印度佛教文化思想，使中華文化再放異彩。第三期就是現代，全面吸收西方文化之所長（包括希臘文化的科學精神、希伯來文化的宗教精神，乃至近代西方的民主制度、科技事物等等）。中華文化今天仍處在此「第三期」的過程中，並未完成融合，但將來大放異彩是必然的。《復性書》的重要性正是在第二期，它是開拓宋明「心性之學」的先導性文獻。而一九五八年的宣言，則是貞定了中華文化在此期的大原則大方向；經過半個世紀以來的實踐驗證，這篇大作所說的洵為真知灼見。

不特此也。這篇宣言更進而揭示了全人類走上「大同」的可行途徑。具體來說，中華民族固應吸收西方文化的「方以智」精神來充實自己；相對的，西方也應學習中華文化的「圓而神」精神——天人合一理想、成聖成賢之學、悠久無疆的歷史意識，乃至天下一家的情懷。這樣，便是真正做到了東西方文化的會通，世界上每個人都成為孟子所說的「天民」（不再是哪一國之民，而是天下之民）了。這樣，不但「中國夢」成真，而且中華民族自古以來的「世界大同」理想也實現了！

研究結論：他是一位通教人師

本書既以「南懷謹研究」為題，現在應作一結論了。南懷瑾先生到底是一位怎樣的老師？這牽涉到他個人的「定性」問題，應在此作一總括性說明。

早在一九六〇年代，已經有很多人稱南懷瑾為「老師」了。但這位老師是何教、何門、何派的？大抵是隨各人所請教的內容而認定，因為這位老師什麼學問都講，所以有人說他是「禪宗大師」的，有認為他是「儒家夫子」的，有認為他是「道家仙師」的，甚至天主教樞機主教于斌先生竟然稱他為「通天大師」！近廿年來大陸一些報刊有稱他為「國學大師」的，最近還有稱他為「詩人」的。

南先生一生都拒絕別人以師尊相待，所以在一九六四年他就寫了四首這樣的絕句，來表明態度：

自訟恥為師四絕示諸子

慚為儒師

微言大義有沈哀，王霸儒冠盡草萊！

用捨行藏都不是，恥為師道受人推。

慚為道師
玄微不識有無功，致曲難全世異同。
兵氣未銷丹未熟，恥為師道立鴻濛。

慚為禪師
拈花微笑付何人？一會靈山迹已陳。
柱杖橫挑深夜月，恥為師道頌同真。

慚為人師
四壁依空錐卓難，夔蚿鵬鷃總無安。
時流吾猶趨溫飽，萬壑風吹隨例看。

我的看法是：正如《論語・子罕》有道，「博學而無所成名」，孔子以六藝（禮、樂、射、御、書、數）教學生，他是一位通才教育家，故不能稱他為那一藝的專家大師，這就是「無所成名」了。南懷瑾先生是一位「經綸三大教，出入百家言」的通才老師，所以稱為「禪宗大師」或「國學大師」等等都不對，「詩人」更不對。我想了很久，只有稱為「通教人師」的稱號最恰當。

所謂「通教」，指的是：他是一位通才老師，對學生施以通才性質的教育。所謂「人師」，指的不是只會教人知識的「經師」，而是能教做人處世本事的才算「人師」。此語出於《荀子・儒效》：「四海之內若一家，通達之屬，莫不服從，夫是之謂人師」。雖說南先生也有「慚為人師」的詩，但揆其內容只為太貧窮而已，並非說不配此稱號也。我在初寫書稿時，本擬用「通教人師南懷瑾」為書名的，後來考慮到未盡切合本書的整體內容特色，故最後用《南懷瑾研究》為名，也較有客觀的意味。

第八章　附注

①見《東西精華協會中國總會紀要》，一九七八年十月該會編訂。

②見前揭書之附件〈東西精華協會宗旨簡介〉。

③孟子所說的「良知」、「人性善」，是指「人之所以為人」的性，但人除了善的「良知」外，尚有動物及植物性，此等皆為「氣質之性」。這種分辨很深微，宜弄清楚。

④「四食」，詳見拙著《現代佛學別裁》一六三頁，臺灣老古公司發行。大陸版《佛學別裁》一四〇頁，上海古籍出版社二〇〇九年初版。

⑤中國傳統禮法的「社會主義」精神的詳情，可參拙著《戒律學原理》一一二頁以下。臺北老古文化公司一九九九出版。大陸版《佛教戒律學》八五頁以下。北京宗教出版社

一九九九年版。

⑥見《老子他說》（上）九頁。臺北老古文化公司一九八七年初版。

⑦此言是魯迅說的，參自徐復觀《中國思想史論集》二六九頁。臺北學生書局二〇〇二年十刷。

⑧見蔣廉儒談話全文，《龍旗》雜誌第二期，一九八一年四月號。又我在香港時受南老師之命為孫穗芳著《我的祖父孫中山》序文起草，也把這段話列入為主題了。見南懷瑾著《中國文化泛言》二九一頁，北京東方出版社二〇一六年一刷。

⑨此二書，臺北廣文書局一九七七、一九七九分別出版。

⑩「中國哲學主流」的人物與標準，可參吳汝鈞著《儒家哲學》一九三頁以下。台灣商務印書館一九九八年二刷。

⑪參吳汝鈞前揭二三八頁。又參《二十世紀中華學案》哲學卷三，二六二頁。北京圖書館出版。

⑫這篇文章可在電腦網絡查閱。

（附載）兄弟登山　文化慧命

——一個國民黨人看毛澤東

勞政武　撰

為紀念毛澤東先生百十一歲誕辰，友人郭生旭要我寫一文，以客觀的觀點，讓世人瞭解毛氏在今天國民黨人心目中的評價。對此美意，我原感為難，竊以毛氏有開國之功業，又何待陋文以增華？惟郭兄堅邀再三，友情難卻，爰勉力屬此文。

潘師丈的故事

記得我尚在臺北縣板橋鎮讀高中二年級時，大約一九六三年間，課餘假日常到關珍理老師家中，為的是請教學業並順便幫她整理庭院花草。她教我們英文並兼班導師，「老師有事、弟子服其勞」本是中華傳統教育應有之義。她的先生姓潘，年紀已在六十開外，我們學生都稱他為「潘師丈」。他退休後常一人在家，每見我們來，都十分高興，向我們暢言天下大事。其實我們當時不過是個大孩子，對他的話似懂非懂，但很愛聽。

說到「師丈」之名，還有來源，因涉及中華文化，不妨順此一提。中國自孔子以來，弘揚師道，歷來老師的地位都是高的。但清朝以前歷代的老師（或稱夫子、先生）都是男性，未見有女性夫子的。那時，老師的配偶自然被稱為「師母」或「師娘」了。可是當時的臺灣，女老師已經很多了，她的配偶到底該怎麼稱法呢？如稱「師公」，未免太難聽了。稱「先生」，又太疏遠了。為此事，教育機關廣徵意見，最後才決選了「師丈」之名。這個「丈」字本是對旁系尊長的稱謂，如「姑丈、姨丈」；是故稱女老師之配偶為「師丈」，頗合傳統文化規範，社會也就樂意接受了。今天臺灣各中小學校的女老師數目超過男性，有些學校老師且全為女性，故「師丈」已成最普遍稱謂了。

潘師丈曾在香港教育界服務，見多識廣，有位兒子且是國際級的足球選手。每次聽他暢談世事，令我深感受益不淺。有一次他談到毛澤東。他說，毛以強烈手段統治大陸百姓也是「天意」，因為中國人的毛病太沉重了；這好比治病，治大病要用重藥。

按當時的大陸，正是「人民公社」之後，全面饑荒之時。而臺灣的報紙天天登著大陸各種不祥消息，令人好生害怕。在這種氛圍中，潘師丈竟這樣對毛澤東作正面的評價，是人們聞所未聞的；如有人告上去，恐怕有大麻煩了。當時我聽了十分震驚，他的話於是永遠銘在腦中；遇有機緣便思索這個「毛澤東的統治方法與中國人的病症之關係」問題。自一九九〇年五月以後，我有機會常到大陸，也接觸到最高層人士與基層大眾，體驗了大陸社會的實相，對這個問題的概念就更清晰了。今既應允郭兄之邀，就試以此概念為本文主題吧。

「以運動為常經」的治國方針

毛氏開國以後，在位長達廿七年之久。其建樹如何？宜從外交與內政兩方面來看，才比較周延。

在外交上，在他領導期間，不但徹底終止了列強百年來對中國的欺淩，而且「毛澤東革命思想」還一度成為世界上許多地區人民抗爭強權的指針與榜樣。蓋以個人思想而對全世界有所影響者，乃中國歷代君王所未曾有過的殊榮。此問題亦值得深究，但不在本題之列，暫且表過而止。

在內政上，毛氏推展了一波接一波的「運動」，諸如：「鎮反」、「三反五反」、「整風」、「反右」、「三面紅旗」、「四清」、「文化大革命」……等等，總之終其在位的廿七年，給世人的整體印象就是無日不在「搞運動」之中。這是古今中外歷史上，從未有過的事。

大凡一國之政，貴在「有常」，此乃古今中外政治理論相當一致的看法。因為「有常」，才有穩定的環境；有穩定的環境，各種庶政才能推行，經濟才能成長，國家才能興旺。故儒家向來就強調：「天何言哉？四時行焉，百物生焉，天何言哉」！（論語・陽貨），儒家的政治哲學基於天道，天固有風雲不測之時，甚至也有山崩地裂之災，但終非「常道」。天道的「常經」是四季、日夜無聲無息地運行，大地萬物便能滋長而各遂其生。毛氏飽讀儒書，卻採相反的方針，絕不為「潛移默行」的施政，反而把「運動」當作「常經」，真是太出人意外了。

毛氏「以運動為常經」的施政方針，功效到底如何？縱在他逝三十年後的今天看來，仍不免仁者見仁、智者見智；至若得益者頌揚、受損者怨詬，也是人情之常。故若吾人不能持超越的眼光、而仍然陷在每一具體事件之中去計較利害得失，即就必然落入徒惹紛爭的窠臼之中了。鄧小平先生於改革開放後，力圖避免不必要的爭論，其緣由應亦在此。

然則，何謂「持超越的眼光」？我的意思是，宜從「中國民性的改變」的角度來看此問題，甚而提高到「民族文化慧命的生存與發展」的層次來看待這個問題；也許這種視野，才能對毛氏有較客觀的評價。

中國沉痾與「群賢登山」

我用「中國民性」一詞，泛指中國人的特性或表現其特性的行為。此詞當然牽涉「人性」，但為了避免「人性」的複雜意義，所以用「民性」一詞。這是首須說明的。

自甲午戰爭後，中國沉痾嚴重，有識之士憬悟到根本問題出在中國人的「民性」上，于是出現許多立論以謀匡正。其著者如孫中山先生，在民國初年便指出，民性之大病可用五個字來概括：「貧、病、愚、私、散」。他並著作《心理建設》及《民權初步》，以求有所糾正。梁漱溟先生在其名著《東西文化及其哲學》及《中國文化要義》中，對中國民性更有精到的分析，於此不必贅引。事實上，「中國人的思想觀念和行為有嚴重毛病」這個命題已是「五四運動」以後知識分子們的共識。設非如此，一九三〇年代中期國民政府也不可能推行「新生活運動」。按這場運動是由中央軍委會委員長蔣介石先生及其夫人親自出面鼓吹的，目的就是要改良「民性」，只是為時太短（推行約三年便七七抗戰開始了），做法也不夠徹底，所以成效不大。反倒是八年抗戰，國人的精神內涵提升了不少；那是被戰火的凶險、日寇的蹂躪所逼出的結果，不足為訓。

大凡甲午戰爭（一八九四）以後成長的中國知識分子，無不為國恥日益沉重而寢食難安，無不為民族前途凶險而憂心忡忡。他們也許成了革命黨、保皇派、國故派、西化派、國家主義者、無政府主義者、共產主義者……這些派別的不同，只是個人的氣質加上偶然的際遇之結果；萬變中仍有個不變的核心在，那就是他們的共同目標：為求中國的自由平等、為求民族的生存與發展而攀登高峰。登山的過程當然艱難、危險，有些人半途而廢了，有些人力竭而受傷了，有些人中道犧牲了……凡此，只算枝節問題，全局性的關鍵是要登上那高峰。如今時移世易，一切已事過境遷，回顧那奮力登山的一幕：無論他是哪黨哪派的人，都是為民族前途努力過的仁人志士！如果我們今天還拿當年的枝節來爭執不休，那便太對不起前賢了。

毛澤東先生不但是登山群賢中的一員，而且是佼佼者，更是福氣最大者。因為他是當年「登山群賢」中的一員，所以他的心靈根柢就是充滿了為國家民族而奮鬥的「願力」。因為他是群賢中的佼佼者，所以他以一介富有才子氣質的書生竟能成就開國的大業。因為他是福氣最大者，所以建政後仍有廿餘年的長時間，任他再登高峰——企圖改造民性，從根做起。明於上述大關節，對於毛氏許多令人不可思議的言行，也就不難理解了。為什麼他在開國大典上第一句話就說：「中國人民站起來了」？顯然，這不是一句官樣文章：而是費盡千辛萬苦終於登上頂峰的一剎那、自心靈深處迸出的歡呼，也是代表了為民族奮鬥近百年的仁人志士們的吶喊。為什麼他在建政以後還一直「鬥」個不停？顯然，為使中華民族真正躋上衽席，他自覺還需再登新高峰。為什麼他採「以運動為常經」的施政方針？其深層心理動機也就不難想像了。

瞑眩之藥的效用

《尚書》有云：「若藥不瞑眩，厥疾不瘳」（孟子．滕文公上）。為了對治沉痾的中國民性，毛氏確實用了使人瞑眩的重藥，但效果到底怎樣呢？「瘳」（病好）了沒有？以下還是依孫中山先生說的五字為綱，以便作客觀的檢視。

一、貧

中國本是「一窮二白」的社會，毛氏深知這一點，所以他建政後，不斷強調「以糧為綱」、「促生產」，甚至不惜掀起「三面紅旗」運動，無非旨在「超英趕美」，快速把「貧」的狀況改變。但拘於種種主客觀因素，毛氏有生之年能解決「均」的問題，而未能解決「貧」的問題。惟在鄧小平改革開放後，國民經濟快速成長，中國可望成為真正的「富強」，而非如過去蘇聯的「窮強」。毛氏過去的措施與後來的富強，有無微妙的或辯證性的因果關係？這也是值得研究的另一課題。

二、病

中國人昔日被稱為「東亞病夫」，非無道理。國人普遍體弱多病，主要原因是不講衛生，醫藥科學不發達。加上一般人不知體育活動，許多人吸食鴉片、富者沉迷酒色、貧者衣食不給、婦女纏小腳、巫覡迷信大行其道……凡此等等，都是違背生理、戕害身心之事。清末以後，無數人呼籲改革，終無大效。毛氏建政後，對此類弊端一概禁絕，對有益身心的醫藥、衛生、體育、文娛大力提倡；又不斷強調「勞動神聖」，甚至強制人們上山下鄉鍛鍊；故可以說，真正掃除了「東亞病夫」的國恥。

三、愚

這不是指天賦才智上的愚笨。中華民族有世界上最悠久的文化，中國人能建立起數千年延綿不絕的禮義之邦，當然是聰明的。茲所謂愚，指的是：自清末西風東漸，國人對世界大勢尚懵然無知，沒有科學知識，沒有現代國家觀念，沒有合理的生活方式，總之是缺乏現代知識之愚，以致被列強壓迫不已。

近代史上首次以行動要掃除此「愚」的，就是李鴻章、張之洞等中興大臣倡導的「洋務運動」。但此次求「船堅炮利」為主旨的運動，卻因甲午一戰而失敗了。這時，包括孫中山在內的知識分子才憬悟到：僅是「器物」的現代化不能救中國，能產出器物的「制度」與「思想」才是關鍵。於是，大批菁英分子出洋留學或考察，希望學得別人的政治、法律、經濟、社會、物理、哲學等分科基礎知識回來貢獻中國。這樣一路走下來，便演成了「五・四」前後（一九二〇年代）世界各種學問各派主張在中國鬥麗爭妍的局面，也就是前文所說的「群賢登山」的情況。由此可知，要除去此「愚」，實在太難了；因為此事，實際就是「中國現代化」的問題。

毛氏作為「群賢登山」的佼佼者，執掌國政後，當然亟想除去此「愚」以成大功。事實上，他也做了很多事，如積極提倡科學、大力推廣普及教育等；其成效甚至製成原子彈，使列強大感緊張。但要盡除此「愚」原極複雜，沒有漫長時間好幾代人的努力，實不能成功；沒有強大的經濟力，只靠人的努力也是徒然。故此事對毛氏而言，實在是「不能也，非不為也」。毛的個性甚倔強，「敢與天公比高」，硬想把目標快速實現；這麼一來恰恰落入「欲速不達」境地，反而使「大躍進」之類的許多大政走到對立面去了。

四、私

毛氏畢生最著力的，似乎還是在「治私」。他不僅要「去私」，還要「滅私」，在對治這個「私」上，真是下足了重藥。但「藥效」如何？經過改革開放廿多年，一切農村承包農業、城鎮私營企業、私人種種活動都興起了，這似乎同毛氏的主張反道而行，所以常見認為他的「治私」非但無功，而且是錯的。愚見則不認為如此，這有二點牽涉較深的理由，宜略加宣說：

1、毛氏這種「滅私立公」思想，完全是與儒家的「人人可以為堯舜」、佛家的「人人可以成佛」思想一致的。孟子的「求放心」（追求放失了的良善本心）、宋明理學家的「去人欲、存天理」，乃至佛教菩薩道的「六度波羅蜜」；說實了，無非就是教人隨時要修持塑造一個高尚道德人格。北禪神秀詩「身如菩提樹，心如明鏡臺，時常勤拭拂，莫使惹塵埃。」正是教人辛勤漸修之意，因為眾生的私心不能一下子全然除去，所以日常要勤掃除，才能保持心靈如明鏡般皎潔。毛氏飽讀詩書，對禪宗本有研究，當然深明此義，故其一生提倡「去私」，無非針對國人普遍自私的毛病，要人「勤拭拂」而已。若不提倡「去私」，中國難保不退回到滿清末年那種混亂局面去了。故常見以「人性本私」之論來批評毛氏，想是未曾識透毛氏深意者也。

2、毛氏要滅的「私」，不可能是指一切的私，而是造成「愚昧落後中國」之私。這種私是怎樣的呢？如果我們參考梁漱溟先生在《中國文化要義》一書所說的內容，如「中國人只知有家族，不知有國族」、「只知有個人，不知有團體」等等不適存於現代世界之觀念與習慣，就清楚毛氏要滅的是什麼私了。若此判斷不誤，則吾人便不能說他的「治私」沒有效果。例如，誰也不能否認，經過毛的統治，中國人的家族意識確比從前淡泊了，國家民族觀念則相對加強了。

此外，毛氏「治私」的方法，也是值得研究的課題。我曾發現，他慣用的「批評與自我批評的武器」，同佛門的「懺悔」及「自恣」制度是高度雷同的，兩者應有密切關係。

五、散

上述的「私」應同「散」連貫起來看。因為傳統中國社會，人人只以家族為重，「只知有家，不知有國」。而現代西方列強是以「國」為一個整體力量的，他們來到中國社會所面對的竟不是一個「國」，而是散在這大片土地上的一個個的「家」，這就難怪他們侵略中國易如探囊取物了。這也就是孫中山先生痛斥中國像「一盤散沙」的意思。故毛氏對治「散」，而必會連起來「滅私」，也是邏輯思維應有的結果。

如前所述，他治「私」的成效容有不同之論；但若論治「散」，他不但成效斐然，而且其「功力」恐是空前絕後了。例如，他在世時，動輒便能動員數以百萬計的群眾上街頭遊行示威，這在「一盤散沙」時代的中國何能想像？又如，在文革期間，人們竟會像著了魔似的對著他的畫像去「早請示、晚滙報」，這在過去的中國社會，神話故事也不致如此！

綜上五點的簡略分析，毛氏的「以運動為常經」之施政方針，衡諸實際的效果，固有大、小之別，甚至有成、空之異；但總起來說，確實使「中國民性」有了很大的改變。毛氏建政以後，仍然要登新的高峰，也可謂功不唐捐了。

文化慧命與毛氏

以上所述，還只是針對毛氏的「以運動為常經」在現實功效上立論，並未從歷史長河而著眼。以毛氏的政治地位故，對中國影響必然深遠，所以不能以此立論為已足，允宜提升吾人的觀照層次，即從「民族文化慧命」上看，也許更易釐清毛氏在中國歷史長河中的角色定位。

包括梁漱溟、熊十力、張君勱、馬一浮、梁啟超、牟宗三、唐君毅、錢穆、南懷瑾先生等人在內的諸當代大儒都認為，中華民族之所以能生存發展五千年以上，其根本的憑依是文化；故今後求民族的發展昌盛，其關鍵仍在文化；故文化實是我民族的「慧命」。我甚贊同這種觀點。

這條「文化慧命」以孔孟的仁道思想為主幹，其最重要的特色是能包涵一切不同的思想、兼及異種的文化。這種特色，是世界其他民族文化或宗教思想所未有的，是中華民族賴以生存發展的命脈。中國文化慧命長傳不絕唯此是賴，中華民族可大可久唯此是賴。

具體以言，隋唐時，外來的佛教文化徹底融入中國，使此「慧命」有更豐富的內容。中國士人受到佛教的啟發與刺激，乃發展出宋明理學（或稱為宋明儒學、新儒家），對孔孟思想的知解注入了新血，即是「慧命」的精進。雖然宋明理學偏重在「內聖」義理之闡揚，在「外王」方面未遑多著意，但在實效上也鑄成了文天祥、陸秀夫、史可法等民族英雄，自甘以身殉道，發揚天地正氣，他們的人格精神就成了民族魂。

清初大儒顧炎武、黃梨州等鑒於亡國之痛，深感理學末流「平日袖手談心性，臨危一死報君王」的無奈，乃轉而大倡「經世致用」之學，希望自吏治、農事、工藝、河漕、軍事、刑政等庶政實務上著力，以開出「外王」之道。但此等美意，終為政治形勢及時代風氣所限，成效不著。清朝進入盛世以後，學風反陷入飣餖考據與八股科舉之中，而不可自拔；「文化慧命」自是消沉。直到一八四〇年代鴉片戰爭以降，西方文化挾船堅炮利以進，才驚醒了知識分子的天朝迷夢。這也是我中華文化陷入空前危機，於是才有前文所述的「群賢登山」，以求救亡圖存之舉。

據時人考證，毛氏在求學階段，最心儀顧炎武的經世實學主張。他一生時常提「洋為中用」、「古為今用」的話，顯露的正是「經世致用」觀念。就算馬列主義，對毛氏來說也是一種功用性價值——因為這種學說有利於打天下，故不妨高舉以作號召，卻非終極真理。毛氏在其《新民主主義論》中曾明白地說過：「中國共產黨人……不但要把一個政治上受壓迫、經濟上受剝削的中國，變為一個政治上自由和經濟上繁榮的中國，而且還要把一個被舊文化統治因而愚昧落後的中國，變為一被新文化統治因而文明先進的中國」。這段話中所說的「新文化」是什麼呢？顯然就是毛氏當政後，希望透過「不斷運動」以求快速建立的東西了。

由此觀點，毛氏既是「五．四」以後「登上群賢」佼佼者，他立志於「文化慧命」以求民族的生存發展，那是必然的，亦無可置疑的。至於他在位廿七年，到底對這條「慧命」有多少貢獻，那是另一回事。這個問題恐怕不是這一二代人所能真正評斷的，只有留待後世去研究了。

這個問題也可以倒過來看。那就是不以毛氏為主體，以「慧命」為客體，以評價毛氏的貢獻；而是把主客體倒轉位置，即以「慧命」為主體，而把毛氏看為客體；則此客體乃主體的必然產物。這種看法，在儒家思想是可說的。《中庸》有云：「天命之謂性」，中國文化慧命既稱為「命」，自有其「性」。這是把「文化慧命」看作一條自有生命力的東西；生命力受於天，稱為「天命」，這是客觀講法；生命力具體的存在，是為「性」，這是主觀講法。即謂「中華文化慧命」自鴉片戰爭以來，受挫折，其「性」乃發皇，產生了毛氏及群賢為存亡續絕而奮鬥之結果。換言之，因為毛氏及群賢的產生，即足以證明這條「慧命」之於穆不已。由是以言，文首所引潘師文的「天意」論，亦非無理可說。

二〇〇四年十二月廿五日

撰於河北石家莊

國家圖書館出版品預行編目資料

南懷瑾研究/ 勞政武著
-- 初版-- 臺北市：蘭臺出版社：2018.02
面； 公分
ISBN：978-986-5633-68-4(平裝)

783.3886 107000372

國學研究6

南懷瑾研究

作　　者：勞政武
編　　輯：楊容容
美　　編：塗宇樵
封面設計：陳勁宏
出 版 者：蘭臺出版社
發　　行：蘭臺出版社
地　　址：台北市中正區重慶南路1段121號8樓之14
電　　話：(02)2331-1675或(02)2331-1691
傳　　真：(02)2382-6225
E—MAIL：books5w@gmail.com 或 books5w@yahoo.com.tw
網路書店：http://bookstv.com.tw/ http://store.pchome.com.tw/yesbooks/
三民書局、博客來網路書店 http://www.books.com.tw
總 經 銷：聯合發行股份有限公司
電　　話：(02) 2917-8022 傳 真：(02) 2915-7212
劃撥戶名：蘭臺出版社 帳號：18995335
香港代理：香港聯合零售有限公司
地　　址：香港新界大蒲汀麗路36號中華商務印刷大樓
C&C Building, 36,Ting, Lai, Road, Tai,Po, New,Territories
電　　話：(852)2150-2100 傳真：(852)2356-0735
經　　銷：廈門外圖集團有限公司
地　　址：廈門市湖里區悅華路8號4樓
電　　話：86-592-2230177 傳 真：86-592-5365089
出版日期：2018年2月 初版
定　　價：新臺幣 520元整（平裝）
ISBN：978-986-5633-68-4